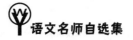

语文名师自选集

读写新思维

李卫东 著

商务印书馆
The Commercial Press
创于1897

图书在版编目（CIP）数据

读写新思维 / 李卫东著 . —北京：商务印书馆，2022

（语文名师自选集）

ISBN 978-7-100-20937-3

I.①读… II.①李… III.①中学语文课—课堂教学—教学研究 IV.① G633.302

中国版本图书馆 CIP 数据核字（2022）第 049517 号

语文名师自选集

读写新思维

李卫东　著

商 务 印 书 馆 出 版

（北京王府井大街 36 号　邮政编码 100710）

商 务 印 书 馆 发 行

北 京 冠 中 印 刷 厂 印 刷

ISBN 978 - 7 - 100 - 20937 - 3

2022 年 5 月第 1 版　　　开本 880 × 1230 1/32
2022 年 5 月北京第 1 次印刷　印张 12¼

定价：49.00 元

出版前言

　　本馆自1897年创立以来，始终肩负中国新教育出版重任，以"昌明教育，开启民智"为宗旨，先后编辑出版中小学各科教科书、教学参考书、工具书、教师用书等，分类编纂，精益求精，深受教育界同人欢迎。

　　新中国成立后，国家重视发展教育事业。中小学教改实验百花齐放，高等院校教学法、课程论研究百家争鸣，全国各地涌现出许多教学、科研带头人。他们居敬好学，躬身实践，著书立说，逐渐在教学界产生影响，得到认可，成名成家。为了反映和记录当代语文教学研究成果，也为了给青年教师提供可资学习借鉴的参考资料，我们策划了"语文名家自选集"和"语文名师自选集"两套丛书。"名师"因其"著名"，"名家"因其"自成一家"；名师是中青年居多，名家是中老年居多。无论名师名家，年轻年长，这两套丛书关注的主要是在以下方面有所建树的作者：一、对语文教学的民族性、科学性有自觉认识；二、教学方法或研究方法植根于中国优秀语文教学传统，符合中国语文的特点，既有传承又有创新，能够科学有效地提高学生的语文素养；

三、其教研成果具有较为广泛的影响力和积极的指导作用。

宋代学者程颢有言:"古者自天子达于庶人,必须师友以成就其德业,故舜禹文武之圣,亦皆有所从学。"希望这两套丛书的编辑出版,能够激励广大语文教师读者求其师友,持志问学。欢迎中小学语文教学界的专家、学者、老师支持指导我们,共同把这两套丛书出好。

商务印书馆编辑部

2019 年 1 月

目　录

iii

第三章　范式转型中的写作课程

第四章　跨学科阅读与写作

第五章　语文教师的读写与专业发展

前言　语文新课程与读写新思维

　　课程改革过程中，总会有新旧观念的碰撞，甚至产生左右晃动的"钟摆现象"。对此，收入本书第五章的《美国课程改革钟摆现象及其启示》有专门阐述。要避免改革的"钟摆现象"，打破思维定式、实现思维转型至关重要。比如语文课堂上的轮流阅读（俗称"开火车"），有研究表明，与自主默读或点读相比，"开火车"对促进阅读理解方面的作用显得苍白无力。虽然这种方式已被证明是无效的，但语文课堂上仍被频繁使用。那么，为什么教师仍然在课堂上乐此不疲呢？有学者认为，我们实际上常受两套行动理论的影响，即应然的理论和实然的理论，应然的理论是我们在特定场合中表达的理性理论，而实然的理论则是每天具体"指使"着我们做出行为的行动理论。如已经表明"开火车"是失效的了，但我们做出的反应却是以"开火车"能让每个学生都成为学习的主人这样的"应然理论"来做表面文章，而抗拒实质性的改变，执拗于自己的"行动理论"，所说的和所做的并不一致，专家们把这种推理性信念保持法称为"单环学习"。而当我们对自己的执念提出质疑并对其进行批判性审视，就意味着开始了"双环学习"的执念改变过程，双环学习是有活力的组织或个体内在如何改变和成长的过程。① 2017年前后，我国开启了新高考、新课程、新教材协同推进的基础教育课程综合改革。如何把"三新"真正落地，改变我们的执念？由"单环学习"进入"双环学习"尤为关键。对于语文学科而言，就要破除那些根深蒂固的读写"执念"，赋予读写以新的内涵，只有如此，整本书阅读、单元整体教学、群文阅读、专题阅读、任务群教学等新的理念才能真正落实，最终取得理想的实施效果。反之，如果不能打破思维的定式，不能实现读写思维的转型，语文课程改革的实施就会"旧瓶装新酒"，摆脱不掉"单环学习"的尴尬境地，堕入另一轮的改革"空转"。

　　我于2017年上半年开始参与教育部统编高中语文教材的编写，三年多的时间，我边编教材边听课调研，边做边思考，似乎找到了一些"双环学习"的感觉。几年间我撰写并发表了一二十篇论文，论题涉及整本书阅读、单元整体教学、写作课程新范式、跨学科读写等，这些多是当前语文课程改革的热点。在收入本书第五章的《与语文相知相解》一文中，我写道："这些文章的观点也许不能完全经得住推敲，但作为教研员，在新课程、新教材推行的第一时间做些探索，感受和体会真切了，对教师们的教学指导也就会有一些切实的效果。做课题时思考过了，读文献时反刍过了，写文本时淬炼过了，于是，与教师们言说交流时的

---

　　① 莫斯，布鲁克哈特.聚焦学习目标：帮助学生看见每天学习的意义［M］.沈祖芸，译.福州：福建教育出版社，2020：8-9.

每一句话背后都有研究，每一个观点都有来历。在读、写、做一体化推进中，我确证了自己生命的价值，收获了职业的尊严和快乐。"

这本《读写新思维》是一本自选集，很大一部分篇幅收录的是近几年撰写的文章，另有一部分是2016年前的研究成果，这些文章多数已在《课程·教材·教法》《中学语文教学》《语文建设》等刊物发表。全书以"读写新思维与语文新课程"为主线，分编为五章，涉及整本书阅读、大单元教学、跨学科读写等领域。

本书试图改变的读写"执念"和"定式"，主要有以下几种。

其一，阅读和写作主要就是文学阅读和写作，阅读就是提取、转化和加工信息，写作就是训练学生写出有文采、有创意的文章。

其二，单元教学尤其大单元教学是贪大求全，是虚头巴脑，文章还是要一篇一篇地读，有没有单元整体的读写设计并不重要。

其三，整本书阅读就是大家共读一本书，主要章节还是要处理精透，而且主要读文学名著，《乡土中国》一类的书不应放在语文教材里读。

其四，教材安排的读写内容已经很充足，没有必要再做什么整合拓展，因为那样会挤占研读教材篇目的时间，最后落个两头够不着。

其五，学生读多了，自然也就会写；写作在考试中正态分布现象突出，区分度不高，多关注阅读即可，没必要太在意写作。

如何改变这些读写"执念"，切实让"理性理论"和"行动理论"融合在一起，在"双环学习"中落实新课程理念，本书给出了一些建议，概括起来有以下几条。

第一，赋予阅读和写作新的内涵。阅读不只是提取和转化信息，写作不只是撰写文采斐然的文章，阅读和写作不只是技能，还是学习方式和思维方式。要胸怀培养全面发展的人的格局，在全学科读写的视野下，观照阅读和写作。要学习阅读和写作的技能，更要强调通过阅读和写作学习，通过读写改变人的思维，改变世界。阅读和写作是促进学生科学素养和人文素养协调发展的重要路径。

第二，构建"读写做合一"的新教学生态。阅读是深度加工，是拿起笔来进行的深度阅读；写作作为学习方式和思维方式，是"做事"情境下的真实写作。阅读和写作在问题解决、任务驱动、项目完成中交织缠绕、互生共促，读中有写，写中有读，"做"中读与写，读、写、做融为一体。在读、写、做的关系中，"做"是"关键"，是"驱动器"，设置真实情境，设计有价值的话题、问题、任务、活动、项目，学生在真实的语言情境中"做事"，产生读写需求，深度阅读和真实写作就会真正发生。

第三，在大的学习单位中整体设计读写活动。在"任务群"和大单元整体框架内设计读写活动，尤其要凸显写作的思维认知属性，做到"学习写作"和"通过写作学习"的兼顾和平衡。大小语篇、长短写作在单元学习过程中合理分布，大语篇在分布于学习过程中的若干小语篇拱卫和支撑下完成。抛掉统编教材的单元学习情境、大概念和核心任务，去另立所谓的写作序列，仅仅在单元学习结束才布置一次命题写作，会把写作悬隔在"孤岛"之上，容易脱离真实情境而"制作"文章，失去写作的意义，走上"阅读+写作"机械训练的老路。大单元、大概念、大任务包裹下的写作，是做事、做人、作文的统一。

第四，整本书阅读应是冲破语文教学狭小格局的深阅读和深度学习，需要精读、泛读的灵活转换，课内阅读和课外阅读的深度整合，正式学习和非正式学习的对接融通。整本书阅读需要课程化，但又要避免过度结构化，要保持教学的弹性，为学生的个性化、差异化阅读和学习留有充足空间。克服整本书阅读的无序状态而又避免整本书阅读篇章化的倾向，采取混合式学习是一种可行的路径。无论是课堂学习还是在线互动，都要限制过度结构化的教学指导，给予学生必要的阅读支持又不替代学生的自主学习，采用混合式学习的策略，终归还是为了让学生喜欢阅读，会阅读，多读整本的书。

第五，单元整体读写的教、学、评一致。单元教学设计应是有序设计和整体设计的统一，尤其要强化"全景"视角的整体设计，强调课文与课文、课时与课时之间的关联，实现教、学、评的协调一致。单元读写活动要指向"基本问题"，"基本问题"导向的读写活动和任务，要体现"进阶性"和"变式度"。确立基本问题，制定评价标准和量规，进而开展指向基本问题的课文学习、问题解决和任务探究，在此过程中教师就要依据单元评价标准和量规，连续、系统地收集证据，对学生的读写活动和成果给予及时的评价和反馈。

读写思维的转型不是一朝一夕就能完成的，语文新课程的实施正在路上，探索和学习永无止境。改革和探索中总会出现偏差和失误，但只要拥有变革和学习的勇气，去不断矫正和完善，我们的语文教育就会有更加美好的明天！

李卫东

2021 年 7 月 12 日

第 一 章

读写做合一的单元教学

检视大概念、主题、学习任务群与学习项目

2017年版的高中各科课程标准，在"前言"部分均明确提出要重视"学科大概念""主题"在精选学科内容中的作用。语文课程标准在此基础上单独提出了"学习任务群"的概念，设计了18个学习任务群，以此搭建起语文课程内容的结构。2019年9月起，根据修订版课程标准编制的统编高中语文教材开始投入使用，统编教材采用人文主题和学习任务群双线组元的方式，凸显单元教学的整体性。如何理解"大概念""主题""学习任务群"？它们之间存在何种关系？重新审视课程标准的核心理念，进而廓清模糊认识，矫正实践偏差，有其迫切的现实必要性。本文以知识观的视角检视"大概念""主题""学习任务群""学习项目"及其关系，为新课程实施、新教材使用提供思路和建议。

一、辨析几种不同的知识取向

有什么样的知识观，就有什么样的课程观、教材观和教学观。国内外的历次课程教学改革转型，都离不开知识的"影子"，

多伴随着不同知识观的论争。以美国为例，最近一次大的论争发生在2009年，以核心知识基金会为代表的传统主义阵营与以"21世纪技能"为代表的进步主义阵营，围绕"应该学什么，是学科核心知识还是21世纪技能"展开激烈辩论。传统主义阵营的赫希认为，以技能为中心会窄化课程，"学校需要具有一致性的、连贯的、以知识为基础的课程"，课程应该细致而结构化，以便学生能在已有知识的基础上进一步发展。①赫希将自己归为教育上的保守主义者，他对进步主义、浪漫主义的"反知识倾向"持鲜明的批判态度。他通过研究发现，没有准确的方法能将阅读能力描述为纯粹的正式技能，也无法消除以信息为基础的"事实性知识"。随着儿童升入更高年级以及他们的解码能力的提高和句法技巧的成熟，词汇量越来越成为儿童是否达到某年级阅读水平的决定因素。解码技能一旦被掌握之后，所能发挥的仅仅是平台作用，与丰富的词汇和知识所能赋予的理解能力相比，它们所能发挥的实际作用是微不足道的。②赫希所指的"知识"主要是指背景知识、共享知识或公共基础知识。赫希作为新保守主义者，并不全然反对进步主义教育，他说："当进步主义的教学方法得以合理、适度、灵活的运用，并且足以适用所有的学生时，我对此并无异议。我不同意的是那种否定操作技能需要反复训练的错误观点，……我不同意对所谓的'单纯信息'的贬低，这种浪漫的

---

① 邓莉，彭正梅.知识优先抑或技能优先？——美国关于21世纪技能教育改革的争论［J］.教育发展研究，2019（12）.

② 赫希.我们需要怎样的学校？［M］.张荣伟，译.福州：福建教育出版社，2019：178.

进步主义传统，具有明显的反智性特征。"①

英国教育社会学学者迈克尔·扬的知识观经历了一个嬗变的过程。迈克尔·扬在早期著作《知识与控制》一书中极力倡导社会建构主义理论，认为知识并不是从既定中获取的，而是被社会性、历史性地生产出来的。而在21世纪初出版的《把知识带回来：教育社会学从社会建构主义到社会实在论的转向》一书中，他对社会建构主义所包含的现象学主义、相对主义与霸权主义进行了批判和修正，提出了社会实在论。他认为新保守主义所捍卫的"过去的课程"没有考虑到课程所处的不断变化的社会背景，所谓的"未来的课程"又忽略了知识的客观性与标准。②于是迈克尔·扬提出了"把知识带回来"这句响亮的口号，但这并非简单回归到保守的知识观，而是力图解决知识的客观性和情境性（社会性）之间的矛盾，在批判中超越，在扬弃中发展。

关于知识和能力、素养的关系，学习科学著作《人是如何学习的》一书中的观点是：关注"人是如何学习的"会帮助教师超越困扰教育领域的二元对立，这样的一个问题就是学校是应该强调"基本"，还是应该强调教授思维技能和问题解决技能。该书表明这两者都是必要的，当学生与有意义的问题解决活动联系起来，当帮助学生理解这些事实和技能为什么相关、何时相关时，他们获取几套已组织的事实和技能的能力实际上得到了增强。没

---

① 赫希.我们需要怎样的学校？［M］.张荣伟，译.福州：福建教育出版社，2019：序言2.

② 扬.把知识带回来：教育社会学从社会建构主义到社会实在论的转向［M］.朱旭东，文雯，许甜，等，译.北京：教育科学出版社，2019：2，3，47.

有强大的事实性知识基础来教授思维技能的努力不会促进问题解决能力或者支持向新情境迁移。①基于此，该书提出了需要培育的四个学习环境的相关属性，其中之一就是"知识中心"。

21世纪以来，我国基础教育课程改革过程中，"知识"也是几次争论的焦点。钟启泉教授曾撰文指出："'非此即彼'的二元对立的思维方式对于课程改革文本的种种误读，以及对于课程改革实践的种种曲解，恰恰违背了马克思主义辩证法，其危害无穷，需要断然抛弃。"②简单梳理几种不同的知识观及其发展脉络，即会发现：知识的主观与客观、知识的接受与发现、知识的解构与建构、知识的抽象性与具体性等诸对关系，在每一轮课程改革中都会发生"摇摆"现象，克服此问题，需要我们超越机械的二元对立观，在对立中求得统一，在争辩中求得共识。对于任何课程改革，"知识"都是一个绕不过的存在，关键问题不是要不要知识，而是需要什么样的知识，如何理解和运用知识。

二、检视"大概念"和"人文主题"

语文课程知识包括语言知识、阅读知识、写作知识、思维知识、文化知识等。赫希所强调的"核心知识"是指背景性的文化知识，本文则主要讨论语言知识、阅读知识和写作知识等，这些知识是语文学科的本体性知识。21世纪前的各版语文教学大纲，

---

① 布兰思福特，布朗，科金，等.人是如何学习的：大脑、心理、经验及学校：扩展版［M］.程可拉，孙亚玲，王旭卿，译.上海：华东师范大学出版社，2013：20-21.

② 钟启泉.课程的逻辑［M］.上海：华东师范大学出版社，2008：36.

重视语文知识的学习，但提供的知识多是静态的语法知识；新世纪以来的课程标准，不再刻意提序列的语文知识，标准中语文知识或缺席或附列或隐含在相关的"教学建议"中。2017年版高中语文课程标准提出"大概念"，重视以学科大概念为核心，使课程内容结构化①，凸显了大概念的功用，强调各学科要从结构化的角度重构课程知识。语文学科有没有结构化的课程知识和内容呢？韩雪屏教授认为，语文课程知识是一个结构不良的领域，但是这并不等于说语文课程知识就没有结构。有研究者指出，起源于德国的范例式教材，其组织内容的顺序是从个别到一般，从具体到抽象，可分为四个阶段：范例性地阐明"个别事物"阶段、范例性地阐明"类""属"阶段、范例性地把握"法则、范畴关系"阶段和范例性地掌握"世界及生活关系的经验"阶段。②这样逐级抽象而析出的知识就是"大概念"，呈现的就是结构化的语文课程知识。作为课程标准，呈现课程内容的方式与教材不同，应是从一般到个别，主要揭示"学习任务群"领域内的学科大概念。

大概念（big idea），也翻译为"大观念""大思想"等，较早可追溯到布鲁纳倡导的学科结构运动。布鲁纳认为，任何学科中的知识都可引出结构，学习结构就是学习事物是怎样关联的，不论我们选择什么学科，务必使学生理解该学科的基本结

---

① 中华人民共和国教育部制定.普通高中语文课程标准：2017年版［S］.北京：人民教育出版社，2018：前言4.

② 韩雪屏.语文课程知识初论［M］.南京：江苏教育出版社，2011：262.

构。①美国教育学者威金斯和麦克泰格（又译"麦克泰"）认为，"大概念就是一个概念、主题或问题，它能够使离散的事实和技能相互联系并有一定意义"②。这个解释比较宽泛，大概念既包括概念也包括主题和问题。埃里克森、兰宁在"概念"的基础上提出了"概念性理解"，认为"基本理解""概念性理解"和"核心学科观念"都是说的同一个事情，其表现形式就是表达跨越时间、地点和情境的概念性关系的句子。③相对于比较宽泛的定义，以埃里克森、兰宁的"概念性理解"来界定语文学科的大概念更为合适。语文学科的"概念"，体系性、逻辑性比较弱，用学科知识概念做"大概念"，统摄力不强；而"主题"更多指向话题和议题，对语文学科知识结构的解释力比较弱，更适宜做跨学科学习的"大概念"。埃里克森、兰宁的"概念性理解"，是观念驱动的，基于事实、技能又超出事实和技能，其跨越时间、地点和情境的概念性关系的句子更契合语文学科的属性，适宜表述语文学科的大概念。王荣生教授也倾向采用埃里克森、兰宁的"概念性理解"界定语文学科的大概念，他把"概念性理解"转称为"概括性知识"，认为语文学科的大概念就是"核心的概括性知识"，王老师的本土化转换，意在帮助语文教师更容易地把握语文学科大概念的内涵特质。王老师还从埃里克森等学者的著作

---

① 布鲁纳.教育过程［M］.邵瑞珍，译.王承绪，校.北京：文化教育出版社，1982：28，47.

② 威金斯，麦克泰格.追求理解的教学设计：第二版［M］.闫寒冰，宋雪莲，赖平，译.上海：华东师范大学出版社，2017：6.

③ 埃里克森，兰宁.以概念为本的课程与教学：培养核心素养的绝佳实践［M］.鲁效孔，译.上海：华东师范大学出版社，2018：27.

中摘录了若干语文学科的"大概念",并从文本主题、作者角度、读者角度做了初步分类。^①笔者认为这个分类有些随意和松散,正如前文所分析,"人文主题"等并不适宜作为语文学科的大概念。语文学科的大概念应从语文本体知识的角度加以提取,如从概念性读写知识的角度提取的大概念"不同的文本类别有不同的结构""写作的对象和目的会影响文学技巧的应用""有效的议论文会使用论据,并采用与其目标读者相对应的语言"等;如从程序性读写知识的角度提取的大概念"理解文本的结构有助于更加理解其意义";如从策略性读写知识的角度提取的大概念"高效能的读者会利用特定策略帮助自己更理解文本(如使用情境脉络的暗示、针对作者提问、预测接下来的内容、重读、做摘要)"。

学科大概念有不同层级,语文学科最为核心的大概念,是围绕"内容和形式"的概念性关系与"语言和思维"的概念性关系的理解,这是指向语文学科思想和学科思维的本体性的大概念,某种意义上讲,"语言建构与运用""思维发展与提升""审美鉴赏与创造""文化传承与理解"的核心素养即是此层面上的大概念。而具有教学操作性的,是"学习任务群"层面、学习单元层面的大概念。寻找单元大概念,要研读单元内部的每一个文本,发现它们之间的关联,自下而上,抽绎归纳,最终确定大概念。大概念确定之后,自然也聚合起每一课时、每一环节学习中的知识、技能和策略,使这些知识、技能和策略相互联系而产生意义。正如"unit"(单元)一词有"独立,完整"的意味,是大概念打造

---

① 王荣生.事实性知识、概括性知识与"大概念"——以语文学科为背景［J］.课程·教材·教法,2020（4）.

单元的逻辑结构，使单元学习成为"大单元"，具有了学习的一致性和完整性。如果没有大概念这一"透镜"，所谓的单元学习就可能是碎片化的学习、浅层学习和不能有效迁移的学习。表1呈现了统编高中语文教材必修上册第三、六、七单元的逻辑结构。

表1 统编高中语文教材必修上册部分单元的知识内容结构

单元	人文主题	大概念	知识、概念	技能、策略
第三单元	生命的诗意	情感抒发与诗体形式的关联	古体诗、格律诗、魏晋诗歌、唐诗、宋词、诗体、风格流派、豪放、婉约、写景、咏史、抒情、比兴、白描、典故、叠字、韵律、节奏	诵读涵泳，发挥联想和想象感受诗歌的意境之美，借助诗体知识欣赏诗歌独特的艺术魅力，借助知人论世、以意逆志等方法把握诗歌内涵
第六单元	学习之道	论述的针对性与概括性的统一	论述的针对性、概括性、观点、态度、经验、列举、概括、逻辑思路、思考角度、论述方法、比喻论证、对比论证、举例论证	钩玄提要，分类辨析，概括梳理，以"学习"做专题拓展阅读，联系当今社会"学习"的问题开展讨论和辨析，有针对性、有条理地表达观点
第七单元	自然情怀	审美旨趣对自然景物的投射	情景交融、情理结合、景物、形象、意蕴、意境、哲理、审美旨趣、审美心理	比较分析不同作家笔下的景物呈现出的不同形象、色彩和情调，把课文当"情文"反复朗读，感受独特情味和言辞之美，结合作者的人生经历理解文章所表现的审美倾向和审美趣味

由表1可看出，"大概念"是由具体的知识、概念和技能、策

略支撑的，反过来，大概念又统摄知识的学习和技能的训练。语文学习当然不是靠讲知识和策略学生就能理解大概念，而是要以大概念为逻辑起点，设计学习任务、开发学习资源、迁移学习情境，形成目标、教学、评价一致的大单元学习，促进学生知识的理解和能力的迁移。

2017年版高中语文课程标准指出，"重视以大概念为核心，使课程内容结构化"，紧接着的一句话就是"以主题为引领，使课程内容情境化"。"主题"就是真实的生活脉络，指向知识的"境域性"特征，对于语文学科而言，一般是指为语文实践提供话题与情境的"人文主题"。课程标准之所以把"以大概念为核心，使课程内容结构化"和"以主题为引领，使课程内容情境化"这两句话并列陈述，正在于强调课程知识的客观性和社会性的辩证统一，既摒弃机械操练知识的技术工具主义，又避免忽视知识的相对主义和浪漫主义；既重视大概念的结构知识的作用，又不漠视人文主题增强语文学习实践性和情境性的功用，这也是语文学科工具性与人文性相统一的学科性质的内在要求。

三、检视"学习任务群"和"学习项目"

与2003年版的高中语文课程标准相比，2017年版的高中语文课程标准在课程内容的描述上有了明显改观，其中一个突破性的变化，就是以"学习任务群"构建起语文课程内容的结构。2003年版的课程标准，必修课程目标与内容的框架是"阅读与鉴赏""表达与交流"，选修课程的内容框架是"诗歌与散文""小说与戏剧"等，要么从学习方式，要么从内容领域做单维的描述，课程目标与内容是粗线条、建议式的勾勒。2017年版的课程标准，"学习任务群"的课程内容，则是内容领域和学习方式的二维架构，"文学阅读与写作""整本书阅读与研讨""中国现当代作家作品研习""中华传统文化专题研讨"等18个任务群均是从两个维度构建课程目标和内容。每个任务群的第一段文字揭示课程目的，"学习目标与内容"和"教学提示"则围绕该任务群的课程目的，凝练表达了核心的概念性知识和程序性知识、策略性知识，知识内容的规定性、明确度都有显著改进。

"学习任务群"整合了学习任务、学习情境、学习内容、学习方法与学习资源，既优化了课程内容，也更新了教学方式，但考察"学习任务群"，首先还是要凸显其课程内容构建方式的属性。每个任务群都有明确的课程目的、课程目标、课程内容及教学提示，18个任务群分属必修、选择性必修和选修课程，构成一个层级递进的课程体系。统编高中语文教材依据课程标准，以学习单元的方式承接学习任务群，以1至5个不等的单元来呈现各个学习任务群的课程内容。这样就构成了"学习任务群—学习单元—课文学习"的由课程内容到教材内容到教学内容的推进路径。在教学实践中，我们发现，教师把学习单元等同为学习任务群，甚至把一个课时的若干项学习任务也称为学习任务群，这种概念上的泛化，容易混淆课程结构和学习方式，导致理念上的错位和实践上的偏差。

"学习项目"与"学习任务群"密切相关。"学习项目"作为"学习任务群"的载体，整合学习情境、学习内容等要素，引导学生在运用语言的过程中提升语文素养。课程标准中所提到的"学习项目"是不是就指"项目化学习"呢？我们认为并不必然指严格意义上的"项目化学习"，课程标准所指的"学习项目"既包含严格意义上的项目化学习，也包含具备项目化学习部分要素的宽泛意义上的学习项目。夏雪梅对"项目化学习"做了如此界定：学生在一段时间内对于学科或跨学科有关的驱动性问题进行深入持续的探索，在调动所有知识、能力、品质等创造性地解决新问题、形成公开成果中，形成对核心知识和学习历程的深刻理解，能够在新情境中进行迁移。她还在《项目化学习设计》一书中分析了一个她和合作者一起开发的语文学科项目化学习样例——试景师的私人手册。①此项目化学习样例，是对统编语文教材七年级上册第一单元做的项目化学习方案设计。本项目基于已有教材中的写景单元，用"情景交融"这一关键概念，用"如何处理情与景的关系"这个基本问题重构课文内容，用"如何创作出打动人心的试景手册"这一驱动性问题，引发学生的创造性和社会性实践。②该项目化学习，换个角度看，也是一份大概念、大任务统领下的大单元学习，在设计理念上有诸多可取之处。但再三审视会发现，"如何创作出打动人心的试景手册"这个驱动性问题和核心学习任务，与基于课文的读写学习存在疏离与错位。"试景师"试景虽然在介绍和描述景物时会融入个人感受和情感，但毕竟不能"变形"和"陌生化"，与写景抒情诗文的"情景交融"还不是一个概念。朱自清的《春》淡去具体地点

---

①② 夏雪梅.项目化学习设计：学习素养视角下的国际与本土实践［M］.北京：教育科学出版社，2018：10，151-157.

和时段，老舍的《济南的冬天》已然有了江南春天的味道，是文学化的济南，《雨的四季》与《春》一样也是虚化的"印象式"表达，《古代诗歌四首》更加提纯和抽象。这些高度艺术化的诗文与一般游记不同，与试景师的工作就离得更远。当项目化学习的学习手段与学习目标、内容产生龃龉和背离时，学习效果也就会大打折扣了。

不同的知识类型和单元性质，吁求不同的教和学的方式。什么情形下运用宽泛的学习项目更加高效，什么情形下适宜运用严谨的项目化学习，值得认真研究和探讨。

四、结论与建议

以上基于知识观的视角，检视了学科大概念、主题、学习任务群、学习项目等课程标准出现的重要概念，涉及课程、教材、教学等诸多方面，实际上也是对新课程实施的再审视、再思考。下面，在前文论述的基础上，分别从课程标准研制、课标教材编制、教学实施等层面总结观点并提出建议。

（一）课程标准的研制

钟启泉教授认为，国家课程标准是对学生某一阶段的学习结果所做出的最低限度的、共同的要求，并不规定课程的具体内容。这为学生的经验进入课堂洞开了方便之门。[①]但这是否也会让过度情境化的生活经验不经结构化的加工就可以随意进入课程和课堂，而洞开轻视知识之门？如前所述，2017年版的课程标准

---

① 钟启泉.课程的逻辑［M］.上海：华东师范大学出版社，2008：5.

已经在课程内容的规定和描述上有显著进步，但与国外的课程标准相比，我们的课程标准在核心知识概念尤其是大概念的提取和确定上，还有改进的空间。各科课程标准的"前言"部分均明确提出了"以学科大概念为核心，使课程内容结构化"，但语文课程标准的正文部分并未再出现"大概念"的提法，虽然在各"学习任务群"的课程内容描述中或明或隐表述了核心的概念性知识和方法性知识，但毕竟没有进一步提炼大概念以提升课程内容的结构化程度。我们建议借鉴国外课程标准的做法，以清单式或列举式的形式，围绕每个学习任务群的课程目的，提取并呈现若干大概念，实现语文课程内容重构的升级迭代。这样的大概念呈现，并不刻意追求大概念的严谨序列，而是紧贴每个学习任务群的目的和要求，提取三五个或七八个重要的学科大概念，"更少即更多"，为教材编写和教学实施提供一条课程知识的逻辑线索，也减少教材编写和教师备课的难度和随意性，促进课程、教材、教学的有效衔接。

（二）课标教材的编制

钟启泉认为，我们应当依据教育宗旨，首先从浩瀚的人类"文化内容"中精选出"教育内容"的核心知识，然后围绕核心知识收集、组织大量的素材，然后才谈得上"教材（教科书）"的编制工作。多年来，我们的课程教材改革工作缺乏对这种"文化内容—教育内容—教材（教科书）"的区分及对运作程序的把握。[①]以文选式为主的语文教材编制，在大的文化、教育背景

---

① 钟启泉.课程的逻辑［M］.上海：华东师范大学出版社，2008：29.

下，收集、组织大量的素材，主要就是收集和组织作为典型学习素材的经典课文。多年来，不同版本的语文教材，沉淀累积了一大批经典篇目，这些经典课文已成为数代学子的共同文化记忆，已内化为国人共同的核心知识"基因"。但严格看来，教材篇目的选择还存在不少的随意性，选哪一篇不选哪一篇，缺少严谨的甄选标准和理据，缺乏"运作程序的把握"。我们建议参考考试"题库"的思路，建设教材选文的"资源库"，可依据课程标准"学习任务群"的课程内容要求，运用结构化的手段，开列选文资源的清单。如采用表2的方式建立资源库。

表2　"选文资源库"示例

选文类型		篇目	适合的人文主题	适合的学习任务群	指向的大概念	各种教材、学本中的典型学习任务设计
文学作品	散文	1				
		2				
		……				
	……					
实用类文本	新闻、传记等	1				
		2				
		……				
	……					
……						

　　这只是一个粗略的设计，建设科学的"选文资源库"还需要在实践中不断调整和完善。资源库是"基本口粮"，教材选文并

16

非全是从资源库中选择，但是为了经典篇目的传承和核心知识的共享，要保证足够的比例，比如50%。建设"选文资源库"，意图是为教材课文的选择、教材内容的开发提供基础保障，促进教材编制科学化水平的提高。

（三）教学实施

单元整体性教学，大概念和人文主题缺一不可。与统编高中语文教材以人文主题和学习任务群双线组织单元相照应，基于统编教材的大单元学习的命名也宜采取双重逻辑，即人文主题和学科大概念的双名称。如统编高中语文教材必修上册第七单元，就可用"自然情怀"和"审美旨趣对自然景物的投射"双命名，"自然情怀"引领学生进入学习情境，"审美旨趣对自然景物的投射"让学生明晰本单元学习的核心知识和关键能力。目前的教学实践中，已经出现一些一味强调大情境、大任务而无视大概念理解的所谓的大单元教学设计，值得我们警惕和深思。

不同的教材单元类型，应匹配合宜的学习方式和教学方案。结构化、情境化的项目化学习，适宜那些活动性、境域性很强的学习单元，对高中而言，更适合必修上册第四、第五、第八这类归属"当代文化参与""跨媒介阅读与交流""语言梳理与探究""整本书阅读"等任务群的单元；对初中来说，更适合统编教材的演讲单元、新闻单元、游记单元等。初高中教材中更多的单元，是以研习课文为主的读写类单元，此类单元就更适合把短小的学习项目镶嵌在阅读和写作中，读写互促，做中读写，让读、写、做融为一体。

学科大概念统领下的大单元学习设计

单元作为课程开发的基础单位，源于19世纪赫尔巴特学派的戚勒，之后美国发展出基于思维过程组织教材单元的编制原理，开发了项目单元、问题单元、课题单元、作业单元、活动单元、经验单元等多样的单元。[①] 20世纪八九十年代，我国语文教学界出现了一批有较大影响的单元教学流派，如黎世法教授的"六课型单元教学法"、钟德赣老师的"反刍式单元教学法"、吴心田老师的"四步骤多课型单元教学模式"等，这些探索呼应了那个时期教学改革的需求，着力于教材单元内部的内容整合、课型分布和教学法的探索。随着2017年版高中语文课程标准的颁布，新时期的"大单元学习"与之前的单元教学相比，更加强调基于单元的课程开发，更加注重学习方案的设计。崔允漷老师认为："这里所说的单元是一种学习单位，一个单元就是一个学习事件，一个完整的学习故事，因此，一个单元就是一个微课程。现有教科书中的单元，譬如语文教材中一个单元通常是一个主题下的几篇

---

① 钟启泉.学会"单元设计"［N］.中国教育报，2015-06-12.

课文，如果这几篇课文没有一个完整的'大任务'驱动，没能组织成一个围绕目标、内容、实施与评价的'完整'的学习事件，那它就不是我们所讲的单元概念。确切地说，那只是内容单位，而不是学习单位。"[1]基于新课程标准和统编高中语文教材的大单元设计，凸显课程视角和学习维度，是以语文学科大概念为统领、以核心素养为取向的单元整体教学。

一、为什么需要大概念，如何确定大概念

为什么需要大概念？无论是威金斯还是埃里克森，都强调"大概念"作为"透镜""聚合器"的功能，即把离散的事实和技能聚合起来，形成意义。更重要的是，大概念有很强的迁移价值，能运用到新的情境中解决实际问题。一个大单元，没有大概念的"透视"，一篇篇课文就可能只是浅显的关联，不能深度组织起来，教学的是碎片化的知识，不能深度迁移和运用。学科大概念有不同层级，对于语文学科而言，最为核心的大概念是围绕"内容和形式"的概念性关系和"语言和思维"的概念性关系的理解，这是指向语文学科思想和学科思维的本体性的大概念。而具有教学操作性的是"学习任务群"层面的、学习单元层面的大概念。如何确定单元学习中的"大概念"呢？下面以统编高中语文教材必修上册第六单元为例做些分析。

教材"单元提示"中指出："学习本单元，以'学习之道'

---

① 崔允漷.如何开展指向学科核心素养的大单元设计［J］.北京教育（普教版），2019（2）.

为核心，通过梳理、探究和反思，形成正确的学习观，改进学习方法，提高学习能力。"其中，"学习之道"是单元的人文主题，本单元的六篇文章都关乎"学习之道"。有了"学习之道"这个人文主题，六篇课文及其他学习材料才得以聚合起来，学习讨论的话题、议题、情境才得以创建。"学习之道"是不是本单元的"大概念"呢？不是，因为"学习之道"是一个大的人文话题和概念，还没有揭示出语文学科核心素养中的关键能力，没有揭示出本单元所处"思辨性阅读与表达"学习任务群的关键的概念性关系和理解。课程标准在"思辨性阅读与表达"学习任务群中的"教学提示"是这样表述的："以专题性学习为主。选择日常生活和学习中、历史或当今社会中学生共同关心的话题，要求学生通过阅读与鉴赏、表达与交流、梳理与探究等语文学习活动，阅读古今中外典型的思辨性文本，学习并梳理论证方法，学习用口头与书面语言阐述和论证自己的观点，驳斥错误的观点"，"教学过程中要注重对学生思维过程和思维方法的引导。注意发展学生的辩证思维和批判性思维，注意学生思维的逻辑性"。而教材在"单元提示"及课文的"学习提示"中都反复提到"针对性"。什么是"针对性"？就是"有的放矢"。如《劝学》是针对浅尝辄止、急躁冒进风气有感而发，更离不开荀子"化性起伪"的理论背景；《拿来主义》则给几种对待外来文化的极端做法"立此存照"，针砭时弊，鞭辟入里。论述有针对性，必然还要有"概括性"。针对具体的现象、问题说起，就不能简单地就事论事，而要透视现象，把问题说透。论述的概括性就是指分析问题是否有穿透力，提炼观点是否有概括力。本单元的《劝学》《师说》《反对党八股》《拿来主义》都针对当时的现象、问题、风气说起，有很强的现实针对性，但又都不囿于一时一事，而是站在历史文化的高度，分析问题的根源，指出问题的本质，抽丝剥茧、刨根问底，具有高度的理论概括性，于是就有了超越历史的思想意义和实践价值。[①]基于此，本单元学习的"大概念"宜确定为"论述既要有针对性也要有概括性，两者是对立统一的"，这指向可迁移的"思辨读写"的核心概念和关键能力。

从以上分析中可以看出，单元学习的大概念是需要发现和提炼的，一是基于课程标准的解读，二是基于教材内容的分析，三是辅助教师用书的阅读。对单元所处的"学习任务群"有深刻的把握，对教材单元内容的逻辑有深入的分析，大概念就会从模糊走向清晰，"照亮"单元学习之路。

二、以大概念打造单元学习的逻辑结构

仍以统编高中语文教材必修上册第三、六、七单元为例（详见本书第10页表1），有了单元内大概念的"透视"，"比兴""白描""古体诗""形象""意境"这些知识概念，"借助诗体知识欣赏诗歌独特的艺术魅力""分类辨析，概括梳理"这些策略和技能，对于学习就有了意义，学生对此就有了自觉的体认。

崔允漷老师认为厘清大单元逻辑以及单元命名非常重要，每个单元的逻辑和命名都要追问：是以大任务或大项目来统率，还

---

① 人民教育出版社课程教材研究所.普通高中教科书教师用书：语文必修上册［M］.北京：人民教育出版社，2019：165-166.

是以大概念或大问题来统率？按照一种逻辑还是几种不同的逻辑？[①]与统编高中语文教材以人文主题和任务群双线组织单元相照应，基于统编教材的大单元学习的命名也宜采取双重逻辑、双名称，即人文主题和学科大概念。如第七单元，即以"自然情怀"和"审美旨趣对自然景物的投射"命名。单元学习的一致性和整体性，不应仅仅停留在教师的备课本上，也应让学生借助大概念这一概念性工具，让学习变得明白、自觉、可见，深刻理解并深度迁移所学知识和内容。

三、促进大概念理解、迁移的情境、问题和任务

如何让学生真正理解大概念并迁移大概念解决新问题？仅仅靠教师的讲解或师生之间的浅表化问答是不行的，必须要设置有意义的情境，设计有挑战性的学习任务，提供有价值的学习资源，让学生在"做"中建构并运用大概念。

学习总是发生在一定的情境里。2017年版高中语文课程标准把语文实践活动的情境分为个人体验情境、社会生活情境和学科认知情境。显然，社会生活情境是发生在真实生活世界的学习情境，但如何理解个人体验情境和学科认知情境，这两者是真实的学习情境吗？夏雪梅认为，与其绞尽脑汁在课堂中开发出一个真实情境，还不如思考那些让情境变得真实的关键要素，从而思考如何在常态课堂情境中去创建。真实项目并不要求学生学习活动

---

① 崔允漷.如何开展指向学科核心素养的大单元设计［J］.北京教育（普教版），2019（2）.

中的每个要素都必须是真实的，而是要让学生看到知识和世界的某种联系。她特别强调所学知识和能力的真实，所运用的思维方式的真实。[①]王宁老师更明确指出，所谓"情境"，指的是课堂教学内容涉及的语境。所谓"真实"，指的是这种语境对学生而言是真实的，是他们在继续学习和今后生活中能够遇到，也就是能引起他们联想，启发他们往下思考，从而在这个思考过程中获得需要的方法，积累必要的资源，丰富语言文字运用的经验。她把真实情境概括为：从所思所想出发，以能思能想启迪，向应思应想前进。[②]在社会生活情境中调研、分析、创制产品、做出方案，固然是真实情境下的真实学习，课堂上阅读、讨论、争辩的内容与学生切己相关，所学知识、所经历的学习过程、所积累的学习经验，能迁移到生活世界中，这也是真实情境下的真实学习。当然，学习情境有简单和复杂之分。独立一篇课文所提供的往往是简单语境和情境，把一组课文、一个单元的课文整合起来，联系、比较、做群文阅读、互文性阅读，产生深刻的问题、话题、议题和专题，这就是复杂的语境和学习情境下的学习。创设情境，让学生完成一个书签的设计是简单情境下的任务；让学生编演一台话剧、完成一份调研报告就是复杂情境下的任务。

按乔纳森的观点，"问题"的区别主要体现在结构的连贯性上：良构问题和劣构问题。问题结构在很大程度上和问题情境有

---

① 夏雪梅.项目化学习设计：学习素养视角下的国际与本土实践［M］.北京：教育科学出版社，2018：11.

② 人民教育出版社课程教材研究所.普通高中教科书教师用书：语文必修上册［M］.北京：人民教育出版社，2019：3.

关，即良构问题更加抽象化和去情境化，并不依存于任何特定情境，更多依赖于事先定好的规则。相反，劣构问题更多根植于日常生活或工作情境中。①什么是劣构的问题或任务呢？是指在回答或解决一个问题、疑问或任务时，缺少解决方案或明显规则。劣构的任务或问题没有建议或暗示确保取得成功的特定策略或方法。通常这类问题是模糊的，在解决方案提出前需要进一步定义或明确。因此，这类问题或疑问更多需要的不是知识，而是良好的判断力和想象力。②如阅读《麦田里的守望者》，细读全书后，让学生扮演霍顿所讲故事中的医疗行业审查委员会的一员，使用霍顿自己台词的脚本，再加上所选的相关材料，写一份医院诊断报告，并按照惯例给霍顿父母写一封信，解释霍顿（如果有的话）做错了什么。③这个任务就是劣构的任务。而让学生归纳霍顿是一个怎样性格的人并做分析，这就是良构的任务。

从以上分析中不难看出，更有利于大概念理解和迁移的是复杂情境、不良结构的问题和任务。简单情境、良好结构的问题和任务虽然不能促成深度理解和运用，但也是不可缺少的，是认知学习的基础。教学中应尽可能降低良好结构、简单情境的问题、任务出现的频次，多一些复杂情境、不良结构的问题和任务，促成学生语文思维由低阶思维向高阶思维的转变，让

---

① 乔纳森.学会解决问题：支持问题解决的学习环境设计手册［M］.刘名卓，金慧，陈维超，译.上海：华东师范大学出版社，2015：7.

② 威金斯，麦克泰格.追求理解的教学设计：第二版［M］.闫寒冰，宋雪莲，赖平，译.上海：华东师范大学出版社，2017：382.

③ 威金斯，麦克泰格.追求理解的教学设计：第二版［M］.闫寒冰，宋雪莲，赖平，译.上海：华东师范大学出版社，2017：222.

深度学习真正发生。

四、依据单元特点和具体学情设计适宜的单元学习方案

即使是最好的教材，也许只能帮助我们实现一部分的预期结果，而许多目标的实现需要教师积极主动地、有创造性地确定适当的基本问题，评估以及体验活动来组织单元内容。事实上，这些问题、任务或活动通常需要教师补充教材内容或根据需要选择性地阅读教材内容。[①]大单元学习设计尤其如此。大概念的确定、问题任务的设计、学习资源的选取等，都需要教师对教材进行再度开发，创造性地使用教材。基于统编高中语文教材的大单元学习设计，因单元特点及具体学情而有几种不同结构化水平的方案。

第一种，大概念、大任务统领下的单元学习设计。威金斯和麦克泰格在《追求理解的教学设计》一书中所提出的"逆向教学设计"即是此种方案。在常规教学中，核心任务及其他评估方案都是在单元学习最后才确定和完成，而"逆向教学设计"要求在确定好大概念、基本问题后，首先就要考虑评估证据，即表现性的核心任务，然后"以终为始"，以评估证据驱动单元学习，设计学习活动、学习流程等。如"学习之道（论述针对性与概括性的统一）"单元，确定大概念后，即考虑怎样的评估证据（核心任务）就能证明学生理解并能迁移这一大概念，进而设计出核心学习任务：在当今社会，学习面临着怎样的问题和挑战，如何看

---

① 威金斯，麦克泰格.追求理解的教学设计：第二版［M］.闫寒冰，宋雪莲，赖平，译.上海：华东师范大学出版社，2017：257.

待学习，如何有效学习。班内要进行一次"今天怎样学习"的辩论会，请研读单元文章，展开调查研究，撰写你的辩论稿，尽量做到有针对性，有说服力，有启发性。在这样一个学习任务驱动下，分三个阶段推进学习活动：理解课文中的"学习之道"，分析课文如何阐释"学习之道"，完成演讲，分享学习之道，再进一步安排课时教学方案，细化学习任务，优化学习资源，提供学习工具，开发评价量规等。这种方案结构化、情境化、项目化程度比较高，对教师的教和学生的学挑战也比较大，更适合必修上册第四、第五、第八这类归属"当代文化参与""跨媒介阅读与交流""语言积累、梳理与探究""整本书阅读与研讨"等任务群的、教材编排的结构化程度比较高的单元。

第二种，聚焦大概念的"板块"设计。一般而言，每一板块对应统编教材单元内的每一"课"。统编教材与之前的教材相比，创新单元内部组织，以主题、内容等聚合课文，以两篇或三篇组合为"课"，有个别是以单篇成"课"，这样的单元教学资源组合方式，带有明显的整合性质。教学中，即可参照教材课文编排的结构，分三五个"板块"设计单元学习方案。此方案的核心在于大概念和"板块"之间的整合与分解，板块的命名与逻辑也要讲究，与大概念相承接，这样才能保证单元学习的整体性和一致性。

第三种，大概念观照下"学习课文"和"用课文学习"的组合。大单元学习并不排斥篇章教学，而是摈弃大量讲解分析的篇章教学模式。篇章的独特性与单元的整体性是辩证统一的关系。大单元学习强调大概念统领下的篇章教学，可根据单元课文的构成，对课文实现功能区分，从不同角度理解和把握大概念。在具体处理方式上，可灵活变通。经典课文如《我与地坛》，古诗文如《梦游天姥吟留别》《赤壁赋》，都可偏重"学习课文"本身，沉浸于文本之中，理解、吸纳、内化知识和文化。而教材所标注的自读课文或非经典篇目就不必精细教读，而是"通过课文学习"，以情境、任务驱动学生阅读课文，去完成相关活动，加工材料，做出产品。

无论哪一种方案，都是在大概念的统领下，整合学习情境、学习任务、学习资源，为深入理解和迁移运用而教，引导学生在言语实践活动中提升语文素养。

基于大单元学习的深度阅读和真实写作

《普通高中语文课程标准（2017年版）》与修订前相比，对课程内容有了更为明晰的规定，以"学习任务群"架构课程内容，18个任务群组合构建了必修、选择性必修、选修的内容体系。"语文学习任务群"以任务为导向，以学习项目为载体，整合学习情境、学习内容、学习方法和学习资源，引导学生在运用语言的过程中提升语文素养。学习任务群的设计，旨在引领高中语文教学的改革，力求改变教师大量讲解分析的教学模式。①统编高中语文教材落实"学习任务群"的要求，延续采用了"单元"的编排形式，依据人文主题和学习任务群两条线索，选择学习内容，组合教学资源，设计学习任务，每个单元指向特定的学习任务群，课文的呈现方式、单元学习任务等带有明显的整合性质。"单元"成为课程、教材和教学的接榫处，课程层面的"学习任务群"和教材层面、教学层面的"学习任务群"在"单元"

---

① 中华人民共和国教育部制定.普通高中语文课程标准：2017年版［S］.北京：人民教育出版社，2018：8.

这里衔接和转化。基于新课程标准和统编高中语文教材的单元教学，承接"学习任务群"，凸显课程视角和学习维度，是"大单元"学习，是以语文学科大概念为统领的、以核心素养为取向的单元整体教学。与此相应，"大单元"视域下的阅读、写作也就有了新的内涵特征和实施策略。

一、指向基本问题的读和写

关于"基本问题"，麦克泰格和威金斯认为，一个好的基本问题有7个特征：是开放式的，问题不存在唯一的答案；是发人深省和引人思考的，常常会引发辩论；是需要高级思维的，仅仅通过记忆和知识点无法有效回答这些问题；指向学科重要的、可迁移的观点；能引发其他问题，激发进一步的探究；需要证据和证明，而不仅仅是答案；随着时间的推移会反复出现。①基本问题指向可迁移的学科大概念，是对大概念的问题化呈现。如统编高中语文教材必修上册第六单元的大概念是"论述既要有针对性也要有概括性，两者是对立统一的"，依此确定的基本问题就是：什么是论述的针对性，是不是就事论事？什么是论述的概括性？论述有针对性为什么还要有概括性，两者之间有何关系？什么是有效的论证方法，对一个论题适宜的论证方法是否一定适合其他论题？身处今天的学习化社会，本单元的观点和态度还有无意

---

① 麦克泰格，威金斯.让教师学会提问：以基本问题打开学生的理解之门［M］.俎媛媛，译.北京：中国轻工业出版社，2015：4.

义？^①围绕这些基本问题而展开的学习，会让离散的事实和技能相互联系起来并产生意义。麦克泰格和威金斯认为基本问题可以作为学习者的"灯塔"或"试金石"，如果学生有信心用几个问题来囊括所有的学习内容并提出学习的组织框架，那么他们对判断课程学习方向的焦虑就会大大降低，同时，他们将学习内容与自己已有经验建立联系的能力也会随之提高。^②基本问题关联起单元内部的问题、任务、项目、事实和知识，建立单元的逻辑结构。北京市十一学校闫存林等老师设计的"史记文学及小说的侠义人物"单元就是这样一个结构化的大单元学习设计。

闫存林老师团队设计和实施此单元时，正值学校一年一度的狂欢节。该单元的核心学习任务是：又到狂欢节了，请学生在深入阅读侠义文学的基础上，为老师设计一位侠义人物角色，然后装扮之。核心任务又具体分解为5个子任务：①用准确的词语概括五位人物的特征；②选择五个侠义人物寻找其异同点；③写出你最想设计的人物、比较想设计的人物与最不想设计的人物，并说明理由，给出证据；④请你写一封劝说信说服老师同意装扮你最终选择的侠义人物；⑤完成人物出场设计。（先独立完成，然后分组合作。）单元基本问题则确立为：侠义精神在当今社会存在的合理性？核心学习任务驱动学生去阅读《史记·游侠列传》《史记·刺客列传》《大铁椎传》《虬髯客传》等，在此基础上，

---

① 人民教育出版社课程教材研究所.普通高中教科书教师用书：语文必修上册［M］.北京：人民教育出版社，2019：182-183.

② 麦克泰格，威金斯.让教师学会提问：以基本问题打开学生的理解之门［M］.俎媛媛，译.北京：中国轻工业出版社，2015：32.

学生加工阅读材料，完成劝说信的写作和人物出场的设计等，学生的读写活动是单元核心任务引领下的深度阅读和写作。那么，是不是就不需要基本问题了呢？显然不是，核心学习任务的制定就起源于基本问题。学生撰写劝说信，要结合阅读材料从历史与现实维度对侠义人物做出分析和比较，对侠义精神和现代社会的关联做出客观评价，让老师信服并乐于扮演。没有了基本问题的观照，就容易变成为完成任务而完成任务，不能产生跨单元、跨情境的知识迁移。

闫存林老师团队基于基本问题和核心任务，分解学习任务，细化学习活动，开发学习资源、任务工具和评价量规，构成"大概念—基本问题—核心任务—子任务—学习资源—学习评价量规"的逻辑链条，形成"目标—教学—评价"的一致性。但对该单元的基本问题细加审视，我们会发现，基本问题还有些单薄，少了另一个维度的基本问题，即关于侠义文学特征的基本问题，如：侠义人物形象有何特质？与一般文学形象的刻画有何不同？有观点认为包括金庸小说在内的侠义文学作品的文学水准并不高，你怎么看？这个维度的基本问题指向该单元所处的文学阅读与写作任务群的核心知识和关键能力，以此类基本问题发端，引导学生阅读《史记·游侠列传》等，形成初步理解；继而引入《昆仑奴》《红线》《断魂枪》，甚至引入异质性的材料，如电影《刺客聂隐娘》《教父》等，以扩展的材料产生新的刺激、新的质疑，激发学生对基本问题形成持续思考和探究，这样学生再对五个侠义人物做比较阅读就更有深度，劝说信的写作也更有针对性和说服力。更重要的是，对"侠义文学特征"一类基本问题的理解，会迁移运用到其他单元的侠义文学读写中，迁移到生活情境中，解决真实世界的问题。

二、项目驱动下的读和写

如前文所引课程标准的表述："'语文学习任务群'以任务为导向，以学习项目为载体，整合学习情境、学习内容、学习方法和学习资源，引导学生在运用语言的过程中提升语文素养。"这句表述中，出现了比较多的概念，其中"学习项目"是一个"中枢"，"任务群"的实施，"项目"的承接尤为关键。如何理解"学习项目"？是否就是指"项目化学习"？我们先来看什么是项目化学习。夏雪梅老师梳理了国外学者对项目化学习的诸多界定，基于三年的本土化实践，对"项目化学习"做了如此界定：学生在一段时间内对于学科或跨学科有关的驱动性问题进行深入持续的探索，在调动所有知识、能力、品质等创造性地解决新问题、形成公开成果中，形成对核心知识和学习历程的深刻理解，能够在新情境中进行迁移。①在她看来，"项目"（project）和"项目化学习"（project-based learning）是两个有区分的概念。要做一个项目相对比较容易，但很容易做成学完后添加的"尾巴"，变成点缀与花边；要让项目成为项目化学习，让学生真正的深度学习发生，就要指向核心知识的再建构和思维的迁移；指向真实而有挑战性的问题，用高阶驱动低阶的学习；有持续的探究与实

① 夏雪梅.项目化学习设计：学习素养视角下的国际与本土实践［M］.北京：教育科学出版社，2018：10.

践；有凝结核心知识的指向，有驱动性问题解决的公开成果等。夏老师团队通过在上海的探索，还提出了严谨的项目化学习的六步设计框架。[①]

据此我们分析一个课例。北京顺义一中管超老师发现所教的高二学生对议论文写作缺乏兴趣，有畏难情绪，写作中普遍存在认识肤浅、思路不清等问题，于是设计了议论文写作课——"王者"还应该继续"荣耀"吗？这节课主要有四个环节：

环节一，组织学生汇报课前的调研结果，学生对是否玩过《王者荣耀》（或者类似游戏）、每天在线玩游戏时长、玩游戏的时间段等调研结果，以饼状图等形式呈现和讲解。

环节二，讨论问题："既然大家都知道玩手机游戏耽误学习，长期沉迷手游甚至还损害身体健康，可是为什么我们仍然无法自拔？"要求多角度分析，每小组将原因分条写在白纸上并汇报。继而讨论："手机游戏难道一无是处？"引导学生反向思维，看待问题。最后抛出问题："面对青少年沉迷于手机游戏我们应该怎么办？"要求针对原因提出相应的对策，每组将对策分条写在纸上并汇报交流。

环节三，总结提升，引导学生从原因到利弊分析到对策来梳理写作思路。

环节四，以"我看手机游戏"为话题，列一个写作提纲。作业是完成"我看手机游戏"的写作。

"王者"还应该继续"荣耀"吗？议论文写作课，看似是一

---

① 夏雪梅.一文读懂PBL的五个基本问题［N］.中国教师报，2015-05-22.

节课，实则有之前的调查、统计和分析，之后的写作成文和发表
交流，已经构成一个完整的学习项目。与简单地布置题目、教师
做点指导、学生写作成文的常规写作课相比，管超老师的课堂是
发现问题、分析问题、解决问题、分享成果的持续学习，是微型
写作课程。该课程让学生沉浸在真实的语言运用情境中阅读、表
达和思考，教和学指向思辨性阅读和表达的关键概念——"多角
度分析问题"，学生在分析问题、研究对策的过程中，阅读非连
续性文本、新闻、评论、心理学研究成果等，形成真实的言语表
达成果，深度阅读和真实写作在项目活动中自然交融在一起。管
老师的课例依托的是一个学习项目，而不是严格意义上的项目化
学习。要把此学习项目做成项目化学习，学习时长要更长，要进
一步提炼驱动性问题；学生在学习过程中除了调查统计，还要增
加访谈等手段，做严谨的归因分析；除了阅读相关图表、新闻、
评论等，还要浏览《欲罢不能——刷屏时代如何摆脱行为上瘾》
等文献资料；最后形成的产品，不是一篇普通的议论文，而是基
于数据、证据和实证分析的研究报告或小论文。基于数据、证据
和实证分析的研究报告，对于当前的中学语文教学来说，还比较
稀缺，这已经是一种学术性写作了。

　　既然课程标准中所说的"学习项目"并不必然指严格意义上
的"项目化学习"，那大单元是需要学习项目还是项目化学习设
计？都需要。无论是镶嵌在大单元学习过程中的项目，还是单元
整体的项目化学习设计，都能驱动学生的深度阅读和真实写作。
从操作性看，具备项目化学习部分要素的学习项目，更容易上
手，适用性更强。先从宽泛的学习项目做起，再到严谨的项目化

学习，是比较务实的推进策略。

三、读、写、做合一的语文教学生态

学习任务群的提出，大单元学习的设计，都是力求改变教师大量讲解分析的教学模式，优化语文教学生态。从上文所举的案例可以看出，阅读和写作作为主要的语文学习行为，在大单元教学中有了新的内涵和外延。阅读不只是一篇一篇地读，更要一束一束地联读、比较读、互文读；不只是读连续性文本，而且读非连续性文本、混合式文本、超文本；阅读过程中不只输入和吸纳，而且也输出和表达。写作既写记叙文、说明文、议论文等规范的篇章，也写推荐语、解说词、劝说信、广告词等作为完整交际单位的语篇；写作不只是培养写作技能，而且也是为了促进深层阅读；写作是一种语文学习行为，也是超越学科的思维方式和学习方式。阅读和写作在问题解决、任务驱动、项目完成中交织缠绕、互生共促，读中有写，写中有读，"做"中读与写，读、写、做融为一体。在读、写、做的关系中，"做"是"关键"，是"驱动器"，设置真实情境，设计有价值的话题、问题、任务、活动、项目，学生在真实的语言情境中"做事"，产生读写需求，深度阅读和真实写作就会真正发生。

读写结合比较僵硬的一种方式，就是学习《白杨礼赞》之后接着让学生写一篇"××赞"一类的托物言志的文章。教师布置此类题目，几近一厢情愿的指令，往往激发不起学生言说表达的欲望，设想中的"迁移"并不能有效发生。如何在情境、任务、项目驱动下读和写，实现读写结合的升级迭代，"《美国语文》模

式"的读写结合可以给我们一些借鉴。例如该教材《第一次美洲航海日志》课后练习中的"点子库":

点子库

写作

1.船员日志　想象你是哥伦布的一名船员,从你的角度重写本文。

2.续写　从哥伦布停止的地方续写,写一篇日志来描述你探索加勒比海时的想法。

3.比较日志　哥伦布进行了多次的航行,但是一直没有抵达亚洲,利用图书馆资源,找一篇哥伦布后来的航海日志,在你的文章中比较哥伦布后期的日志与早期的日志中表达出来的情感有什么不同,并解释为什么有这些不同。(社会研究连线)

项目

1.地图　画一张岛上的地图,表现哥伦布登陆和探察的地点。

2.哥伦布纪念收集　说明哥伦布对当今世界的贡献。找到以他的名字命名的重点公共场所(例如:城市和公园),了解在全国各地是怎样庆祝"哥伦布日"的。将你的发现制成一本剪贴簿。[①]

其中的"写作",多是换视角重写或转换情境评析文本,这

---

① 马浩岚.美国语文［M］.北京:中国妇女出版社,2004:22-23.

样的"写作"，不是简单复述和再现课文内容，而是重组文本，做创造性阅读、分析性阅读和批判性阅读。其中的"项目"，是宽泛意义上的"学习项目"，在"社区连线""艺术连线""科技连线""媒体连线""社会研究连线"等连线中，画地图、设计徽标、制作海报、制定菜单、制作旅游指南等，在"做产品"过程中，把阅读和写作延伸到历史情境、现实情境、艺术情境、工程情境中去，实现跨单元、跨情境、跨学科的知识能力迁移。

如果说"点子库"中的"读写结合"，写是为了更深层的读和更广阔的探究与迁移，是"学习，通过写作"，那么"微型写作课"就是读向写迁移，是"学习写作"本身，更类似于我们所熟悉的大作文课。

微型写作课

口头航海报告

哥伦布能筹集到资金是因为他有能力使没见过他探险的大陆的人接受他的想法。假设你是哥伦布，口头做出一篇报告，在回到欧洲时报告给西班牙国王和王后。

写作技巧重点：生动细致的说明

为使你的听众分享你的经历，你需要通过深入细致的描述来说明纳入感官的细节，叙述可以看到、听到、感觉到、触摸到或嗅到的东西。在以下范例中，哥伦布使他的读者感受到他们没有亲身经历的事件。

日志中的范例

到处是高大茂盛的小树林，还有四周绿树环绕、浓荫覆盖的大湖，景色优美迷人。整个世界就像四月的安达卢西亚一样青翠欲滴。鸟儿歌声动听，让人不忍离去，成群的鹦鹉连天空都能遮没。

哥伦布通过感官细节来描述这个岛屿，他认为这个富饶的岛屿非常美丽。

构思

想象哥伦布见到的自然风光，列出他可能碰到的热带风光、声音、触觉、气味和味道。

写稿

在描述这个岛的时候，尽可能加入你最多的感官细节。通过细节来表现这一地区的富饶繁茂，而不是告诉你的听众它有多美丽。

修改

对你描述的每一个形象都加入细节来强化，在只有视觉和听觉的描述中加入嗅觉，考虑在适当的地方加入触觉或味觉的描写。[①]

"微型写作课"的写作体式与课文一致，聚焦"生动细致的说明"一类的读写核心概念，根据读写结合点（核心概念）列举课文范例，构思、写稿、修改都紧紧围绕读写结合点（核心概念）。此"微型"主要指读写结合点的"具而微"，从单元整体审视，"具而微"的读写结合点，又指向大概念和基本问题，单元

---

① 马浩岚.美国语文［M］.北京：中国妇女出版社，2004：23.

读写结合精准透彻、协调一致。"点子库"和"微型写作课",两种样态的"读写结合",在大单元框架下并行不悖,为我们的读写教学提供了借鉴。

我们也应该看到,《美国语文》也有不足之处,如"项目"有些琐碎,各种"连线"过于繁多,跨学科迁移过度,有些活动游离单元学习的"文学聚焦"和核心概念,等等。孙绍振先生分析美国语文教材利弊时指出:"实践证明,不把语文课当作语文课,仅仅当作历史课,仅仅当作质疑批判的思想体操,在具体教学过程中过分强调自发的兴趣,甚至把语文课当作游戏,绝对地排斥必要的背诵,正是美国母语教学的弱点。"①于漪老师对《美国语文》多有赞赏的同时,也指出:"我们语文学科教学常常在历史与现实、读与写、积累与运用、基础与拓展、课堂与社会等等之间徘徊,找不到恰当的结合点。讲基础,一抓就'死';想拓展,一放就'空'。我们的视野还不够开阔,思考还不够深入,如何让学生学得又实又活,充分发挥他们学习主体的作用,确实须花大力气研究、探索。"②

孙绍振、于漪老师对《美国语文》的评述也引发我们对"大单元"的深思,基于大单元的课程改革,如何在继承中发展,在借鉴中创新,在守成中超越,避免畸轻畸重、忽左忽右,需要辩证思维、理性定力和实践智慧。

---

① 孙绍振.美国语文和中国语文:"核心价值"和"多元价值"问题[J].名作欣赏,2014(12).

② 于漪.历史经验与现代生活的融合:从《美国语文》教材引发的思考[J].语文学习,2005(1).

整体设计：单元视域下的教、学、评一致

　　理解教、学、评的一致性，首先要厘清三者的具体所指。"教"和"学"的所指比较明确，"评"的内涵和外延则需要辨析。米勒等人认为，评价是指经由观察、表现与专题评定或纸笔测验获得学生的学习信息，并对学生学习进展予以价值判断；评价要回答的问题是"这个人有多好"，兼顾量化描述（测量）和质化描述（非测量）。[①]以此分析，语文高考是评价中的纸笔"测量"，且是众多纸笔测验中的一次测验。作为高利害测验的高考评价，其重要性不言而喻，已有不少专文论及教学和高考评价一致性的问题，本文不专谈高考，而主要探讨日常的形成性评价与教、学的一致性。国际读写协会编制的《阅读和写作评估标准》指出，与常模参照测试相比，虽然教师的观察、记录看起来不那么正规，但以教师专业知识为基础，这些评估实际更富有成效。[②]日常的形成性评价和常模参照的高考评价，都应基于课程标准

---

　　① 李坤崇.教学评估：多种评价工具的设计及应用［Ｍ］.上海：华东师范大学出版社，2011：1.

　　② 叶丽新.读写测评：理论与工具［Ｍ］.上海：上海教育出版社，2020：32.

与教和学保持内在一致，成为促进教学、为了教学的"好"的评价。

本文是在单元视域下讨论教、学、评的一致性，这是因为核心素养取向的教学，学生的复杂技能、关键能力、高阶思维不是在一个课时内就能形成，学生的学习由浅层学习到深度理解到迁移运用需要一个较长的跨度，对学生学习的评价和反馈也就不可能在一节课内急促完成，在单元视域下对教、学、评做整体设计，符合逻辑也具体可行。

一、指向基本问题的教、学、评

一个单元的教学离不开一篇篇课文的教学，离不开分析、设计、开发、实施、评估的有序设计，但如果只是简单叠加和机械推进，以为一篇篇课文教完了，完全"覆盖"教材了，学生就会理解和运用了，结果可能适得其反，会导致学习的分割化、碎片化和知识能力的难以迁移。单元教学设计应是有序设计和整体设计的统一，尤其要强化"全景"视角的整体设计，强调课文与课文、课时与课时之间的关联，实现教、学、评的协调一致。美国课程专家威金斯和麦克泰格提出的"理解为先的教学设计"即是一种整体教学设计，他们强调"为理解而教，为理解而评"，先行确定单元教学目标和评估标准，再安排相关的教学规划，以"少而重要"的"持续性理解"，促进学生的深度学习和迁移，打破教学中有广度无深度（"一英里宽，一英寸深"）的尴尬局面。

一个单元的学习，固然要让学生"知道"些什么，但更重要的是让学生理解什么，迁移运用些什么。如学习统编高中语文教材必修上册第七单元（下文举例涉及此单元时均简称为"自然情怀"单元），了解什么是"景物""形象""意象""审美心理"以及《故都的秋》写了哪些景物，有什么特点等，但如果不能深刻理解"审美情趣过滤和选择景物，并使笔下的景物呈现特有的情调"，那么知道和概括了再多的"景物"及其特点，也是碎片化的知识和浅层学习。反之，深刻理解了审美情趣和自然景物的同构关系，归纳《故都的秋》《荷塘月色》等文章的景物及其特点，探究景物背后的情感倾向等学习活动，就有了意义和价值，进而也就能"做"些什么，把这层理解迁移到新情境的读写活动中。埃里克森提出了与"持续性理解"内涵相一致的"概念性理解"，他认为"基本理解""概念性理解"和"核心学科观念"都是说的同一个事情，其表现形式就是表达跨越时间、地点和情境的概念性关系的句子。[①]上文所列举的"审美情趣过滤和选择景物，并使笔下的景物呈现特有的情调"，便是单元学习的"基本理解"和"核心学科观念"。

　　一个单元的学习，应该基于学习任务群的学习目标，让学生形成一两个"持续性理解""核心学科观念"，如教师在做"自然情怀"单元的设计时，首先需要确定的就是"我想让学生通过这一单元的学习，明白是作者的审美情趣过滤和选择了景物，并使笔下的景物呈现特有的情调"。但这样的持续性理解，毕竟出

---

　　① 埃里克森，兰宁.以概念为本的课程与教学：培养核心素养的绝佳实践［M］.鲁效孔，译.上海：华东师范大学出版社，2018：27.

现了一些概念和术语，有些抽象，尤其对于语文学科而言，不容易被接受。教学实践中比较可行的策略是把单元的"持续性理解"转化为"基本问题"。威金斯和麦克泰格提出"以基本问题打开学生的理解之门"，他们认为教学中使用的大部分问题都是非基本问题，属于启发型问题、导向型问题、引导型问题等，虽然这些类型的问题也有其作用，对于学生的学习不可或缺，但真正起核心作用的是激起持续思考和探究、需要理由和证据、指向学科内重要和可迁移观点、在整个单元教学（或许一年）中会反复提起的"基本问题"。[①] 与"启发型问题"等相比，"基本问题"更具解释力和穿透力。教学"自然情怀"单元，便可以将持续性理解——"审美情趣过滤和选择景物，并使笔下的景物呈现特有的情调"问题化处理，转化为单元学习的"基本问题"：为什么在不同作家笔下，景物呈现出不同的形象、色彩、趣味和情调？审美心理和景物的表现之间究竟有怎样的关系？见下页表1。

单元教学伊始，就把基本问题公开给学生，以基本问题引发持续探究，贯穿、统领课文的研读、比较和分析，指向学科核心观念和"基本理解"，于是，非基本问题的讨论和基本问题的探究，课文的教学和单元的教学，教师的教和学生的学，单元的教学和评价，就彼此联系而成为一个整体。

---

① 麦克泰格，威金斯.让教师学会提问：以基本问题打开学生的理解之门 [M].俎媛媛，译.北京：中国轻工业出版社，2015：15-20.

表1　"自然情怀"单元问题类型举例

内容或主题	启发型问题	导向型问题	引导型问题	基本问题
"自然情怀"单元	你所在地区的秋季有怎样的景象？写成文章该如何表现？	《故都的秋》都写了哪些景物？有何特点？	"清、静、悲凉"是北平秋天固有的特征吗？	为什么在不同作家笔下，景物呈现出不同的形象、色彩、趣味和情调？审美心理和景物的表现之间究竟有怎样的关系？
	你有月下散步的经历吗？在怎样的心境下？有怎样的发现、感受和联想？	《荷塘月色》的荷塘之美体现在哪里？作者如何表现的？	从文章开头的"心里颇不宁静"到结尾的"这令我到底惦着江南了"，作者的心境发生了怎样的变化？为什么？	
	你是否与某处景观（景物）建立了特殊的情缘？特殊在哪些方面？	《我与地坛》第一部分的三段景物描写各呈现了怎样的景物特征，引发了史铁生怎样的哲思？	如果郁达夫走进地坛，他对于史铁生笔下的哪些景物会有所感触，又会怎样表现呢？	

二、基于表现标准的教、学、评

实现教、学、评的一致，要树立评价先于教学、评价与教学融合的思想。做单元设计时，首先要思考的是：本单元有哪些核心知识和基本问题？我们需要学生获得怎样的成就？怎样利用标准来评价学生？需要开发哪些评价的工具？[①]威金斯和麦克泰格的"追求理解的教学设计"，确定单元的持续性理解和基本问题后，接下来并非直接进入教学活动方案的设计，而是评价在先，要确定评估证据，包括选择评估方式、设计核心任务、制定表现性的评估标准等，因此"追求理解的教学设计"也称"逆向教学设计"。2017年版普通高中语文课程标准依据不同水平学业成就表现的关键特征，将学业质量划分为不同水平，并描述了不同水平学习结果的具体表现，为高中阶段的教、学、评提供了一个总体的表现标准。单元整体教学设计要开发制定指向本单元持续性理解和基本问题的表现标准，让教师和学生明白"好到什么程度才是好""具有什么表现就能证明理解和运用了学科核心观念"。

设计"自然情怀"单元的教学方案，在确定"持续性理解"和"基本问题"后，可开发表现性的评价量规，如下页表2所示。

单元学习的表现性标准或表现性量规，指向持续性理解和基本问题，对学生的学习表现水平做出不同层级的描述，为教、学、评指明了方向。当然，分析教材单元内容，参考教师用书的分析，创建表现标准或评价量规，起初会比较费力，但从长远来看，会提高教学效率和质量。依凭单元学习的表现标准，学生就能在每一课时、每一任务中明白：我现在在哪里，我将要去哪里，如何去那里，怎样证明我到达了那里；教师也能清晰知道每一步应该给以学生怎样的评价、反馈、支持和帮助。

---

① 崔允漷，王少非，夏雪梅.基于标准的学生学业成就评价［M］.上海：华东师范大学出版社，2008：30.

表2 "自然情怀"单元表现性评价量规

优秀	达标	未达标
专注于查寻作者的感情基调、感情线索,把课文当"情文"来读;能辨析并指出不同作家笔下的景物所呈现出的不同形象、色彩、趣味和情调;能在分析景、情、理关系的基础上,结合相关背景材料,领悟作者独特的审美倾向、审美趣味和审美心理;能在深刻把握审美旨趣与景物表现的互动关系中,阅读不同类型的散文,并进行生活情境中的创意表达。	能准确概括文章所描写景物的特征;辨析并指出景物所呈现出的形象、色彩、趣味和情调,并能把多篇课文放在一起比较分析、综合评判,深刻理解景、情、理之间的关系;从用词、句式等方面入手,品析精彩语段,感受文辞所承载的独有意蕴和情感;能运用所学写出情景融合的文章。	过于关注写景抒情散文所呈现景物的外在特征;知道"借景抒情"的文体特点,但简单认为每篇文章所抒发之情都是对大自然的喜爱和赞美;体会文章语言时,习惯于脱离文本情境,去机械套用格式分析修辞句的作用。
基本问题:为什么在不同作家笔下,景物呈现出不同的形象、色彩、趣味和情调?审美心理和景物的表现之间究竟有怎样的关系?		

单元教学的基本问题和表现标准应在单元学习开始就公开给学生,让学生清楚了解本单元的学习意图和成功标准。对于表现标准和量规,教师起初要做必要的解说,但并非机械灌输,不能企图让学生短时间内就透彻理解表现标准及层级之间的差异,关键要在单元教学的全过程始终渗透和揭示表现标准和评价量规,引导学生持续性地理解和改进。

三、目标导向的活动和任务

确定单元学习的持续性理解和评估标准,正是为接下来的课文学习以及活动、任务的设计,持续性"定调"——不能为活动而活动、为完成任务而完成任务，而应为"理解"而教学。目前的单元教学实践中，有一种倾向值得注意：不分教材单元类型，一律做表现性"大任务"驱动的单元设计和项目化学习设计。指向"当代文化参与"等学习任务群的活动探究类教材单元，比较适合这种大任务统领的单元教学设计，但对于指向"文学阅读与写作"等学习任务群的非活动探究类单元，也硬性做"大任务"驱动的项目化学习设计，很有可能会使"任务"与课文研习"貌合神离"，所谓的"任务"不具备足够的"包裹性"，不能有效指向"持续性理解"和"基本问题"，以至于学生急于去"表现"，而没有充分认知学习和加工，实施效果并不理想。与活动导向的"浅学习"相比，目标导向的单元学习活动和任务，则体现以下两个特征。

一是"进阶性"。单元整体教学是以"少而重要"的学科核心观念为统领，是"以少御多"，这并不意味着看轻"多"，而恰恰强调在足够多的事实性知识习得的基础上，获得"持续性理解"。如"自然情怀"单元的教学，准确概括《故都的秋》《荷塘月色》《我与地坛》等文章所描写景物的特征，辨析并指出不同景物所呈现出的不同形象、色彩、趣味和情调，学生在此过程中才能真正形成核心理解——审美情趣过滤和选择景物，并使笔下的景物呈现特有的情调。学生由知道到理解到迁移运用，要走过一个由表层学习到深层认知、由事实性知识了解到概括性知识理解的学习加工过程。从这个意义上看，上文所列举的单元表现性标准和评价量规，既是单元学习的评估标准，也是一份学习进阶的路线图。如果不考虑这种"进阶性"，学习活动和任务就会躐等和陵节，目的与手段产生背离。例如，缺乏"基本问题"的引领，没有"导向型问题""引导型问题"的支撑，课文研习不充分，就急于让学生完成"如果拍摄'北京印象'为题的电视散文，请你以本单元三篇课文为素材，撰写拍摄脚本"的大任务，这样会加大学生的认知负荷，其结果是难以加工或草草完成流于形式的浅加工。

二是"变式度"。与"进阶性"相对应，学习进阶的不同阶段需要不同类型的活动和任务，也就是说，目标导向的活动任务要具备足够的"变式度"。已有强有力的证据表明，练习的变式度，是实现学习迁移的最重要保障。[①]单元学习中的"变式"，首先体现为对课文的"变式"处理。单元教学不是不进行课文教学了，而是聚焦"持续性理解"和"基本问题"，以全景的视角，赋予课文不同的角色和功能。如表3所示的绍兴鲁迅中学彭玉华老师对"自然情怀"单元课文的"分布式"处理：[②]

表3 "自然情怀"单元课文"分布式"结构

文本	内容	手法
《故都的秋》	景与美	表现与再现
《荷塘月色》	景与情	白描与工笔
《我与地坛》	景与思	形散与神聚
《赤壁赋》	景与理	情趣与理趣
《登泰山记》	景与史	简笔与繁笔

① 范梅里恩伯尔，基尔希纳.综合学习设计：四元素十步骤系统方法：第二版［M］.盛群力，陈丽，王文智，等，译.福州：福建教育出版社，2015：15.
② 彭玉华.未经省察的任务不值得完成——对任务型教学热的理性思考［J］.语文建设（上半月），2021（2）.

　　如果把《故都的秋》"景与美"的研读看作基点，那其余四篇课文则可以视为"变式"，正是经由这样的变式处理和螺旋推进，让学生得以形成持续性理解；反之，一篇加一篇的简单推进，还是碎片化的浅层学习，不利于学生形成深刻理解，也不能发生有效的迁移运用。"变式"还体现在学习活动和任务在不同维度上的变化，如不同情境的任务，不同结构完整程度的任务，不同挑战难度的任务等。以"自然情怀"单元为例，处理单篇课文《故都的秋》时，让学生探究"清、静、悲凉是北平秋天的固有特征吗"，这是一个结构良好却具挑战性的问题；拓展链接老舍《北平的秋天》(节选自《四世同堂》)，比较阅读两篇文章，探讨如下问题：以"清、静、悲凉"为美的郁达夫和以"繁荣"为美的老舍，为什么笔下呈现的景物色调如此不同甚至相互矛盾？两者都是"真实"的吗？谁的"表现"更有魅力？这样的问题和任务就是融合个人体验情境和学科认知情境的复杂任务；单元学习的深化阶段，完成教材"单元学习任务(一)"，写评点文字、拟写视频拍摄脚本，则是学科认知情境和社会生活情境下的应用性任务，整合度和挑战度进一步加大。

　　目标导向的活动和任务，是把重心放在认知和"理解"上，而不仅仅是具体"做"些什么。为"理解"而教学的活动和任务，重点指向几项关键能力和高阶思维：一是比较，有变式就有比较，有进阶就有比较，要整合也离不开比较；二是归纳，足够的"变式"和"比较"，是为了形成归纳，形成"认知图式"和"基本理解"；三是迁移运用，形成深刻理解，终归是为了运用学科核心观念在新情境中解决新问题。

四、证据支撑的评价和反馈

确立基本问题，制定评价标准和量规，进而开展指向基本问题的课文学习、问题解决和任务探究，在此过程中教师就要依据单元评价标准和量规，连续、系统地收集证据，并给予及时的评价和反馈。这里的评价主要不是指给予成绩判定的终结性评价，而是指结合评价量规的描述，对学生的学习表现和结果给以及时反馈和矫正的"形成性评价"，是促进学生"形成理解"的评价。新西兰学者哈蒂通过800多项关于学业成就的元分析，对138项影响学业成就的因素按效应量由大到小排序，位于前十位的就包括"提供形成性评价"和"反馈"两项。他认为，有利于提高学业表现的"刻意练习"，需要处于有适当挑战性的难度水平上，能够通过允许反复练习，给予犯错和改错的空间，对于学习者提供有针对性的反馈来获得持续的改进；而机械低效的"操练和练习"则包含最少的反馈，不置于深层的和概念性的理解的背景和框架中。[①]"刻意练习"的有效性恰恰建立在对练习的"刻意"评价和反馈的基础之上。

基于单元评价量规的证据收集，除了通过课堂观察外，还可以通过课后作业、学生作品、测评试卷等途径收集，以信息反馈指导学生持续性地探究"基本问题"，促进"基本理解"的进阶。对于单元学习过程中的复杂任务，为给学生完成任务搭建支架、提供导引，也可参照单元评价量规开发特定的等级性评价量规或

---

① 哈蒂.可见的学习：对800多项关于学业成就的元分析的综合报告［M］.彭正梅，邓莉，高原，等，译.北京：教育科学出版社，2015：347，214，215.

者简单的核查表。如为"自然情怀"教材单元的"单元学习任务（一）2"制定核查表（如表4所示）：

表4 "单元学习任务（一）2"核查表

要素表现	表现结果（填"是"或"否"）
所选取景物是否典型？	
是否通过形象、色彩等传达出与文本语段相符的情调和趣味？	
人物对白、独白的台词是否符合特定情境？	
背景音乐的选择是否与整体的情境、情感相吻合？	
远景、近景的切换，焦点的转换，是否恰切传达出人物的情绪和心理？	
所运用的其他视频拍摄技术和手段是否有利于营造意境？	
拍摄脚本的文字呈现是否完整、流畅、可视化？	

此核查表既可以为学生的学习提供支持，同时教师又可以基于核查表实施反馈、评价，学生基于核查表进行自我评估，以避免"视频拍摄"聚焦于活动本身，热衷于声光电的形式制作上，而偏离认知理解和加工这个重心。

总之，基于评估标准、评价量规、核查表的交流和反馈，既是评价，也是教学，是教、学、评的互促共进、三位一体。

大概念统领下的单元学习

——统编高中语文教材必修上册第六单元教学指要

　　教材"单元提示"中指出:"学习本单元,以'学习之道'为核心,通过梳理、探究和反思,形成正确的学习观,改进学习方法,提高学习能力。"其中,"学习之道"是单元的人文主题,本单元的六篇文章都关乎"学习之道"。2017年版高中语文课程标准中对"思辨性阅读与表达"的"教学提示"中说:"以专题性学习为主要方式。选择日常生活和学习中、历史或当今社会中学生共同关心的话题,要求学生通过阅读与鉴赏、表达与交流、梳理与探究等语文学习活动,阅读古今中外典型的思辨性文本,学习并梳理论证方法,学习用口头与书面语言阐述和论证自己的观点,驳斥错误的观点。"本单元即围绕"学习之道"这个议题、话题,展开阅读、思考、表达和交流。从某种程度上说,"学习之道"也是该单元的学习情境,有了这个学习情境,六篇课文及其他学习材料才得以聚合起来,才能有学习材料之间的比较、分析、综合与迁移。

　　"学习之道"这个主题不是从写作手法、文章体式的角度提的，是从选文内容的交集出发提出的。每篇选文写作背景不同、写作动机不同，但无一例外地都与人们的学习活动密切相关。一篇文章之中可以涉及"学习之道"的多个方面，多篇文章之中的"学习之道"既有互相印证的，也可能有互相抵牾的。于是，学生在"学习之道"这个主题的驱使下，就可以深入到每篇文章中去"寻道""悟道"。把那些能够互相印证、互相发明的学习之道提炼概括出来，此之谓"求同"。在"求同"的过程中，学生训练了自己的归纳概括能力，加深了对古今人物心目中通用的学习之道的理解，再用这些"道"，来指导自己现实的学习，学以致用，这才具备培养核心素养所需要的"真实情境"。有些课文之间，关于学习的观点是不尽相同的，也可以请学生找一找，看一看，不同在哪里，为什么会不同，今天更应该支持哪个观点——这种思辨、讨论，同样也是正式的情境。每篇课文后面的学习任务，单元总的学习任务，教师使用教材时自己设计的学习任务，都应该紧紧围绕"学习"这一人类社会行为，反复地寻道、明道、概括、比较，辨别、接纳，拓展、运用。做到这一点，也就在思想内容上抓住并深化了单元主题。

本单元以议论文和说理散文为主，单元提示中明确提出："关注作者思考问题的角度，学习他们有针对性地表达观点的方法；学会发现问题，从合适的角度以恰当的方式阐述自己的看法。"何谓针对性？就是"有的放矢"，就是"文章合为时而著，歌诗合为事而作"。《劝学》是针对贵族子弟浅尝辄止、急躁冒进、不学无术的现实提出的，要让学生知道学习重要，坚持重要；《师说》是针对当时士大夫"耻于相师"的状况提出来的；《反对党八股》是对延安政治工作、宣传工作中出现的官僚主义、教条主义提出来的；《拿来主义》则是对当时一些学者和青年反封建或反帝过程中走极端、一锅端等问题提出的。也就是说，一篇议论文，当我们发表意见的时候，心中总是有一个对象，或者是具体的人和事，或者是一种现象、风气。有针对性，就有意义，有启发；没有，就是无病呻吟。现在学生写的很多作文，之所以空洞无物，就是因为没找到这话是对谁说的，说的是谁的问题。

论述有针对性，必然还要有"概括性"。针对具体的现象、问题说起，就不能简单地就事论事，而要透视现象，把问题说透。论述的概括性就是指分析问题是否有穿透力，提炼观点是否有概括力。本单元的《劝学》《师说》《反对党八股》《拿来主义》都针对当时的现象、问题、风气说起，有很强的现实针对性，但又都不囿于一时一事，而是站在历史文化的高度，分析问题的根源，指出问题的本质，抽丝剥茧、刨根问底，具有高度的理论概括性，于是就有了超越历史的思想意义和实践价值。鲁迅先生曾说，杂文家批评一个人或一种社会现象、文化思潮，常加以简括的名称，虽只寥寥数字，却很要明确的判断力和表现的才能的。①《拿来主义》一文即处处可以看到这样的"简括法"：从全篇来看，对"闭关主义""送去主义""拿来主义"的简括，对比鲜明，简洁醒目；从局部来看，对"运用脑髓，放出眼光，自

---

① 钱理群.中学语文教材中的鲁迅作品解读［M］.桂林:漓江出版社，2014:264.

己来拿"的概括,对"孱头""昏蛋""废物"的概括,对"或使用、或存放、或毁灭"的概括等,都精警有力。正因为如此,鲁迅先生提出的"占有、挑选"的"拿来主义",放在今天,依然有很强的现实意义和借鉴价值,依然是弥足珍贵的"学习之道"。基于此,本单元学习的"大概念"宜确定为"论述的针对性和概括性",这是可迁移的"思辨读写"的核心概念和关键能力。

通过单元学习材料的阅读和思考,理解并建构了"论述的针对性和概括性"这一大概念,学生能否在不熟悉的环境下加以灵活运用?或者说,用什么证据能证明学生真正建构了"大概念"?这就需要设计单元学习的"大任务"。"大任务"应是真实情境下的表现性任务,也就是说,它是建立在有意义的、现实生活的真实情境中,并且能够产生真实的有形产品,如图表、文章、视频等;或者是表演,如演讲、辩论、戏剧等。从"学习之道"的主题出发,聚焦"论述的针对性和概括性"这一大概念,指导学生阅读课文,加工学习材料,在真实情境中做出产品,完成核心任务,就是一个完整的单元学习过程。

本单元的教学可以单元人文主题"学习之道"作为大的学习情境,打通六篇课文,做整体设计。首先是明确"大概念"——论述的针对性和概括性,掌握此大概念和关键能力,其评估证据就是完成"大任务"。而要完成核心任务,就要以学习项目为载体,整合学习情境、学习任务、学习资源,进行系统的学习推进。可结合教材"单元学习任务",再分解为若干具体的学习任务。此方案是"逆向教学设计",即以终为始,以最终实现的"大任务"为导向,开发学习活动、学习资源、学习工具,形成学习任务的集群。

本单元教学也可参照教材课文编排的结构，把整个单元分为三个"板块"去完成。第一个板块——观点与依据，重点研读《劝学》和《师说》，引导学生联系作者的思想主张和写作背景，分析作者提出观点的依据，理解论述的针对性；第二个板块——列举与概括，重点研读《反对党八股》和《拿来主义》，探究论述的针对性与概括性之间的关系；第三个板块——经验与立场，泛读《读书：目的和前提》《上图书馆》，理解个人经历、经验的叙述与立场、观点之间的关系。三个板块只是在教学重心上互有侧重，不能互相割裂，具体教学实施时要放在单元框架内互为照应和勾连，要聚焦"论述的针对性和概括性"这个大概念，在板块学习中积极创设情境，让学生开展实践性学习、探究性学习。

大概念统领下的单元学习，不是就单篇讲单篇，但也不能无视篇章的独特性。篇章的独特性和单元的整体性是辩证统一的关系，要做好平衡处理。如《劝学》和《师说》作为文言文其特有的语言现象，作为古代散文其独特的说理风格；《反对党八股》作为政论和演讲的格局和语体风格；《拿来主义》作为杂文的语言特色；《读书：目的和前提》《上图书馆》作为随笔与典型说理文的区别与联系等等，这些都要关注。只有关注到这些独特性，单元教学的整体性才能充分实现。

"活动·探究"单元的整体性教学设计

——以统编初中语文教材八年级下册演讲单元为例

统编初中语文教材，与之前的教材相比，其中一个很大的变化，就是每册编入了一个"活动·探究"单元，八年级下册编入的是"演讲"单元。"活动·探究"单元创新教材组合和呈现方式，不再是单篇课文加任务的线性推进，而是设置核心任务，驱动学生整体阅读课文材料，加工完成相关成果，整合性、探究性、活动性比其他单元都要突出。比如演讲单元，设计了三个任务：任务一是学习演讲词，任务二是撰写演讲稿，任务三是举办演讲比赛，三个任务形成梯度又相互关联。基于"活动·探究"单元结构化、项目化的特点，教学设计就要进行单元整体性设计。

一、单元学习大概念

演讲的目的与对象关联着演讲内容和演讲策略的选择。

二、核心学习任务

在研读单元演讲词的基础上，根据所给情境撰写演讲稿，举办一次演讲比赛。

三、学习进程

（一）基础阅读

活动一，排序。

如果一场演讲会有四篇演讲，分别是《最后一次讲演》《应有格物致知精神》《我一生中的重要抉择》和《庆祝奥林匹克运动复兴25周年》，你最喜欢听哪篇？请按喜欢的程度由高到低给四篇演讲排序，并陈述理由。

【设计意图】了解学生的阅读初反应，分析学生对演讲体裁和演讲风格的认知理解及其差异。我曾做过一个班级的调查，全班44个人，喜欢的演讲按票数由高到低排列为：《最后一次讲演》（26票），《我一生中的重要抉择》（13票），《应有格物致知精神》（3票），《庆祝奥林匹克运动复兴25周年》（2票）。差距还是比较明显，《最后一次讲演》符合多数学生对演讲的认知：激情澎湃，有强烈的鼓动性。了解了学生的反应，"学习演讲词"的重心确定就有依据。比如教学中就可重点研读两类风格的代表，《最后一次讲演》和《应有格物致知精神》，尤其是后者，既是研读的重点也是研读的难点。需要借《应有格物致知精神》的重点研读，冲破学生固有的认知，全面把握演讲的风格特点。

活动二，发现。

四篇课文的第一个注释都介绍了演讲的背景，可查阅相关资料，了解每篇演讲更加详尽的背景。思考：谁在讲、在什么场合讲、跟谁讲和讲什么、怎么讲之间有内在关系吗？请记录下你的发现。

【设计意图】这是引导学生借助注释等材料，关注演讲的背景，关注并发现演讲目的、对象与演讲内容、策略之间的关系。这实际上是在引导学生感知本单元学习的大概念和基本问题。

（二）活动探究

活动三，填表格。

研读《应有格物致知精神》，完成下列表格（见表1）。

表1 《应有格物致知精神》学习任务单

演讲的目的 与对象	演讲的内容 与要点	使用的材料 与证据	表达的策略 与方法

【设计意图】这一篇的研读很有必要，而研读就要适当提供学习任务，搭建学习支架，提示学习路径。这样，活动和任务就是目标导向的。指向大概念的活动和任务，不是为活动而活动，而重在认知学习本身。

活动四，听演讲。

播放中央电视台《开讲啦》张双南关于什么是科学的演讲片段。学生观看演讲片段前，幻灯片投出几个问题：这篇演讲针对的目的与对象？演讲的观点与材料？演讲的策略与风格？

【设计意图】换个语境、换个方式思考，是变式练习。为什么选择张双南的什么是科学？因为这篇演讲和课文《应有格物致知精神》紧密呼应，有比较分析的价值。

（三）迁移延展

活动五，找资源。

如在以下情境中做演讲，你会分别链接哪篇或哪几篇课文作为资源加以借鉴？请注意"口吻""观点""材料""风格"这几个因素。

①你所毕业的小学邀请你为学弟学妹们做一场关于学习方法的演讲。

②你要在你们学校纪念"五四运动"××周年集会上演讲。

③你在班干部竞选会上为某一职务做竞选演讲。

④境外某联谊校学生考察团到校，你作为学生代表致欢迎词。

【设计意图】读写联动，为接下来的"撰写演讲稿"做铺垫。

活动六，列目录。

开列演讲的拓展资源，文字文本、音频文件、视频资料均可。为每一个拓展资源都撰写两三句话作为推荐语。

【设计意图】仅靠这四篇课文的研习，来认知演讲词的特点，可能还不够。适当链接足够多的材料，学生才能真正发现、归纳和建构。

以上只是呈现了"学习演讲词"部分的设计，"撰写演讲稿""举办演讲比赛"也应指向"演讲的目的与对象关联着演讲内容和演讲策略的选择"的大概念，设计目标导向的任务，让教、学、评一致。如"举办演讲比赛"，不应只是几个人演讲，其余同学都充当看客或简单打个分数，而应基于大概念开发"演讲"的表现性评价量规，让所有同学基于表现性评价量规进行评价和讨论，让听演讲的过程成为进一步理解大概念、形成关键能力的学习过程。

第二章

多维视野中的整本书阅读

名著阅读：语文教学的"正规战"

一、现状的考察

2000年《九年义务教育全日制初级中学语文教学大纲（试验修订版）》颁布以后，先是人民文学出版社，后有多家出版社纷纷出版"中学生课外文学名著必读"丛书，并冠以"教育部《中学语文教学大纲》指定书目"的名号。原因很简单，此前多年的"教学大纲"对"课外阅读书目"都以"待审定""待补"的理由而付之阙如。书目既出，众出版社面对如此大的一块"蛋糕"岂会无动于衷？2001年语文新课程标准出台后，以"教育部'语文课程标准'指定书目"为名义的名著必读书更是层出不穷。但我们的中学生似乎对"教育部""必读"这些字眼并不怎么买账，他们对名著阅读的热情并没有从根本上被调动起来，调侃经典、解构崇高的粗俗化阅读反而有愈演愈烈之势。不得不说，这与我们的语文教学及考试评价体系有一定关系。先来看看我们的语文教材。目前的几种课标教材都对名著阅读有所涉及，编入了"名著导读""名著推荐与阅读"之类的内容，这比以前的教材是一大进步，令人稍感遗憾的是形式过于单一，每本教材出现那么一次，无非是简介一下作者、写作背景、整本书的大体内容和风格，而后摘选一节名著，再附上几道思考题，仅此而已，对名著阅读缺乏持续的关注和序列性的指导建议。我们的考试呢？翻翻近几年各地中考名著阅读的考查题目吧，多见"说出你所喜欢的某本名著中的人物及其性格，并举一个与其相关的情节"一类的试题。客观地说，语文考试中专门设置考查名著阅读的小题目有其积极导向，虽然名著阅读的深层影响更多地渗透在学生阅读写作的素质水平上，但是，当这种考查样式简单粗糙以至僵化时，就不可避免地带来了负面的认识和效果。

二、历史的回顾

其实，名著阅读在百年语文教育史上一直不乏理性的关注和成功的探索。20世纪二三十年代，胡适先生是名著阅读的热情鼓吹者之一。他在发表于1920年的《中学国文的教授》中指出："从前的中学国文所以没有成效，正因为中学堂用的书只有那几本薄薄的古文读本。"他主张用"看书"来代替"讲读"，建议"国语文"教材要"看二十部以上，五十部以下的白话小说。例如《水浒》《红楼梦》《西游记》《儒林外史》《镜花缘》……"。不但开列书目，他还就指导学生阅读这些名著提出了一些非常中肯的意见，兹摘录几条：

（1）小说与戏剧，先由教员指定分量，——自何处起，至何处止——由学生自己阅看。讲堂上止有讨论，不用讲解。

（2）指定分量之法，须用一件事的始末起结作一次的教材。如《水浒》劫"生辰纲"一件事件作一次，闹江州又是一次；……又《西游记》前八回作一次。

（3）课堂上讨论，须跟着材料变换，不能一定。例如……又如《西游记》前八回是神话滑稽小说，教员应该使学生懂得作者为什么要写一个庄严的天宫盛会被一个猴子捣乱了。

（4）无论是小说，是戏剧，教员应该点出布局，描写的技术，文章的体裁，等等。①

胡适先生做此言论后，有人说他过于理想化了，对此，他坚定地认为："从国民学校到中学毕业是整整十一年。十一年的国文教育，若不能做到我所期望的程度，那便是中国教育的大失败！"②

1956年颁布的《初级中学文学教学大纲》非常重视名著阅读、课外阅读的地位。该大纲后面附有每年级的课外阅读参考书目，其中以文学名著居多。并把这些书目分为必读和选读两类，要求学生每学期课外阅读的书籍不宜少于四本。大纲还规定了一定的课时供教师进行课外阅读谈话之用，教师应把这些课时分散使用，与学生讨论课外阅读的必读书。大纲还不厌其烦地对教师如何指导课外阅读做出特别详尽的建议，如教师

① 胡适.胡适文存［M］//民国丛书：第一编：93.上海：上海书店，1989：309-310.

② 胡适.胡适学术文集·语言文字研究［M］.北京：中华书局，1993：49-57.

要在学期开始拟好本学期课外阅读的指导计划，"上第一堂课的时候，应该把下列要点告诉学生：本学期课外阅读书目，全班学生读完第一册必读书或全部必读书的日期，本学期各次课外阅读谈话的日期和内容，课外阅读的方法等等"，"指导学生课外阅读，可以采取谈话、报告、讨论会、朗诵会等方式，有的时候可以就某些问题进行分析和讨论，……教师还可以指导学生写笔记、摘记、读后感等"，"学期终了的时候，应该举行一次课外阅读的结束谈话，并向学生介绍假期读物"。关注之强烈，建议之具体，此后的大纲包括现在的课程标准均不再见到。

说起20世纪影响最大的名著阅读的探索实验，恐怕非段力佩组织的整体改革莫属。1979年，段校长在上海育才中学组织实施的语文教改实验，一个非常大胆的举措就是采用自编教材与统编教材有机结合的方法进行教学。其中统编教材用一学期的三分之一略多一些的时间完成，其余时间上自编教材。初中自编教材侧重选用古代章回小说，具体安排是：初一上读《西游记》，初一下读《水浒传》，初二上读《镜花缘》《老残游记》，初二下读《儒林外史》，初三上读《红楼梦》，初三下读《三国演义》。为保证改革的顺利进行，育才中学提出了"读读、议议、练练、讲讲"的教学方法，也就是段校长所形容的"有领导的'茶馆'式教学法"。段校长所倡导的实验，无论从指导思想还是具体阅读书目上，都可见到胡适的影子，亦可见1956年文学教学大纲的深远影响。段校长的卓越之处在于他把卓越的见识化为实际的行动，并取得了令人瞩目的成绩。

三、国外的参照

让我们把关注的目光投向国外。世界上不少国家的母语课程标准都对课外阅读、名著阅读做出明确的规定和表述。其中法国的要求之高，有些超乎我们的想象。法国教育部于1996年颁布的《初级中学语文教学大纲》对六年级的阅读实践有这样一段表述："阅读教学中一要精读，二要读全文。精读就是一堂课详细阅读一篇短文或课文节选，读全文就是4到6星期读一本书。两种阅读法在学年中的分配应相对平衡。"4到6星期读一本书，照我们国家来算，一个学期就要读3至5本整书。这段文字中提到的两种阅读法的"平衡观"也值得我们注意。到了高中，他们的要求就更进了一层，法国教育部1998年颁布的《高级中学语文教学大纲》给高二年级开出的名著阅读书目凡53部，涉及16世纪至20世纪的39位作家。

新加坡在指导学生阅读名著方面，有非常具体的一套办法。1993年制订的中学华文课程标准附录三就是"课外阅读指引"，这份"指引"把学生的课外阅读分为两类：一是指定阅读，即教师列出学生必读的书目，要求学生在指定的时限内阅读这些书籍，每两周要利用一节华文课向学生介绍阅读的方法和重点等。二是自由阅读，即学生根据兴趣自主选择读物，但教师可规定学生每个学段或学年阅读若干本。自由阅读一般无法在课堂上指导讨论，"指引"就提供了一份"学生阅读记录卡"样表（见表1），供教师随时了解学生的阅读状况。

表1 学生阅读记录卡

姓名： 班级：
编号： 华文老师：

序号	书名	作者	开始日期	完成日期	对书本的喜爱程度*					感想	老师签名及评语	备注
					1	2	3	4	5			

*5表示最喜欢

无论是指定阅读还是自由阅读，阅读完一本书后，都要求教师指导学生进行一些阅读后的活动，这既是了解和指导，也无形中起着监导的作用。该"指引"也列出了一份"阅读后的活动建议"表（如表2所示）：①

表2 阅读后的活动建议

口述方面	写作方面	设计和资源搜集方面
1.口述故事大意、读后感或介绍人物 2.朗读故事 3.问答比赛 4.小组讨论/辩论 5.介绍新书 6.简单的故事表演 7.故事人物的描述 8.作家/作品讨论	1.根据故事内容拟定填充题、选择题、是非题或问答题 2.摘录优美文句或段落 3.句子、段落或其他文字的仿作 4.续写故事 5.写故事大意或读后感 6.介绍故事里的人物 7.给故事中的人物写信 8.改写故事中的一段情节或结尾 9.填写阅读记录卡 10.填字游戏 11.写详细的阅读报告	1.书签设计 2.模型制作 3.封面或封套设计 4.插图/漫画设计 5.连环图绘画 6.搜集/剪贴与故事有关的资料或图片 7.作家/作品专辑

---

① 中外母语教材比较研究课题组.中外母语课程标准译编［M］.南京：江苏教育出版社，2000：238-239.

再来看我们国家2001年颁布的语文课程标准。标准在"实施建议"部分明确提倡"读整本的书"，附录中的"关于课外读物的建议"也开列了部分书目，但与法国和新加坡相比，我们的书目还有点简陋，多少有点单一，在具体的阅读指导建议上更近乎空白。国外好的做法值得我们去吸取与借鉴。

四、现实的应对

如上所述，我们有一个基本的共识，语文教学要引导孩子多读书，读经典，读名著，读好书；我们的名著阅读的现状还不甚理想，总体处于一种散漫无序的状态；但好在我们有历史的经验可以借鉴，有国外的资源可以利用，更加上我们正处于一个好的探索时机——新课改的攻坚阶段。因此，现在最为迫切的是行动，是实践，去正视名著阅读，把名著阅读变为语文教学的"集团战""正规战"。理由很简单，零打碎敲、不成规模的"游击战"，甚至"游"而不"击"，纸上谈兵，名著阅读不可能真正走入语文课程。"正规战"意味着什么呢？那就要有正规的"作战策略"——名著阅读的整体规划、学年学期教学计划，正规的"兵力装备"——把名著作为一种语文教材，正规的"正面战场"——一定的课时保证，正规的"战术"——自成体系的教学方法和监导手段。

正规的"作战策略"——名著阅读的整体规划、学年学期教学计划。三年初中下来，学生大体要读多少书，必读有多少种，自由读有多少种，每学期、学年又如何分配，如何和常规教材的教学有机结合，阅读与写作如何整合，都要有一个总体的筹划，寻求一个大致的序列。

正规的"兵力装备"——把名著作为一种语文教材。新课改一个比较大的亮点就是凸显了"课程资源的开发与利用",给语文教师创造性地实施语文教学留下了很大空间。不是教教材,而是用教材教,已被广大语文教师所接受。教材的概念在不断地拓展和更新,就文本教材来说,统编语文课本是教材,名著是教材,其他各种类型的经典书籍是教材,报纸刊物是教材,甚至师生自编的班刊也是教材。当然前两种是"正规战"的主要"兵力装备"。至于名著阅读的具体书目,课程标准附录中推荐的读物基本可作为必读书来用,教师可再分学期推荐一部分自由阅读的书目。胡适先生和段力佩校长都把目光瞄向古代白话章回体小说,应该说这是契合我国母语教学的实际的。但囿于时代的局限,他们的书目中都缺少国外的优秀文学作品,这一点我们应加以改进,以本国文学经典为主,外国文学作品为辅。学生所用版本当以统一为好,特别是外国名著,尽量选名译版本,便于学习和讨论。另外,名著的选择要充分考虑不同年级学生的接受能力,相对于他们的阅读水平,内容和文字不宜过于深涩或太过浅显,对初中生尤其要注意名著的趣味性,让他们在适宜的年龄段读适宜的书,读引起他们兴致并形成深远影响的书。比如初一上学期,马克·吐温的《汤姆·索亚历险记》就是适合的,刚上初一的小孩子对汤姆的生活既感熟悉又觉新奇和刺激,再加上马克·吐温幽默活泼而亲切的语言,孩子比较容易进入积极的阅读状态。

正规的"正面战场"——一定的课时保证。提倡名著阅读的

"正规战"，并不是说名著阅读就不打"游击战"了，只打"正规战"绝不符合客观实际。但"正规战"一定要打，足够的课时保证是要的。在这方面，法国提出的两种阅读法的平衡观较为中肯且可行。段校长的改革中用一学期的三分之一略多一些的时间完成统编教材，其余时间上自编教材、读名著，气魄大，步子也大，如果一时难以效仿的话，新加坡每两周讨论一次名著的要求不难做到吧？何况我们的作业布置，以至所有的长假短假，都可最大限度地利用啊！用点常规的课时，看似时间少了，实则我们的语文教学时空在无限地放大。

正规的"战术"——自成体系的教学方法和监导手段。现结合《汤姆·索亚历险记》的阅读指导做点简说。先说教学方法，这主要关乎每周或每两周辟出的一个课时。这一个课时多用来讨论精彩章节。《汤姆·索亚历险记》一书共三十五章，精要章节有七八章左右，分散在全书的各个关节处，半学期左右拿下这本书，课上讨论有六七节课就够用。别小看这几个课时，它有多重作用：一是师生彼此分享阅读的感受，互相欣赏着，快乐着，在即时互动中，阅读更带劲；二是教师以一个相对成熟的阅读者随机指导着阅读方法，没有条框的约束，没有烦琐的分析，学生在轻松愉悦的情景中获得文学的滋养；三是无形中检测着学生阅读的效果，读没读，读得认真与否，一讨论情况尽知。进行到一定阶段时，课上也完全可以请学生当老师，主讲一节，学生备课的认真程度常常是超乎教师想象的；四是每一节课既是上一个阅读阶段的小结，也是下一个阅读阶段的发动。再说监导手段。新加坡中学华文课程标准中的"学生阅读记录卡""阅读后的活动建议"，提出的一些举措非常具体，很值得借鉴。监导不是束缚，而是必要的调控，以求最佳的阅读收效。这里说说"圈画批注"和"读书笔记"。学生读名著往往贪图热闹，热衷肤浅的线性快读，建议要求学生每读必圈画（符号法），随手记录下自己的阅读直觉，至于进一步的评点批注和读书笔记则交叉进行，而且以做评点为主，因为评点相对省时和连贯，而读书笔记要求稍高，不可能每章都做，也实在没必要。学生初做评点可以联想生发和模糊评价为主，侧重培养发现的眼光，慢慢过渡到以细致的品评为主，即"知其然还要知其所以然"，说出个一二三来。在整个指导的过程中教师要多提供相应的评点样例，名家的、教师自己的，还有学生的范例。指导学生做读书笔记，最好规定几个板块，比如"字词积累""美句赏析""内容摘要""读后感悟""评论赏析"等，这些板块不必面面俱到，但要有一个基本的规格底线。最后说说读完一本书后的活动，这也相当重要，它是对阅读成果的梳理和归总。活动的具体方式可灵活多样。我们曾在指导学生阅读完《汤姆·索亚历险记》后，布置了一项综合性的书面作业，一共包含四项内容。一是从全书三十五章中选出十章，每章拟定一个标题（该书没有章节的标题）。学生拟的标题还是很有意思的，如第二章写汤姆不情愿干姨妈吩咐的粉刷篱笆墙的工作，于是极尽表演之天才，装出极享受的样子，煞有介事地挥舞起刷子刷墙，十足一个大画家，直到引诱着一帮孩子排着队拿着心爱的礼物来换取哪怕干一分钟如此美差的权利。旁边的汤姆则躺在一旁的阴凉地里，一边嚼着换来的苹果，一边得意地摩挲着那些"贡上"的礼物。学生给这章拟的题目就有"天才的艺术家""不会画画的大画家""一笔无本生意"等。二是本书主要记写了汤姆的几次历险经历，请各用一句话简要概括。三是以"我看汤姆"为题写一篇读后感。四是文章的结尾写到汤姆和哈克又一次筹划做强盗，琢磨前几章节情节发展的逻辑，你认为他们会做成强盗吗？做出你的判断，为全书再续写一段故事。其中三、四项选做其一。这些作业批阅后，整理成专刊印发给学生，或者开辟网络读书论坛展示交流阅读的成果，效果甚好。另外，我们还组织全年级举行了一次"台上语文，戏中人生——《汤姆·索亚历险记》情景短剧展演"的活动，学生自编演出脚本，自备服装道具，参与热情十分高涨。

"一个行动胜过一打纲领"，方法是无穷无尽的，只要我们去行动。

混合式学习：整本书阅读的策略选择

整本书阅读已经成为当下语文教育关注的热点。让学生多读书，读好书，读整本的书，冲破语文教学就篇章讲篇章的狭小格局，语文同人对此多有共识且充满期冀。但如何开展整本书阅读，还是议论的多，观望的多，实践的少，可资借鉴的成果少。20世纪80年代，上海市育才中学的段力佩老师曾在语文课堂上试行名著阅读，边读边议，初中阶段读整本《水浒传》，高中阶段读整本《红楼梦》。这在当时的语文教学界是一个开创之举，但是育才经验并没有得到很好的延续和推广。郑桂华分析认为，育才整本书阅读方式的本质还是精读、片段阅读，与生活中整本书的阅读有很大的距离，而且，这种读法一学年只能读一两本书，阅读量、阅读面也无法满足学生广泛阅读的要求。①当前语文教学中的整本书阅读指导大体有两种：一种就是育才模式，由精讲一篇篇课文到精讲一本书的一个个精彩章节和片段，本质上还是精读、片段阅读，教学内容和方式高度结构化，学生自主

---

① 郑桂华.整本书阅读：应为和可为［J］.语文学习，2016（7）.

阅读体验的空间被严重压缩，整本书阅读的特性不能得以充分体现；另一种就是简单的提倡和一般化的结果验收，无过程指导和监控，学生究竟读没读，读得怎么样，无从得知，近乎放任自流的状态。为改变整本书阅读的无序化状态，避免整本书阅读形同虚设，真正发挥整本书阅读的功能，近两年"整本书阅读课程化"的呼声愈来愈高，也有不少学校和老师在做一些积极的探索，但是，整本书阅读就是教学干预的无限制加码吗？我们究竟需要怎样的整本书阅读课程？是育才模式吗？如果不是，那应该走怎样的课程化之路？谈整本书阅读的课程化，有必要先厘清整本书阅读的功能和属性，只有把"整本书阅读是什么"探讨清楚了，找到"如何开展整本书阅读"的逻辑依据，才能建构符合"整本书阅读"特性的课程，实施有效教学指导，提高整本书阅读的效益。

一、是什么：整本书阅读的属性定位

什么是"整本书阅读"？如果暂时不能给出清晰的定义，不妨把篇章阅读作为参照，在两者的比较辨析中探察整本书阅读的属性与功能。

深阅读？浅阅读？整本书的阅读与篇章阅读相较，阅读时间跨度更大，阅读材料更长也更为复杂，那是否整本书阅读就是深阅读，篇章阅读就是浅阅读？并非如此简单。阅读《红楼梦》，让学生回答这样的题目：宝玉梦游太虚幻境时，饮的茶叫＿＿＿，品的酒叫＿＿＿，听的歌曲名叫＿＿＿。以如此问题为导向的整本书阅读不是深阅读而是浅阅读。阅读《孔乙己》，读出"笑声"背后的悲凉，读出"看与被看"的冷漠，读出社会的凉薄和人生的况味，如此篇章阅读不是浅阅读而是深阅读，是深度学习。"卓越教育联盟"对深度学习做出了界定，即以创新方式向学生传递丰富的核心学习内容，引导他们有效学习并能将其所学付诸应用。基于项目的学习、基于问题的学习、基于探究的学习、基于挑战的学习和其他类似的方法，有助于学生在校内外获得更多主动学习的经历。^①就阅读时间之长、阅读材料之繁、阅读挑战之大而言，整本书阅读比篇章阅读更适合开展基于项目的学习，基于探究的学习，进行深阅读、深度学习。

　　精读？泛读？篇章阅读并非就是精读，整本书阅读也并非就是泛读。即便同属一本书的内容，有的章节需要精读，有的章节泛读即可。在一个学期之内读几本书，有的书需要精读，有的只需泛读。究竟采取精读还是泛读的阅读方式，要根据阅读内容、阅读任务、阅读需要而定。比如"一本书，一座城，一个人——《边城》与沈从文专题"学习，需要精读《边城》，需要泛读《沈从文传》，需要泛读甚至跳读研究沈从文的书籍、论文等，这里的泛读和跳读是专题阅读的一个组成部分，是为完成专题探究必须经过的文献阅读和检索的过程，泛读、跳读若干本书而非按部就班精读每一本书，是把《沈从文传》等看作了专题学习的"用件"，是为专题探究提供论据支持。整本书与篇章相比，内容节奏变化的幅度大，在比较开阔的阅读时空

---

　　① 约翰逊，亚当斯贝克尔，埃斯特拉达，弗里曼.新媒体联盟地平线报告：2015基础教育版.张铁道，白晓晶，李国云，等，译.北京广播电视大学学报，2015（S1）.

内，更需要精读与泛读的交替转换，精细阅读与快速阅读的变换使用。

课内阅读？课外阅读？1949年后的若干版语文教学大纲，2001年至今的语文课程标准，提到整本书的阅读，多是在附录部分列出若干部课外阅读的书目，并没有具体的课程规划；而2017年版的高中语文课程标准，"整本书阅读与研讨"是贯串必修、选择性必修和选修三个阶段的四个任务群之一，在必修课中安排具体的学分，课程标准对整本书阅读的学习目标与内容做出较为清晰的规定。整本书阅读作为语文课程的有机组成部分，不能只停留在一般性地提倡和呼吁，不能只发生在课堂之外，也可在课内静静地阅读，在课内认真地讨论。虽然学生自主阅读整本书主要发生在课外，但整本书阅读已经不是惯常意义上的"课外阅读"，需要教学的支持，需要打破课内、课外的壁垒，贯穿课内、课外的阅读时空，需要整体的课程谋划。

正式学习？非正式学习？按照美国教育学者邦克的观点，非正式学习没有繁忙的作业——它完全以完成个人的目标或任务为导向，而不是人为的或由教师强加的。今天的学习者所需要的是实时的学习和按需的学习。[①]新媒体联盟也认为，互联网的到来使人们通过便携设备就能够获取大量信息，人们越来越关注自主的、基于兴趣的学习。这类学习在博物馆、科学中心以及个人学

---

① 邦克.世界是开放的：网络技术如何变革教育［M］.焦建利，译.上海：华东师范大学出版社，2011：82.

习网站中尤为常见，可以归类为非正式学习。学生可以按照他们自己的学习路径与兴趣进行学习，从而提高学习的参与性。[①]超越时空限制的泛在化阅读即是非正式学习，极为重视阅读的选择性和个性化。这容易使人联想到美国教育学者克拉生所提倡的自由自主阅读（Free Voluntary Reading，FVR），自由自主阅读是指纯粹因为想阅读而阅读，不需要写读书报告，也不用回答章节后的问题。若是不喜欢这本书了，也不必勉强读完它。[②]斯蒂芬教授凸显了阅读的非正式学习属性，是对强制阅读、规定阅读以及教师过多干预的反拨。整本书阅读更多地体现为学生的自主自由阅读，带有较强的非正式学习的属性。但强调整本书阅读的非正式学习属性，也要避免矫枉过正，即便斯蒂芬本人也承认，他并非在提倡一个只有自由阅读的语文课，也认为教师、图书管理员与父母指定或建议阅读的东西有其价值。整本书阅读应是正式学习和非正式学习的融合。

综上，理想状态的整本书阅读应是冲破语文教学狭小格局的深阅读、深度学习，需要精读、泛读的灵活转换，课内阅读和课外阅读的深度整合，正式学习和非正式学习的对接融通。整本书阅读需要课程化，但又要避免过度结构化，要保持教学的弹性，为学生的个性化、差异化阅读和学习留有充足空间。

---

① 约翰逊，亚当斯贝克尔，埃斯特拉达，弗里曼.新媒体联盟地平线报告：2015高等教育版.张铁道，白晓晶，李国云，等，译.北京广播电视大学学报，2015（S1）.

② 克拉生.阅读的力量［M］.李玉梅，译.乌鲁木齐：新疆青少年出版社，2012：1，149.

二、如何做：整本书阅读的策略选择

如何把握精读与泛读之间、课内阅读与课外阅读之间、正式学习与非正式学习之间的平衡，实现必要的课程化，克服整本书阅读的无序状态而又避免整本书阅读篇章化的倾向？混合式学习是一种可行的路径。混合式学习是近一二十年在互联网背景下产生的一种学习模式。美国学者霍恩和斯特克这样界定混合式学习：混合式学习指的是一种正规的教育课程，学生至少进行部分在线学习，其间可自主控制学习的时间、地点、路径或进度，另外至少部分时间在家庭以外受监督的实体场所进行学习。将学生在学习一门课程或科目时的各种模块结合起来，形成一种整合式的学习体验。[①]混合式学习与整本书阅读的属性相契合。运用混合式学习模式的整本书阅读不只在课堂进行阅读和讨论，也将阅读延展到家庭、社区等任意空间，且灵活采用线上、线下的学习方式，至少一部分在线讨论、探究，至少一部分是在实体课堂由教师介入指导的阅读学习，也有至少一部分既不是在线讨论，而且也不在教师干预下的课堂学习，这就是学生的自由自主阅读。课堂学习、在线互动、非课堂非在线自主阅读，至少这三个模块整合在一起，形成完整的整本书阅读体验课程。

课堂学习会有学生的安静阅读，但不可能是常态和主体，课堂学习主要开展方法研习、问题研讨、章节赏析、汇报展示等活动。方法研习是指根据书籍类型（文学名著/学术名著……）、学

---

① 霍恩，斯特克.混合式学习：用颠覆式创新推动教育革命［M］.聂风华，徐铁英，译.北京：机械工业出版社，2015：33，34，35.

生需求等介绍、演练书册阅读的方法、策略。比如福斯特在《如何阅读一本小说》中提到许多小说在第一页就告诉你差不多十八件事情，如文体、强调、情绪、措辞、视角、叙述的在场、叙述的态度、嘲讽、节奏等，[①]引入这些方法性知识并进行演练，对学生阅读一部小说会有切实帮助。问题研讨则主要针对学生阅读讨论过程中出现的问题展开深入讨论，这些问题应来自学生，经过教师的再组织和深加工，是核心问题而非枝节问题。章节赏析不是逐章逐节依次赏析，而是有选择性地为解决核心问题、示例阅读方法等而嵌入学生阅读进程中的课堂讨论。汇报展示是学生阶段性阅读成果的展示和交流，有了汇报展示环节的设置，就会驱动学生精心提炼和表达阅读成果，学生展示成果可以使用幻灯片（PPT）等可视化工具，但不能把主要心思花在幻灯片的美化装饰上，另外，也不能只有展示没有互动，没有教师的评点和学生的质询互评。

在线学习活动主要包括异步讨论、任务认定、资源分享、成果交流与评价等。在线学习过程中，学生可自主控制学习的时间、地点、路径或进度。整本书的阅读，学生对读什么、怎么读有选择的权利，对阅读的进程和速度可自主控制，对于共读书籍，学生也不是被动接受整齐划一的阅读步调，而是可随时进入适合自己阅读进程的空间，参与线上的互动讨论。教师的任务之一就是合理切分网上学习空间，或按照书本内容先后及逻辑关系

---

① 福斯特.如何阅读一本小说［M］.梁笑，译.海口：南海出版公司，2015：27-41.

切分若干板块，或按照探究专题细分阅读空间等，教师还要与学生共读，参与异步讨论。这对教师的挑战很大，教师不但要自己把书读深，还要关注每个学生的阅读进展，穿梭转换在各个空间，捕捉学生的反应并随时跟帖回应。考虑到学习空间多，发帖数量大，持续时间长，单靠教师一人组织调控比较困难，也可选择部分学生担任各个讨论空间的"首席"，与教师一起引领互动讨论，保证交流学习的质量。在线学习的任务，不宜多、密、生硬，可以基于情境的任务、基于项目的探究应用为主，以此驱动学生的深度阅读。学生完成阅读任务、项目，需要丰富的学习资源，教师要精选优质资源为学生提供支架性材料，这些资源随着阅读探究的进程分批分类发布，以免过于集中造成学生不必要的认知负担。学生完成任务、项目的成果按要求发布在网上学习空间，在线读书共同体的教师、同伴应及时跟进、分享、评论。

混合式学习中的课堂学习和在线讨论互为补充、支撑和照应，在线互动是课堂学习的基础，课堂讨论是对在线互动的深化。开展"方法研习"的课堂学习活动，可先把有关阅读方法策略的资料提前挂到网上供学生阅读，再进行课上的研习、演练；开展"问题研讨"的课堂学习，可基于在线互动中的"异步讨论"提炼、加工、组织问题，再来进行深度讨论；课堂"汇报展示"可在线上呈现完整成果并讨论的基础上，再来开展可视化成果的交流和分享等等。一般而言，整本书阅读的混合式学习模式，宜先在线异步学习再课堂共时讨论，且在线学习的比例尽可能地比课堂学习的比例大一些。同一个学期读的书，共读书籍、必读书籍课堂讨论的课时可适当多安排一点，选读书籍少安排甚至不安排课堂学习，而是以在线互动共享为主。无论是课堂学习还是在线互动，都要限制过度结构化的教学指导，给予学生必要的阅读支持又不替代学生的自主学习，采用混合式学习的策略，终归还是为了让学生好阅读，会阅读，多读整本的书。

整本书阅读教学的几种偏向

2000年颁布的《九年义务教育全日制初级中学语文教学大纲（试验修订版）》和2001年颁布的《全日制义务教育语文课程标准（实验稿）》列出"课外阅读书目"后，中断已久的名著阅读重新进入语文教学的视野。随着近几年普通高中语文课程标准的修订，"整本书阅读"成为语文教学改革的热点之一。整本书阅读已经从最初一般性地提倡"多读书，读好书，读整本书"，转入规定性的课程建设上来。但冷观这几年突飞猛进的"整本书课程化"之热，发现值得注意的若干偏向，这些偏向有些是理解上的偏差所致，有些属于实践的错位所致。当务之急是廓清认识，纠正偏向，让"整本书阅读"健康、持续地发展下去。

偏向一：整本书阅读的性质定位过于狭窄

在中国知网上检索"整本书阅读"，找到文献361条，检索"名著阅读"文献，找到11306条，检索"经典阅读"有21264条。三个概念的所指多有重叠，为什么文献数量会如此悬殊？这与"整本书阅读"的概念比另两者后出有关，更与认识观念的差异有关。"经典阅读"，相对于一般书籍的阅读而言，强调经典著作对于人的发展的意义；"名著阅读"，更多指向文学名著，尤其长篇小说，强调文学名著对于提升语文素养的作用；"整本书阅读"，与"篇章阅读"相对，既包括经典著作的阅读，也包括非经典的阅读，既包括文学名著的阅读，也包括非文学的学术著作阅读。与"经典阅读""名著阅读"更加强调读什么的重要性相比，"整本书阅读"既重视经典、名著的价值，也凸显"整本书阅读"这种阅读方式对于语文教学的重要意义。把"名著阅读""经典阅读"和"整本书阅读"等同起来，容易窄化"整本书阅读"的性质定位，在语文教学实践中发生诸多偏向。一是屏蔽掉非文学名著的学术名著，只是引导学生读经典小说，并不关注非虚构性作品、人物传记等，而后者也是学生发展不可或缺的营养；二是忽略掉"整本书阅读"与"篇章阅读"在阅读方式上的差异，把整本书阅读教学搞成"放大版"的篇章阅读教学；三是无视不同类型书籍的不同特性，不能引导学生依据"为掌握资讯而读""为理解而读""为审美鉴赏而读""为应用而读"的不同阅读目的而采取不同的阅读策略，导致阅读方法的简单趋同和阅读效果的不如人意。

　　纠正以上偏向，就要避免概念使用上的纠缠不清，界定清楚"整本书阅读"的外延和内涵。中学阶段的整本书阅读，以文学名著阅读为主，但不能缺席学术名著、人物传记等非文学作品；界定整本书阅读的内涵，要凸显其在内容架构和阅读方式上与篇章阅读的差异性，在整本书阅读和篇章阅读的对立统一、差异互补关系中，认识整本书阅读的内涵特征，从而实现其语文课程教学的独特价值。与整本书阅读在内涵和外延上基本一致的另一个概念是"书册阅读"，在中国知网上检索"书册阅读"的文献，只有86条，其与篇章阅读对举，似乎更紧凑和严整。总之，构建理想的整本书阅读课程，有必要回到原点，从概念的辨析做起。

偏向二：整本书阅读的教学内容偏于随意

篇章阅读存在教学内容合宜与否的问题，整本书阅读更是如此。整本书阅读，因内容体量大、持续时间长，选择教学内容的余地大，困难也大，极易出现选择的随意性。整本书阅读教学内容的随意性主要有以下三种表现。

一是泛化，举凡天文地理、世俗风物，任取一点，做泛泛讨论。如下例：

《三国演义》的阅读，以"三"字为切入点，以"三个国家"为核心，以"三大战役"为横轴，以"三国群英人物"为纵轴来设计整个活动，时间约为两个月。第一个环节历时两周时间，重点是挑选三个最重要的战役，并说明理由。第二个环节历时两周时间，重点内容是梳理三大战役中印象最深刻的三个人物，用一句话点评人物，并说明理由。第三个环节历时一周时间，重点内容是梳理三国的始末，扣住什么时间，怎样兴盛，怎么逐渐走向灭亡的来梳理。第四个环节历时一周时间，重点内容是"三国知多少"，选出三国"三宗最"，如三大美女、三大谋士等，并说明理由。第五个环节是在寒假中完成，重点内容是比较《三国演义》和《三国志》，目的是让学生感受到演义小说和史书的区别。

以上五个环节，除第五个环节之外，其余四个环节均是浅层次的信息梳理，把《三国演义》的阅读"百科知识"化了，有泛人文化倾向。

二是繁难，超出学生接受实际，由"阅读"整本书向"研究"整本书无限度地扩张。如：让学生通读《平凡的世界》后，以"孙少平与路遥的苦难哲学与奋斗哲学及对我的启示"为题做探究，并形成一篇小论文。让高一的学生谈"苦难哲学""奋斗哲学"这些大概念，并写作论文，是否勉为其难？再看某出版社出版的《〈边城〉导读与赏析》一书中所附的"比较阅读"材料的目录：

《"两极化"创作背后的分野与暗合——〈阿Q正传〉与〈边城〉之比较》

《从中西悲剧人物看思维方式差异——以〈边城〉中的老船夫和〈老人与海〉中的圣地亚哥为例》

《人性美的悲剧——〈巴黎圣母院〉和〈边城〉比较》

《深情的眷恋与艰难的抉择——〈边城〉与〈哦，香雪〉之比较》

《相逆的审美取向和相似的审美理想——〈边城〉和〈红高粱〉的比较研究》

《〈边城〉与〈红楼梦〉的比较》

《"死亡"主题下女性命运的探讨——沈从文〈边城〉与川端康成〈古都〉比较分析》

没有任务驱动，没有对资料、原著及阅读任务的结构化设计，把诸多学术论文一股脑塞给学生，想让学生干什么呢？是让学生好好地阅读原著，还是搞所谓的研究？简单地堆砌学术论文，不加选择，不加转化和加工，只会让学生淹没在论文材料里，无所适从。

三是散乱，讨论的是一个个细枝末节的问题，做的还是一个个词、句子的局部赏鉴，缺少整本书的整体观照。而缺少整体观照的局部赏析，最后得到的只是一堆散乱的珠子，不能把问题和思考串成一串，不能真正透视一本书，读懂一本书。

从语文课程的角度看整本书阅读，不能只是泛泛地谈开卷有益，而是要根据所读书籍的特点提取有价值的教学内容，通过优化问题、任务、活动的设计，帮助学生会读、读懂、读好，培养阅读的关键能力，养成良好的思维品格。

偏向三：整本书阅读的教学方式过度结构化

当前语文教学中的整本书阅读指导有两种极端的模式：一种是简单的提倡和一般化的结果验收，无过程指导和监控，学生究竟读没读，读得怎么样，无从得知，近乎放任自流的状态；另一种就是上海段力佩老师的育才模式，由精讲一篇篇课文到精讲一本书的一个个精彩章节和片段，本质上还是精读、片段阅读，教学内容和方式高度结构化，学生自主阅读体验的空间被严重压缩，整本书阅读的特性不能得以充分体现。

整本书阅读需要课程化，但要避免过度结构化，高度结构化教学之下的学生阅读还是被动阅读，而不是主动的阅读，不是自我发现的学习。在整本书阅读的指导策略上，我们或许可以从艾德勒和范多伦合著的《如何阅读一本书》中获得启发。作者认为阅读更多的应是自我发现型的学习，他们把整本书的阅读分为四个层次：基础阅读、检视阅读、分析阅读和主题阅读，尤其强调了分析阅读。"分析阅读就是全盘的阅读、完整的阅读，或是优质的阅读"，就是"咀嚼与消化一本书"。作者给出了分析阅读的框架和三组规则，第一组是找出作品的整体及部分结构，第二组是定义与诠释书中的共识、主旨与论述，第三组是评论作者的学说，以赞成或反对的意见完成我们对他的作品的理解。他们称这三组规则为架构性、诠释性与评论性的阅读规则。[①]整本书的阅读指导也可依循这样的框架，无论是阅读进程的导控，还是阅读任务的设计，阅读方法的指导都基于架构性、诠释性、评论性的分析性阅读框架，给学生提供支持，让读和导分出层次，让学和教各得其位。每章都导、每节都教的密不透风式的教读，会坏掉学生的阅读胃口，学生也不可能学会阅读整本书。整本书的阅读，教师要做结构化的设计，基于分析阅读的框架介入指导，但不能替代学生的自主阅读，避免过度结构化的教学牵引。

偏向四：测量评价偏于僵化

笔者10年前在《名著阅读：语文教学的"正规战"》一文中指出：名著阅读的考查，多是"说出你所喜欢的某本名著中的人物及其性格，并列举一个与其相关的情节"一类的题目。这种粗糙、机械的考查样式日益泛滥，就不可避免地带来负面的认识和效果："名著阅读"不就考点这样的常识吗？用得着读书吗？考

---

① 艾德勒，范多伦.如何阅读一本书［M］.郝明义，朱衣，译.北京：商务印书馆，2004：19，20，21，181.

前几分钟的指导和速记即可搞定呀。难怪试卷中"鲁智深"的"垂杨柳""拔"也"拔"不完，"武松打虎"无休无止，"白骨精"不是让"孙悟空""三打"了，而是"千打万打"了。10年过去了，整本书阅读考查题目的拟制水平有改进吗？应该说有所改观，但依然存在不少问题。像"《朝花夕拾》中医生给鲁迅父亲开的中药，药引子是什么"一类的题目依然没有在课堂和试卷上绝迹。测量评价看重信息的机械识记和简单再现，整本书阅读也就极容易流于浅层次的内容梳理和记忆，甚至出现极端情况，学生不读原著，只读百度百科，用速成的方法去博得眼前的好分数。

整本书阅读测评题目，应释放出积极导向，应引导学生由浅层次的信息分辨到深层次的内容和形式的理解、诠释和运用，由浅阅读到深阅读，形成读、教、考的良性互动。2017年北京市高考语文第25题即透出这样积极的价值导向。

从下面三个题目中任选一题，按要求作答。180字左右。

①《根河之恋》里，鄂温克人从原有的生活方式走向了新生活，《平凡的世界》里也有类似的故事。请你从中选取一个例子，叙述情节，并作简要点评。要求：符合原著内容，条理清楚。

②请从《红楼梦》中的林黛玉、薛宝钗、史湘云、香菱之中选择一人，用一种花来比喻她，并简要陈述这样比喻的理由。要求：依据原著，自圆其说。

③如果请你从《边城》里的翠翠、《红岩》里的江姐、《一件小事》里的人力车夫、《老人与海》里的桑提亚哥之

中，选择一个人物，依据某个特定情境，为他（她）设计一尊雕像，你将怎样设计呢？要求：描述雕像的体态、外貌、神情等特征，并依据原著说明设计的意图。

该题灵活设置问题情境，驱动学生重组原著相关信息和材料，做出诠释分析和个性化表达，学生仅靠"百科知识"般的强记是无法完成给定任务的。作答此题，学生"写"的层次和水平，是靠其"读"的层次和水平来支撑的。试想，把这样一道试题嵌入整本书的阅读指导中，不也是一个很好的教学任务吗？学生读一读，写一写，师生再基于不同的学生作品展开评议，不也是很好的教学反馈和教学对话吗？简言之，教学也是评价，评价也是教学，关键看抱持怎样的教学观和评价观。

整本书阅读课程目标的分析框架与确定策略

2017年版的高中语文课程标准把整本书阅读纳入课程体系，"整本书阅读与研讨"是贯穿必修、选择性必修和选修的三个学习任务群之一。整本书阅读在修订前的课程标准里只是一般化的倡导，并未正式规定为课程内容，随着被纳入课程标准的内容架构，整本书阅读的课程化问题也就成为近几年的研究热点之一。但考察整本书阅读的教学实施现状会发现，整本书阅读对于一线教学依然是一个重大挑战，教学单篇课文存在的问题在"整本书"这里得到了放大，教师面临的困惑也更多。整本书阅读的课程化如何从课程标准的文件文本真正在教学实践中落地，还有很长的一段路要走，有很多的工作要去做。整本书阅读的课程目标如何从无到有、从模糊到清晰、从经验摸索到科学确定，便是迫切需要研究的课题。

教学一篇课文、一个单元，教师已经习惯于从知识与技能、过程与方法以及情感态度与价值观等三个维度制定教学目标，但到了整本书阅读这里，目标反而经常不见踪影，今天研读这一章，明天研读那一节，似乎东一榔头、西一棒槌，教和学都没有明确的方向，这显然违背课程设置的初衷和逻辑。研读内容和学习任务都更加复杂的整本书阅读更需要课程目标的定位和导引，三维目标作为落实学科核心素养的路径和要素，依然适用于整本书阅读。本文即以三维目标作为分析框架，探讨整本书阅读课程目标确定的思路和策略。

一、辨知整本书的类型与特点

面对一篇课文或者一个单元，语文教师基本已树立辨体施教的意识，但对于整本书阅读的辨类施教意识比较淡薄，几乎把整本书阅读简单等同于文学名著阅读。高中语文课程标准中的"文学阅读与写作""思辨性阅读与表达""实用性阅读与交流"分别指向文学作品、论述类文本、实用类文本，文体属性不同，任务群的课程目标、内容及学习方式也就有所区别。"整本书阅读与研讨"却只有一个学习任务群，阅读范围和类型比较疏阔，是"一锅"烩在一起了。课程标准只对"长篇小说"和"学术著作"在"学习目标和内容"做了适当区分，并要求在必修阶段阅读，而选择性必修和选修阶段具体读什么并未做明确安排，只是建议阅读相关作品。[①]循此线索梳理，"相关作品"（其他类型的"整本书"）应包含在"中华传统文化经典研习""科学与文化论著研习""学术论著专题研讨"等任务群里。另外结合课程标准附录中所推荐的课内外读物，大致可梳理出课程标准所涵括的整本书

---

① 中华人民共和国教育部制定.普通高中语文课程标准：2017年版［S］.北京：人民教育出版社，2018：12.

类型：文学名著、文化经典、学术著作和知识性读物等。其中文学名著的所指比较清楚，如长篇小说《红楼梦》等，文化经典、学术著作、知识性读物等虽然在相关任务群内均有出现，但对什么是文化经典，什么是学术著作，内涵和外延分别是什么，它们之间有何共性和不同，课程标准对此却语焉不详。

有美国研究人员发现，超过80%的课堂书籍属于文学作品范畴。考虑到我们在课外进行的大约80%的阅读都针对知识读物，不难发现二者之间的脱节。①阅读书籍类型单一，对不同类型书籍的内涵特点关注不够，必然导致课程教学和生活实践的隔膜。高中语文课程标准明确指出，高一必修阶段应完成一部长篇小说和一部学术著作的阅读，统编高中语文教材必修上、下册即分别编入《乡土中国》和《红楼梦》"整本书阅读与研讨"的学习单元，这相对于修订前的课标和教材过于凸显文学名著阅读而言，已经是一个很大的突破。不同类型的书籍，有不同的阅读目的和取向，也就需要相应的阅读知识、技能和策略。文学名著是为了获取审美体验，是审美性阅读；知识性读物是为了获取知识，是认知性阅读；学术论著则是为了探究，是一种研究性、学术性阅读。因此，研究"整本书"不同的架构特点、表述方式，增强整本书阅读的类型意识，对于恰切地确定阅读目标、选择阅读策略，就殊为重要。

探知"整本书"所属的类型，是为了更好地探知所读的"这

---

① 吉尔.阅读力：知识读物的阅读策略［M］.王威，译.南宁：接力出版社，2017：16.

一本"的特点。文学理论家托马斯·福斯特指出，一本小说的第一页，有时是第一段，甚至是第一句，就能提供给你阅读这本小说所需了解的一切，比如"文体""腔调""情绪""节奏"等。①若干长篇小说，虽然有共同的类型特点，但又有各自不同的"调性"。如《儒林外史》和《红楼梦》，都是章回体长篇小说，鲁迅先生把前者归为"讽刺小说"，把后者归为"人情小说"，认为《儒林外史》"戚而能谐，婉而多讽"，"虽云长篇，颇同短制；但如集诸碎锦，合为帖子，虽非巨幅，而时见珍异"；而《红楼梦》"全书所写，虽不外悲喜之情，聚散之迹，而人物事故，则摆脱旧套，与在先之人情小说甚不同"。"其要点在敢于如实描写，并无讳饰，和从前的小说叙好人完全是好，坏人完全是坏的，大不相同，所以其中所叙的人物，都是真的人物"。②同读小说，读"讽刺小说"之《儒林外史》和读"人情小说"之《红楼梦》，"这一个"的特性不同，确定的学习目标也就不完全相同，换言之，纳入语文课程的此两本书的阅读，其承载的学习价值和学习内容应该有所差异。

二、活化整本书阅读的知识和技能

由"类"到"个"，整本书阅读所负载的知识和技能变得愈发清晰。问题是，整本书阅读需要不需要再提供知识呢？答案是

---

① 福斯特.如何阅读一本小说［M］.梁笑，译.海口：南海出版公司，2015：30-31，5-6.

② 鲁迅.鲁迅全集：第九卷［M］.北京：人民文学出版社，2005：228，229，241，348.

需要的。托马斯·福斯特在《如何阅读一本小说》这本书的前言中说，本书专门讨论小说特有的形式元素，他知道讨论视点、风格、声音以及圆形人物、扁形人物等，可能正是英文课上引起抱怨的东西。但他强调，这些知识不一定非得那样枯燥不可，因为它们也是通向意义的入口，是可能建构自身的门户。[①]文学理论家特里·伊格尔顿也认为，学文学的人最经常犯的错误，就是直奔"说什么"，而不管"是怎么说的"，这样的阅读方式其实是将作品的"文学性"弃置一旁。文学作品需要读者高度警觉地阅读，警觉于它的口吻、气氛、速度、体裁、句法、肌理、节奏、叙事结构——乃至一切可归为"形式"的东西。他认为"文学性"，一定程度上就是指用"怎么说"来衡量"说什么"。[②]无论是托马斯·福斯特所说的读者厌烦讨论"视点"等形式要素，还是特里·伊格尔顿所指出的学生忽略"是怎么说的"这一类最经常犯的错误，都说明阅读教学要么没有提供有价值的知识，要么提供知识的方式不对，从而导致学生的浅阅读、低效阅读。作为语文课程的整本书阅读，有效的文学阅读需要有一套专门的知识、技能来支撑，知识性读物、学术论著的阅读亦是如此。

正如以上所分析，提供有价值的知识固然重要，但若提供知识的方式不恰当，照样会导致效果不彰。整本书阅读中的"知识"需要的不是静态的惰性知识，而是动态的活性知识，这就要

---

① 福斯特.如何阅读一本小说［M］.梁笑，译.海口：南海出版公司，2015：30-31，5-6.

② 伊格尔顿.文学阅读指南［M］.范浩，译.郑州：河南大学出版社，2015：2-3.

在教学中避免机械讲解知识，而要恢复知识的境域性特征，把知识嵌入进问题、任务和情境中，让学生在阅读中运用知识解决问题、促进理解。表1是文学著作的知识、技能及应用示例。

表1　文学名著阅读活态化知识、技能示例

知识	技能	问题	任务
叙述者	分析叙述者的态度和立场，把握小说的深层结构和情感主旨。	《呐喊》一书中有很多篇目用第一人称"我"作为叙述者讲述故事，对于读者来说，哪些叙述者是可靠的，哪些是不可靠的，为什么？	以《孔乙己》这篇小说为例，选择孔乙己或掌柜或一个酒客等，作为叙述者讲述故事，试着改写几段原文，把改写后的文段讲给同学听，而后比较和讨论。
叙述视角	分析故事讲述的视角，把握叙述者与人物之间的关系，理解小说深层结构。	《红楼梦》一书，讲故事的视角是流动和转换的，如第三回中的林黛玉进贾府，情节是在人物之间的互相打量中推进的，为什么这样讲故事？有什么效果？	如果把《红楼梦》中林黛玉进贾府的情节拍成一出短小的情景剧，请设计镜头切换的方案和主要人物的内心独白。

　　由上表可以看出，知识和技能是紧密联系的。"叙述者""叙述视角"是概念性知识，是结构化的知识形式；而"分析叙述的口吻和角度，把握人物之间的关系和情感态度"则是关于"如何做某事"的程序性知识。换个角度看，程序性知识就是"技能"。知识和技能在整本书阅读中，可以明示可以潜藏，但都要和具体的情境任务联系起来，在运用中内化为能力和素养。

　　整本书阅读主要应是学生的自主自由阅读，不应有过于结构化的指导和教学，因为那样会弱化学生自主阅读的动机和兴致，但这并不意味着就放弃教学的适度干预和课程的合理组织。整本书阅读作为语文课程的一种形态，需要活态化的知识、技能的介入，以促进学生的阅读由浅阅读到深阅读、由感官刺激型阅读到能力挑战型阅读转变。自主自在的"趣味阅读"和教师指导下的"学业阅读"，并非水火不相容，完全可以在适度的任务引领、问题解决和活态知识助力下，良性互动，融为一体。

三、探求整本书阅读的方法论

艾德勒在《如何阅读一本书》中提出了整本书阅读的四个层次：基础阅读、检视阅读、分析阅读和主题阅读。他认为这四个阅读层次是渐进的，后一个层次包含并超越前一个层次。[①] 在艾德勒看来，基础阅读是字词识读，检视阅读是浏览目录等以发现全书的线索，而分析阅读是主要的阅读层次，要透视整本书的结构，诠释主要内容，评论价值和意义等。主题阅读是最高的层次，需要比较和整合思维。语文课程中的整本书阅读，其学习过程并不机械对应此四层次，但阅读的由浅入深、由粗到精，却是一致的。与之相应，整本书阅读的方法，也是随着阅读层次的深入而螺旋往复，交替应用。20世纪初胡适在《读书》一文中说道："发表是吸收智识和思想的绝妙办法。吸收进来的智识思想，无论是看书来的，或是听讲来的，都只是模糊零碎，都算不得我

---

① 艾德勒，范多伦.如何阅读一本书［M］.郝明义，朱衣，译.北京：商务印书馆，2004：18-21.

们自己的东西。自己必须做一番手脚，或做提要，或做说明，或做讨论，自己重新组织过，申述过，用自己的语言记述过，——那种智识思想方才可算是你自己的了。"[①]初读阶段，适宜做批注、提要；深度分析阶段，就适宜做说明、诠释、讨论和申述；比较整合阶段，则需要比较阅读、专题探究。无论哪一个阶段，都尽可能让学生拿起笔来读书，只不过在不同阅读阶段，"手脚"功夫的加工程度不同罢了。

　　整本书阅读的过程和方法不同于篇章阅读和单元学习的过程和方法，有其特有的方法论，即适用于整本书阅读的具有普遍意义的方法和规律。这就需要我们不能停留在一般的"圈画批注"上，而要在方法论的观照下，开发更加精致化的整本书阅读工具和策略，如表2所示。

表2　知识性读物阅读方法和学习工具示例

学习工具	特点	功用
内容摘要、关键词	内容摘要，以叙述、说明为主，用简明扼要的语言介绍论文的主要内容，一般不做论析。它可以让读者迅速了解研究成果，也便于论文的归类、整理。一篇文章一般提取三至五个关键词，多是文章说明和论述中的核心概念。	在把握主要概念及其关系的基础上，通过写内容摘要的形式梳理文本内容要点，理解主要观点。
概念图	概念图是一种用节点代表概念、连线表示概念间关系的图示法。	理清概念之间的关系，理解科学推理和逻辑，把握文章内容。

---

① 胡适.胡适学术文集·教育［M］.北京：中华书局，1998：86.

学习工具	特点	功用
图文转换	将文字转换为图表、符号，将图表、符号转化为文字内容。	将信息转化为可视化的图表，利于理清文本内容；将文字转化为抽象符号，利于理解关键概念和发展科学思维。
KWL表格	美国中小学阅读教学里常用的一种表格。K是指what I know（我知道什么）；W是指what I want to know（我想学什么）；L指what I have learned（我学到了什么）。	有助于激发学生的先拥知识，进入学术情境和学科背景，提供学生确立阅读和学习目标的机会，并指导学生有计划地完成阅读学习任务。
PEEL写作策略	P是指point，即开门见山地提出观点，主要说明了什么；第一个E指evidence，即说明观点的证据；接下来的E指解释其中的关系；L是将观点、证据和现实联系起来，将理论观点和实际应用建立联系。	借助此框架结构，将阅读材料转化为学生自己的思考和观点，有助于培养学生的写作能力和逻辑思维能力。

整本书阅读中的任务单和学习工具，不宜过于密集，以免阻滞学生的阅读兴趣，扰动学生的自主阅读，但过程中的知识、技能嵌入和任务、问题的介入，只要适度、适宜，就会成为促发学生深度思考、提升阅读素养的有效支架。

四、拓展整本书阅读的文化视野

三维目标的情感、态度和价值观这个维度，对于整本书阅读不是可有可无的"标签"，反而是不可或缺的"灵魂"和"主脑"，情感、态度和价值观直接指向语文学科的核心素养——文化传承与理解。整本书所牵涉的内容浩繁广博，如果缺少足够的文化知识背景，就会造成阅读障碍，影响阅读理解。整本书阅读在深入阅读和比较拓展阶段，就更需要打开文化视角，在多维视野中进行创造性解读。阿尔维托·曼古埃尔在《阅读史》一书中指出，我们若是把乔纳森·斯威夫特的《格列佛游记》存档在"小说类"的条目下，那么它就是一本幽默的冒险小说；若是将它放在"社会学类"的条目之下，则变成了一部关于侏儒和巨人与会说话的马的有趣寓言；假使放在"异想类"的条目之下，则变成了科幻小说的先驱；若是放在"旅行类"的条目之下，便是一部想象的游记；若是放在"经典之作"的条目之下，则是西方文学典范之一。范畴是排他性的，而阅读则不是——或不应该是。[①]也就是说，整本书阅读不应是框定的、僵化的，应是开放的、多维的、立体的，而这有赖于开阔的文化视野和思维。尼尔·麦考认为，从"什么"（文本说的是什么，描写的是什么）到"如何"（这些是如何呈现的，如何刻画的），再到"为什么"（为什么以这样的方式刻画重要的主题？为什么这样的表现是重要的？），是阅读的三个不同阶段。其中，"为什么"的阅读是中学及大学阅读任务的主要特征，即针对不断增加的历史、文化、社会、政治、文学等知识背景，去阐述每一个文本的重要性。[②]其实，艾德勒所提的阅读第四层次——主题阅读，也是在主题和文化视角下的互文性阅读、比较阅读，是多元化解读、立体化解读，也是创造性和批判性阅读。

高中语文课程标准在"整本书阅读与研讨"的"学习目标与

---

① 曼古埃尔.阅读史［M］.吴昌杰，译.北京：商务印书馆，2002：241.

② 麦考.如何阅读不同的文本［M］.苏新连，译.北京：商务印书馆，2017：11.

内容"中指出："联系个人经验，深入理解作品；享受读书的愉悦，从作品中汲取营养，丰富自己的精神世界，逐步形成正确的世界观、人生观和价值观。"读书不是为了进行机械的技能训练，也不是为了获取碎片化的知识信息，而是提升素养、培育精神、承继文化。整本书阅读不只是"拿起笔来读书"，更要"打开脑来读书""敞开心来读书"。由此，知识与技能、过程与方法、情感态度与价值观的三维目标，在"读书、做事、做人"的课程定位下，取得完整统一。

在语词上的停留

——《爱的教育》教学叙事之一

　　和学生刚刚读完《汤姆·索亚历险记》，再来阅读讨论《爱的教育》我是有所顾虑的。《汤姆·索亚历险记》一书故事情节惊险刺激，文字也幽默活泼，很容易就吸引住学生，课堂上的讨论往往比较快地切入到兴奋点。而《爱的教育》无论从故事内容还是文字表达上都是另一种风格，朴实而又温和，不那么外露和张扬。再加上有一部分学生小学就已经读过这本书，他们会不会产生心理厌倦或心理落差而读不下去呢？还是反问教师自己吧，自己能否在阅读的过程中读出新意、读出趣味呢？我开始了惯常的备课过程，首先就是"裸读"，在手头没有任何参考资料的前提下，尽量读出自己的体验和独特感受。事实上，和学生一起读名著，也根本不可能有什么现成的教程可供参考。读完第一卷后，我心中大抵有了个数，翻看了我在第一卷十几则日记中所做的批注后，觉得这十几则看似散乱的日记，却非常清晰地用一根红线串接了起来，几乎每条日记中都提到了"亲"或"吻"，这"亲吻"的背后是什么呢？我很为自己的发现而感到兴奋。于是我布置学生在课下用三天时间读完第一卷，做认真的圈画批注，三天后专门花一节课来讨论第一卷。

课堂讨论的开始，我让学生以"安利柯的第一个月"为题把发生在这个月中的主要事件勾勒出来，意在梳理这一卷的主要内容。因为平时这方面的训练比较多，学生很快就理出了一个轮廓。接着我就挑起了"事端"：第一天开学安利柯既然非常讨厌新的班级、新的先生，为什么第二天态度就发生了变化呢？一个学生说："因为第一天看到先生那样板着脸、说话大声，而第二天就发觉先生其实语气非常真诚、亲切。比如这一段——"他有感情地朗读起来：

　　大家听着！我们从此要同处一年，让我们好好地过这一年吧！大家要用功，要规矩。我没有一个家属，你们就是我的家属，去年以前，我还有母亲，母亲死了以后，我只有一个人了！你们以外，我没有别的家属在世界上，除了你们，我没有可爱的人！你们是我的儿子，我爱你们，请你们也欢喜我！我一个都不愿责罚你们，请将你们的真心给我看！请你们全班成为一个家族，给我做慰藉，给我做荣耀！我现在并不是想你们用口来答应我，我确已知道你们已在心里答应我"肯的"了。我感谢你们。

另有学生补充说："先生也的确用行动证明了他的说法。放学前，当那个先前跳上椅子的学生走到先生身旁请求饶恕时，先生用嘴去亲着他的额说：'快回去！好孩子！'先生要不宽恕那孩子，讨厌他，就不会用嘴亲他了。"听到这儿，我兴奋异常，忙说："是啊，多么温馨的一个举动。同学们再看看整个第一卷，还有这样的'亲吻'吗？找到请圈画下来。"几分钟后，大家互相补充理出了这样几处：

> 一出教室，恨不得就看见母亲，飞跑到母亲面前去吻她的手。（始业日 十七日）
>
> 先生用嘴去亲着他的额说："快回去！好孩子！"（我们的先生 十八日）
>
> 靠近点的先生和学生们，更去吻洛佩谛的手。（灾难 二十一日）
>
> 格拉勃利亚小孩也热烈地吻代洛西的额。（格拉勃利亚的小孩 二十二日）
>
> "啊！安利柯！"先生临走的时候，向着我说："你到了能解难题、作长文章的时候，仍肯爱你以前的女先生吗？"说着，吻我。等到出了门，还在阶沿下再扬了声说："请你不要忘了我！安利柯啊！"（我的女先生 二十七日）
>
> 母亲把钱包中所有的钱都拿出来给了她，吻了克洛西。出来几乎哭了。（贫民窟 二十八日）

我把这些"亲吻"简要地标示在黑板上，如"安利柯吻母亲""先生吻那求宽恕的淘气孩子"等，角度找好了，后面就有戏可做了。我就问学生："这些'亲吻'背后都意味着什么？"我把"亲吻"二字吐得很清，我发觉有几个学生飞红了脸快速埋下去，班内那个最调皮的男生——弥××则边诡异地笑着边努着嘴向着我。稍做停顿，学生还是七嘴八舌地说开了："先生和女先生吻学生那是师生之爱。""先生和学生们吻因救一年级学生而受伤的洛佩谛是对他的敬佩和怜悯。""母亲吻克洛西是对穷苦人的同情之爱。"……又一个孩子说："这本书前面的译者序言中说'书中叙述亲子之爱，师生之情，朋友之谊，乡国之感，社会之同情'，这些'吻'中就缺'乡国之感'了。"每开始读一本书，我都是要和学生先读书前书后的序言和后记的，我非常高兴地称赞了那个学生，能随即想到用序言中的话做概括。接下来，我趁热打铁，和学生展开下面一番对话：

"你平时被父母或老师吻过吗？"我问一个男生。

他不好意思地嘿嘿一笑，然后抿了抿嘴说道："妈妈吻过，挺难为情的，不过感觉很温暖。"

"我没被吻过，倒是经常被父母老师等摸过头，感觉也特亲切。"另一个学生说。

"好一个'摸'字，动作虽不同，但爱的含义是相通的。这可能也正体现出我们国家和西方国家表达爱传达爱的方式不同。但老师想问大家你们怎样理解国家元首会面时的'亲吻'，比如胡锦涛前段日子会见法国总统萨科齐时的'亲吻'？"

"那更多是出于一种礼节，和这里的'吻'含义不太一样。"

"哦，有可能前一天'亲吻'了一把，第二天两个国家就掐起来了是吧？"我话音一落，学生大笑。

我接着说："也就是说，国家元首间的'亲吻'已经被礼仪化了。而这本书中的'亲吻'则是爱的自然流露。你看，一个

‘吻’字孤立地看它并没什么深意，但放在故事当中，却那么耐人寻味。同学们，今天我们实际上在练习着一种阅读的方法——语词分析法。一篇文章中总有那么几个关键的词汇，一本书更是如此。这些关键词有时还反复出现，散发着深长意味。阅读时抓住这些关键词，就好比打开了一个小小的洞口，循此，你会渐渐走向文本的深广处。”

课堂讨论在高潮中结束了，我很满意，学生也很意犹未尽的样子。

下课后，我去看学生跑课间操，没想到，那个调皮的弥××在老远处又朝着我努起嘴来，还是那样夸张和诡异。我发怒了，把他从队伍中揪出，“教导”了一通。第二天我就后悔了，他在课堂上依然那样天真、活跃，昨天发生的那不太愉快的一幕似乎压根就没有在他那里留下什么痕迹。我有些懊悔自己昨天的粗率，他还只是一个初一的小孩子呀！那样的“吻”仅仅好玩不是？或许他真是想“亲吻”一下李老师，或是想让李老师“亲吻”一下他呢？课堂讨论产生了效果不是？李老师呀，讨论《爱的教育》难道仅仅是在讨论“语词”和“技法”吗？难道不也是让为人师者的自己和学生都接受爱的沐浴和洗礼吗？正如夏丏尊先生在《爱的教育》序言中所说：“教育没有了情爱，就成了无水的池，任你四方形也罢，圆形也罢，总逃不了一个空虚。”想到这，我自己也不禁莫名地笑了。

书里书外，走个来回

——《爱的教育》教学叙事之二

周四下晚自习后

王××同学追上已走出教室的李老师说："李老师，您读过《爱的教育》第四卷了吗？"

"我们刚讨论完第三卷，第四卷李老师还没来得及读。"

"那您别读了！"

"为什么？"

"那个勿兰谛太混了，我真想扁了他！"

周五下午语文课最后5分钟

李老师：昨天晚自习王××同学劝李老师别读第四卷了，理由是那个勿兰谛太混了，真让人恶心。不说不要紧，他这一说，李老师回到家便忍不住一口气把第四卷读完。他没骗李老师，那个勿兰谛实在太可气。但同时李老师也注意到，这一章安利柯依然用了欣赏的眼光、热情的文字记述了更多同学的闪光之处。爱与恨竟奇迹般地并陈在他的笔下。这一个双休日的作业就是：

一、读完第四卷，做圈画批注，然后从书里走到书外，回观我们自己，写一篇文章，正标题是"同学素描"，副标题是"我所＿＿的那张（些）面孔"，自行补足题目，内容必是写现在身边的同学。二、动员父母也买《爱的教育》，与我们同读。还记得安利柯父母每月写给安利柯的那些朴实感人的寄语吗？如果你们的父母也能写点寄语，那最好不过了。李老师会在咱们的公共博客上制作几个主帖，周日晚返校前把你们和你们父母的文章分类编入，好吗？

周五下午六时

李老师上传到博客两个主帖"同学素描——我所＿＿的那张（些）面孔""父母寄语"，并发另一日志《经典阅读之旅，我们在一起》：

经典阅读之旅，我们在一起
——致99个孩子和你们的父母

同学们，今天课上，我和你们说，李老师正沉醉于一种疯狂的阅读状态不能自拔，紧张、兴奋又充满无限的期待。李老师为什么会如此疯狂阅读呢？有同学说，那是李老师被《爱的教育》这本书吸引住了。还有同学说，那是因为《爱的教育》这本书里的故事虽不惊天动地，但多是发生在学校里的温馨小事件，李老师感觉很亲切。我微微点头，但又说这些还都不是主要原因。李老师手头上的这本《爱的教育》已跟随我近十年了，但一直到前一个月，李老师不过才读了十几页，而且还是刚买时读的，虽然这期间我的妻子和上小学的女儿早已读了三遍。说到这，有同学说，李老师您是觉得和我们在一起读，更好玩、更有意思吧。是的，这正说中了我内心的真切感受。每当我想到我是在和你们一起阅读的时候，心中总是充溢着一种不可遏止的交流的欲望和冲动。我，你，他（她），大家是在组建着一个和谐的阅读共同体啊！大家阅读着，交流着，又彼此感动着，触发着，其阅读的喜悦和收获是孤立之阅读所无法替代的。

我还要真诚地邀请我的同龄人——孩子的家长们，你们也来读一读《爱的教育》，加入我们的阅读共同体中来吧！每逢我读到《爱的教育》中安利柯父母写给孩子的寄语时，我——一个为人之父者，内心都涌动起一股难以名状的暖流。学生，教师，父母，我们都能见出自己的影子，触碰到心灵深处那根最为敏感的情思之弦啊！让我们都交出一颗坦诚的心，打开《爱的教育》，阅读着，书写着属于我们自己的"爱"的篇章吧！

周五晚七时以后

陆续有同学把文章编辑入"同学素描——我所____的那张（些）面孔"主帖。八时左右，赵××妈妈留言：

女儿回来说："我们老师说了，也让家长买一本《爱的教育》与我们一起读并发表感言。"我暗自发笑，心想难道老师还要给家长留作业吗？我好奇地上了网，看到老师和学生发自内心、感人肺腑的感言，我被感动了，也似乎明白了很多……最近一两年，总觉得孩子的心离自己越来越远，很茫然也很无奈，上了这个平台，一下子觉得离孩子近了，离老师近了，也找回了自己学生时代的感觉。亲爱的女儿，我愿意与你一起感动一起体味一起成长。让我们共同见证彼此的进步吧！

再次感谢老师的良苦用心，以及为我们提供的这个平台。谢谢！

周六上午

"同学素描"主帖愈发壮大，且多见真情流露。

周六晚上

李老师发到"同学素描"中他自己的一篇文章《我所熟稔的那张面孔》：

同学们！一晃眼间，你们已经升入初中三个半月了，李老师对你们也由不了解到了解，因此，说起我所熟稔的面孔，五班和七班的每一个孩子都可谓比较熟悉。但今天李老师只说一张面孔，一张给我以很大教益和启迪的面孔。

他，个子不高，胖胖的，一双绿豆似的眼睛骨碌骨碌地精转，爱两手抱头，胳膊肘支在课桌上做深沉思考状。每逢七班语文早自习，同学们背古诗都背累了，声音渐渐小下去，小下去，这时一个"花腔男高音"横空出世，"子曰：学而时习之不亦说乎……"，其如痴如醉态，令人"叹为听止"。不用说，大家都已经猜到了，他，就是鼎鼎大名的××。

××可真是一个让李老师不省心的主儿，每次语文作业不完成者，都有他一份儿；每次课上不分青红皂白乱打岔者，他总爱打头炮；每次默写古诗不过关者，他多列其中，此时他的抒情"美读"也不见了丝毫功力。他又老爱"黏"着李老师，得机会就紧随李老师左右。李老师下课出教室，他常第一个尾随身后：
"李老师，我帮您拿着东西"，"李老师，我把您送到办公室"，
"李老师再见！李老师再见！"，好像送着一个老久不到他家串门
的稀客。有次李老师在七班看晚自习，课间到教室外随便走走，
突然觉得身后有"窸窸窣窣"的声响，蓦地一回头，见着一个胖
乎乎的身团溜走，待再往前走，身后声响又起，等第三次猛然回
身与之碰个正着，哈！盖××也。"老师，我在陪着您散步。"他
如此解释。又有一次，李老师咽炎病发，讲课声音沙哑，下课后
走出教室，又一身影紧跟身后，一板金嗓子喉宝突然从身后伸向
我眼前："老师，您拿着。"哦，又是××。"不用了，李老师有
药。谢谢你。""不，您一定拿着，求求您了。"我只好收起。他
完成了一件大事似的满意地转身跑走了。

　　××啊，你还记得李老师上课时给你们讲过的孔子的弟子子
路吗？子路生性粗鲁，且爱和孔子顶嘴，但他真诚，他率直，孔
子表面不太喜欢他，但实则视其为终身保镖深爱之。你，可比拟
为李老师身边的子路吗？我可是要自责呢！我有时对你是不是太
心急了。你脑袋瓜其实挺聪明，你可是七班的数学课代表啊！数
学特棒，课代表工作也尽职尽责。语文、英语不怎么好，可能还
是文科学习不太扎实吧。每逢我批评你毛躁时，你或挤眼一笑，
或噘起小嘴，不知所措地摆弄起手指，或又抱起双手做痛苦反思
状，但见不出你丝毫怨恨老师的样子。××，以后咱们俩都再耐
心一点，细致一点，把你的语文学习提上去，好吗？李老师知
道，你想学好语文，也相信你一定能做好的。××，你要见着这
篇文章，读到这儿时，肯定又会咧开小嘴，挤起腮帮，眼睛眯成

一条线，笑起来了！嘿！

　　同学们，其实不止一个××，你们大家都是我所熟稔的面孔，所挚爱着的面孔呢。也许，《爱的教育》中那位先生对安利柯们说的一段肺腑之言能传达出我此时的心境："你们是我的孩子，我爱你们，请你们也欢喜我！我一个都不愿责罚你们，请将你们的真心给我看！请你们全班成为一个家族，给我做慰藉，给我做荣耀！我现在并不是想你们用口来答应我，我确已知道你们已在心里答应我'肯的'了。我感谢你们。"

　　另外，李老师做如此留言："同学们，在'读、评、写共同体'中，李老师也是其中的一员，不能只同学在写，自己却述而不作啊！受同学们文情的激荡，李老师也献上小文一篇，请大家批评。同时我也真诚邀请更多的同学为他人的文章批注、评点，因为这不仅是文字的呼应，而且是情感的互渗和思想的交流。好吗？"

周日

　　一大早，即见学生家长"寄语"传上：

雪儿：

　　明天就是你的生日了，这是我这个学期给你写的第二封信，也是我给你记的第一篇日记。这周很忙，看到老师布置的"任务"，一开始我叫苦连天，但是昨晚看了那本《爱的教育》之后，我很震撼。自从给你买了那本书之后，我知道那是本好书，但是一直没有读，现在终于知道了你们李老师的良苦用心，也开始思考什么是对你们最重要的。在这本书中我看到了充满爱心的老师，充实快乐的童年，聪明懂事的孩子……我没有作者以及译者的文笔，但是我愿意像李老师要求的那样坚持给你记日记，可能在电脑里，也可能在日记本里。最近我们的生活过得很顺利，时间过得飞快，马上就要到学期末了，放寒假了，美妙的假期就要来了……想一想我就高兴得不得了，但是最近你发现没有：我给你买了《悲惨世界》和《雾都孤儿》，这是我上大学时看的，是对我的青年时期最有帮助的几本书之一，看到你那么津津有味地翻阅，我感到很欣慰。这是两本让你知道什么是苦难的书，对于你们这些生活得太好的孩子来讲，是该看的时候了，我们有机会互相讨论一下感想好吗？

妈妈

统计

两天内，上传学生文章89篇，教师习作1篇，家长寄语9条，家长留言1条，另有师生评论、留言若干，总访问量凡868次。

精彩章节的赏析

——《汤姆·索亚历险记》（第二章）课堂讨论实录

按：2007年9月，我新接初一两个班。我和学生利用三个月的时间读完了一本《汤姆·索亚历险记》，其间，我们每周都会专辟一节语文课作为名著阅读的赏析，讨论已经读过的精彩章节。9月27日这天，我们照例上名著阅读，海淀区语文骨干教师培训班的全体学员，还有一直关注此项实验的刘占泉老师等前来班级听课，课后进行了研讨。

师：同学们，上节课我们读了《汤姆·索亚历险记》第一章，这一章给你印象最为深刻的是什么呢？

生：汤姆遇上陌生孩子时说的第一句话。

师：哦，第一句是什么啊？同学们一起说。

生："我能揍你。"

师：为什么印象深刻？

生：汤姆看到这个陌生孩子，说的第一句话居然是"我能揍你"。这手法十分幽默。

师：对，这手法非常幽默。我们一般见到一个陌生人会怎样啊？

生：打个招呼。

师：打个招呼，或者不说话。如果对这个人看着不顺眼，最多保持沉默，在心里产生厌烦，走过去就算了。而他们都往两边靠，转成一个圈。第一句话"我能揍你"这句话非常符合小孩子的心理，和成人的感觉不一样。

师：还有吗？

生：我觉得他很淘气。

师：哪一个细节，或者说人物的哪一句语言、哪一个动作给你留下了深刻的印象？

师：老师提示一下，咱上节课还讨论了什么？

生：汤姆逃走时姨妈的心理活动，因为这里不光写了姨妈的心理，也讲述了汤姆的身世，姨妈现在的处境。

师：那一长段的心理描写，同学们还记得吗？刚开篇，先写汤姆和姨妈一番矛盾的斗争，然后写姨妈的心理。有这一段心理描写便省去了很多笔墨，非常经济，就把汤姆是一个孤儿，汤姆怎么调皮都告诉了读者，一点都不呆板，这是一种写作的技法。

师：同学们还记得他们两个滚打在一起，一身的土，一身的什么？

生：光荣。

师：（板书：光荣）不是一身的土，一身的脏吗？怎么说是光荣？你怎么理解这个"光荣"？

生：很有胆量。

师：好，作为战士的光荣，也有的同学可能把"光荣"理解为一种抓痕、伤痕，这代表他投入了。小孩打架时，不会文绉绉

115

地说咱俩谁也不要抓破谁的脸，谁也不要弄脏谁的衣服，那还叫小孩打仗吗？由于时间关系，我们就不一一分析了，要记住这些给你印象深刻的细节。

师：我们继续来讨论第二章，按照我们讨论的思路，先请一位同学用简短的话介绍一下第二章的主要内容。

生：这天天气很好，汤姆被姨妈惩罚去刷墙，汤姆想收买杰姆帮自己刷墙，杰姆最开始没有同意，但他经不住诱惑，终于答应了汤姆，但被姨妈发现了，最终汤姆被打了一顿。后来，本拿着一个苹果像开了一艘船一样走了过来，他自己学船叫了半天，汤姆没有理他，后来他被吸引过来帮汤姆刷墙了。汤姆下午一直在收买别的孩子帮他继续刷墙。

师：收买成功了吗？

生：都成功了，还换来好多东西。

师：不错，都收买成功了，自己不干活，并且还换来好多东西。

师：好，下面同学们就打开《汤姆·索亚历险记》第二章，第二章没有题目，同学们思考一下，商量一下，如果你来拟一个题目，你打算拟什么？

生：了不起的粉刷工。

师：了不起的粉刷工。（板书：了不起的粉刷工）其他同学有没有补充？咱们以他这个标题来做这一章的题目的话，是不是少了点什么呢？

生：书名号。

师：在哪加？

生：在两边。

师：这个书名号可以不加。

生：加引号。

师：在哪加？

生：粉刷工。

师：为什么？

生：他没有粉刷，他是收买别的孩子来粉刷。

师：对，这是有特殊含义的，不是真正意义上的粉刷工，他自己不亲自粉刷。（板书：给粉刷工加引号）还有其他题目吗？

生：把惩罚变成了欢乐。本来是姨妈惩罚他刷墙，但他因此而得了苹果和许多别的东西。

师：（板书：把惩罚变成了欢乐）不错，不过大家给他纠正一个字的发音，"惩"读二声。

生：光荣的刷墙手。

师：这个题目和哪个题目异曲同工？

生：了不起的粉刷工。

师：对，这个李老师先不写了。

生：机智的粉刷匠。

师：这个和了不起的粉刷工差不多。

师：李老师还想起个题目："绝妙的主意"。我看谁速度最快，能先在书里找到这五个字眼？

生："在非常绝望的时候，他灵机一动，突然想到一个主意，那真是一个绝妙的主意。"

师：李老师拟得太透明了，不如前几位同学拟得好。同学们拟得形象，并且有悬念，引人思考。尤其是第一个题目，"了不起的粉刷工"让人思考这个粉刷工是谁。是汤姆吗？他那么懒。一定还有同学想拟其他的，这个题目的拟定是多种多样的，只要言之有理就可以。

师：第一章讨论时，老师让你们推荐了你最喜欢的细节，最喜欢的人物类别、动作等等。那么这一章读完后，给你印象最深刻的细节是什么？做批注了没有？

生：做了。

师：两个同学一组，交流一下你最深刻的细节。

（生交流）

师：好，谁先发言？好，这位同学你来发言，你表现一直不错的。

生："汤姆已从早上一个穷得叮当响的孩子变成了腰缠万贯的富翁。"

师：好在哪？

生：这个句子非常形象，有非常大的反差。

师："腰缠万贯"这个词怎么来的？同学们有没有听过《十五贯》这出戏剧，贯是古代钱的一种计量单位，腰缠万贯形容钱非常多。汤姆真成了一个腰缠万贯的大富翁吗？是不是他拥有了很多钱？你能解释一下他到底拥有了什么吗？

生：他拥有了很多人力。

（师板书：人力）

师：你这个词语概括得太经典了，也就是他可以随便调遣别人。那么"腰缠万贯"这个词除了拥有人力之外，还拥有了什么？

生：不仅让这些人帮他刷墙，他还用刷墙换了很多玩意儿。

师：什么玩意儿？

生："十二颗弹子，口拨琴上的一部分，一块可以透光的蓝玻璃碎片，一尊纱管做的大炮，一把什么也打不开的钥匙，一段粉笔，一个圆酒瓶的玻璃塞子，一个洋铁皮做的大兵，两只蝌蚪，六个爆仗，一只独眼的小猫，一个铜制门把手，一只狗项圈——可没有狗——一把刀柄，四块橙子皮，还有一个破旧的窗框。"

师：好，除了拥有这些外，他还拥有了什么？还有补充吗？

生：自由。

师：概括得很好。（板书：自由）好，除了拥有了这些，他还换来了什么物质财富？

生：一个苹果，一只死耗子加一根能拴着它甩来甩去的线。

师：你说这些东西是不是财富？在我来看这些东西多不值一钱，甚至挺脏的，一只死耗子加一根能拴着它甩来甩去的线，一把什么也打不开的钥匙，一只狗项圈，它后面又单独强调了没有狗。这些东西在你看来算不算是财富？认为是的举手。你来解释一下。

生：小孩觉得这个东西好玩。我觉得这是一种财富，宝贵的加引号的财富。

生：用自己的智慧换来的，所以也是财富。

师：对，用自己的智慧换来的，是自己的劳动产品、精神产品，难道不是财富吗？在当时汤姆周围的小孩子看来这究竟算不算财富？

生：是。

师：因为这些东西给他带来了快乐、自由。你来说你的玩具是什么？实事求是地说。

生：电脑、游戏机、四驱车，三岁以前搭积木，当时觉得有意思，现在没劲了。

师：那个时候快乐就挺好了。因此，在这个意义上就可以说，在他那个年龄，汤姆是腰缠万贯的。

师：大家看，把这么多罗列的内容删掉行不行？换成"汤姆已从早上一个穷得叮当响的孩子变成了腰缠万贯的富翁。除了前面已经提到的财宝之外，他已拥有了十二颗弹子，口拨琴上的一部分……"这样行吗？这样不是省略笔墨吗？原文罗列起来是不是太啰唆了？

生：罗列是为了突出强调。

师：很好。这一章还有哪些精彩的细节？

生：第14页。"汤姆把刷子挥过来划过去——退后两步看看效果如何——然后这儿添一刷子，那儿加一刷子——再看看效果——本看着他的一举一动，越看越有兴趣，越看越入神。"

师：解释一下这个细节为什么精彩。

生：我觉得写得特别生动，感觉汤姆做得特好玩，像画画一样。

师：画画是谁干的事？

生：画家、艺术家做的事。

师：汤姆是不是像真正的画家、艺术家一样陶醉其中？

生：不是，是故意做给本看的，想让本来帮他做这件事。

师：实际上，汤姆很狡猾，他这样做目的是引诱本帮他干活。"本看着他的一举一动，越看越有兴趣，越看越入神。一会儿，他说：'喂，汤姆，让我来刷几下。'"大家把这一段齐读一下。

（学生齐读）

师：谁能给大家模拟一下这个动作、神情？汤姆刷墙时以一种艺术家的眼光。

（学生表演）

师：不错，我也禁不住想来刷两刷子。汤姆当时这种扬扬自得的神情是不是非常狡猾？他在赞赏、在感叹。这一处动作描写非常细致。

师：还有吗？

生：第14页里："真的，她对这篱笆讲究得很，干得十分小心在意才行。我估摸一千个孩子里，兴许两千个孩子里还不准有一个能干得合她的心意。"汤姆知道姨妈的要求没那么高，但他把它吹得很高，把刷墙的价值提高了。

师：汤姆是在一步步强化、引诱别的孩子来刷墙。"我估摸一千个孩子里，兴许两千个孩子里还不准有一个能干得合她的心意。"引起大家的好奇心，你看这个汤姆很善于揣摩人的心理。

师：老师也在圈画批注，老师也来推荐一处，第12页。大家来看，他一开始想哄杰姆上钩时，一种策略不行，他又换一种策略，"你要是答应，我还让你看我受伤的大脚趾"，李老师读到这一段时真是禁不住笑了，亏他想得出来。说实话，你愿意看他受伤的大脚趾吗？

生：不愿意。

师：但是杰姆为什么看啊？"这一招对杰姆的诱惑力太大了。他放下了水桶，接过弹子，弯下身去对着正在解开绷带的大脚趾看得出了神。"我挺好奇的，你来给李老师解释一下。

生：小孩子觉得受伤是光荣的。

师：她刚才提到了一个什么词？

师："光荣"。对，这个伤是战士的印记，勇敢的象征。还有吗？

生：他本来也不是特别想看，但汤姆不让他看，他就越想看。

师：你不让看，我非要看，你把它藏起来，我越要看，我看看你怎么遭的罪。好奇心也是一种解释。还有其他解释吗？

生：杰姆是汤姆的崇拜者，想不顾一切地去看看汤姆的大脚趾。

师：我的偶像怎么了，我要好好看看。这个也有道理，不过不如前两个合理。

师：利用好奇心诱惑别人。写人啊，要注意细节，每个细节都很有意味。拿苹果的那个孩子叫什么？

生：本。

师：他是怎么来的？

生：开着一艘大轮船。

师：是不是真的开着一艘大轮船？

生：不是。

师：我们来模拟一下。一个同学模拟船的声音，一个同学念解释性的文字，一个同学做动作，三位同学一组先试一试。

（学生表演）

师：还不错。我为什么让大家来模拟这段，倒不是考验大家的表演能力，更重要的是让大家体会这段文字。表演还不错，如果让李老师提点意见，就是声音模拟有点不足。要注意拟声词：

"丁——零——零！呜！呜——呜——哇""丁——零——零！
唏——哧！唏——哧！唏——哧！"

师：我们在讨论第一章时说，在汤姆看来，在小孩看来，什
么是最神奇的、最有魔力的玩具？

生：想象。

师：对，没有电脑、四驱车，我就凭自己的想象，自得其
乐，陶醉其中。

师：现在我们来总结一下，如果就这一章给汤姆做一个定位
的话，汤姆是什么？

师：有同学说"粉刷工"。（板书：粉刷工）还有什么？

生：工头。

师：（板书：工头）让别人帮他干活。

生：机灵鬼。

师：（板书：机灵鬼）还有吗？

生：伟大的领袖。

师：（板书：领袖）比工头好听多了。

生：心理学家。

师：你解释一下。

生：他善于揣摩别人的心理。

师：心理学家。（板书：心理学家）说得太好了！他揣摩人
的心理太透彻了，利用了别人的好奇心，赚了别人多少东西啊！
还有呢？

生：带引号的百万富翁。

师：好。

师：李老师教的另一个班的一个同学说他是哲学家，为什么说他是哲学家？看原文。我念一下这一段："如果要让一个人，或者一个孩子一心想得到某一件东西，只要使这东西难以得到便行。""所谓工作，无非是一个人不得不干的事情；而所谓玩耍，就是一个人可以不干的事。"这个同学的理解也挺有意思的。

师：同学们知道汤姆的原型是谁啊？

生：作者。

师：你是从哪得来的？

生：书前的序言。

师：同学们看一下序，"不过不是从一个人的原型——他综合了我熟识的三个男孩的特性，因而属于组合式建筑一类"。你怎么知道这三个原型里有一个是作者？

生："此书所记的惊险经历大多确有其事；其中有一两件是我亲身的经历，其余则是我同学们的经历。"

师：看后面的说明，220页第5行，萨姆·克莱门斯是谁啊？第一段就说了其中有一个原型，马克·吐温原名叫什么？对，这就是他的原名啊！同学们，马克·吐温在这本书的最后还说道，他是把汤姆当成一个"男孩"而不是"男人"来写的，一个充满自由、想象生活的孩子，谁能说他们以后不能成就大气候呢！这不，萨姆·克莱门斯，汤姆的前身不就成为这本书的作者，大作家马克·吐温了吗？李老师也真诚希望在座的各位活泼的孩子，将来也能成为作家、艺术家、哲学家、建筑家，当然也有"百万富翁"啊。

第三章

范式转型中的写作课程

新时期写作课程的范式转换

中小学写作问题一向备受社会关注，2020年夏季，浙江省高考满分作文《生活在树上》引发大众热议和争辩，写作课程建设和写作教学改进的问题又重新浮现出来。江苏省特级教师王栋生老师描述了当下习以为常的作文训练模式：教师出个题目，学生马上就条件反射，知道如何"审题立意""谋篇布局"。如同一声呼哨，所有的猴子一股劲儿地往杆子顶上蹿，40分钟，一摞"800字以上"的作文摆在老师面前，然后老师们一如既往地叹息改作文累，埋怨语文教学没有改革；学生离开学校后，基本不用写了，若有需要，网上有现成模板……①王老师教了一辈子语文，对写作教学颇有研究，他本人也是一位杂文作家，如上描述即显现出他传神刻骨的杂文笔法。笔法虽是杂文式，描述的病状却是真切的。教师累，学生累；教师埋怨，学生也不买账，写作教学的问题究竟出在哪里？

---

① 王栋生．"甲公司在五号街区建食品超市"问题［J］．中学语文教学．2020（8）．

王栋生老师指出，人们在老路上走得太久了，轻车熟路，悠哉游哉，少慢差费，得其所哉，大家乐于维持现状，为什么改变呢？但是作文课把学生教得很会"做作文"，教师真的满意了吗？同事们曾说"太像作文了就不是好作文"，他深以为然，并感慨："作文教学不能不做些改变了。"[①]王老师在文章中虽然没提到"范式"二字，事实上已经在谈论写作课程范式转换的问题。师生身处固有的写作课程范式中，生产出一批批大家内心并不满意的"太像作文的作文"，对此"轻车熟路""乐于维持现状"；而一部分教师开始质疑"教得学生很会'做作文'"就好吗？于是就去指导学生做一些"甲公司在五号街区建食品超市，帮其制订计划"之类的"不像作文的作文"，以求冲破旧有的"范式"，创建新的写作课程范式。与在固有范式框架内边边角角地做些方法改进相比，创建新的课程范式，挑战更大，也需要更多的理论建树和实践勇气，但更有可能破解写作教学的难题，从根本上解放写作课程的活力。

一、范式与写作课程范式

"范式"是科学哲学家库恩提出的一个重要概念，已由最初的自然科学领域延伸应用到各个知识领域。库恩的"范式"，一方面代表着某一科学共同体的成员所共同分享的信念、价值、技术以及诸如此类东西的集合；另一方面，范式又是指集合中的一种特殊要素——作为模型或范例的具体解决问题的方法。库恩认

---

① 石中英.知识转型与教育改革［M］.北京：教育科学出版社，2001：22.

为，当旧的范式不能很好地解释和解决科学研究中一连串新事实和新问题时，就会发生结构性的、整体性的"范式转换"（shift of paradigm），接纳新的更有解释力的新范式，如新的问题、新的理论、新的方法、新的研究范例等。①写作课程的范式转换，和时代变迁、技术革新以及教育转型紧密呼应在一起。纵观中国语文教育的发展历程，我们会发现其间发生了大大小小的几次范式转换，影响比较大的一次转换即古代写作课程范式（"经义模仿"范式）向现代写作课程范式（"文体训练"范式）的转换。

春秋战国的"古典时代"以及"察举取士"的两汉时期，并未形成规模意义上的写作课程。隋唐以降的"科举取士"时代，开始出现成规制的写作课程，尤其发端于宋朝的"经义模仿"写作课程范式持续千年之久，是古代写作课程范式的典型代表。经义之试始自宋朝，王安石改革科举，罢诗赋、帖经、墨义而改用论述经文道理的经义。"经义"也叫"制义""制艺"，皇帝的命令称为"制"，皇帝命作的文艺便叫作"制艺"，以经书中某项道理为题目去考试士子，这种试卷文章叫作"经义"。②经义之初即有一定格式，到了明朝时期，"格式化"到巅峰，形成人们所熟知的"八股文"。八股"体制"的要害在于"代圣贤立言"，且要"逼真活现"地模拟、代言。其结构要点一是"破题"，二是"比（对偶）"，三是"讲"，四是"起""承""转""合"之类的连接

---

① 石中英.知识转型与教育改革［M］.北京：教育科学出版社，2001：22.

② 启功，张中行，金克木.说八股［M］.北京：中华书局，2000：5，50.

方式。明清时期的八股文教学，步骤的规定性很强，一般十四五岁才能正式"开笔"，之前的"蒙学"等阶段，要先进行属对训练、声律训练、句读训练等，然后开始读"四书"，继读"五经"，正式"开笔"后，要大量阅读和背诵八股文章，明清时，由程文、墨卷、文稿等编成的各种八股文集、选集，是士子经常阅读模仿的范本。"经义模仿"范式的写作课程，其循序渐进的模仿训练，某种程度上遵循了汉语言及其学习的规律，客观上也为莘莘学子提供了阶层跃升的平等机会，但其训练的目的、模仿的内容、考试的方式都从本质上违背了人性，错了方向。"八股"之僵化烦琐的体式，尤其是"用四书中零章断句来强迫人东拉西扯，还要算代圣贤立言"，分明在造就"说假话的人"，已经成为明清统治者"约束士子思想的工具"。①随着科举考试的寿终正寝，"经义模仿"的写作课程范式也就走到了尽头。

清政府自1906年废除科举，之后的五四运动，写作发生了由文言文向白话文的转变，写作课程范式在此期间也开始由"经义模仿"的古代范式向"文体训练"的现代范式转型。1904年颁行的《奏定中学堂章程》要求："其作文题目，当就各学科所授各项事理及日用必需各项事理出题……既可易于成篇，且能适于实用"；1912年颁布的《中学校令施行规则》第三条规定："使作实用简易之文"。从八股仿作的"代圣人立言"到强调应用、实用，"把文字交给大众"，这自然是一种进步。叶圣陶先生即指出，"旧式教育可以养成记诵很广博的'活书橱'，可以养成学

---

① 启功，张中行，金克木.说八股［M］.北京：中华书局，2000：50.

舌很巧妙的'人形鹦鹉'，可以养成或大或小的官吏以及靠教读为生的'儒学生员'；可是不能养成运用国文这一种工具来应付生活的普通公民"。①基于培养能运用国文这一工具应付生活的公民的目的，20世纪20年代至40年代，傅斯年、陈望道、梁启超、叶圣陶等众多学者，引进西方文体分类理论，创立与传统文类不同的近代文体，后几经调整，最终形成了沿用至今的"记叙文、说明文、议论文"的三大文体。现代写作课程范式在日臻形制化的"文体训练"中确立下来。"文体训练"的写作课程，其目的在于让学生掌握语言工具以应付生活，表达真情实感以交流和致用，采取的手段和路径却是教给学生与生活隔离的悬空的"教学文体"，尤其是演用到后来的"记叙文、说明文、议论文"三大文体教学，以静态的文章学知识进行机械的模式和技巧训练，远离"时评""影评""书信""演讲""札记""调查报告"等"鲜活"的文体，于是学生在不真实的场景运用不真实的文体做着不真实的"写作"，课程目的和手段发生了背离。"文体训练"的写作课程范式出现了它自身不能弥合的"裂痕"和"漏洞"。

二、新时代呼唤写作课程范式新的转换

按库恩的观点，新的范式总是在不断接纳新的问题、新的理论、新的方法、新的研究范例过程中，得以正式确立。21世纪初，国内展开第八次基础教育课程改革，近20年间，已先后颁

① 潘新和.语文：表现与存在［M］.福州：福建人民出版社，2004：29.

布两版义务教育语文课程标准和三版普通高中语文课程标准，语文教材根据课程标准进行了相应的重编和修订，高考语文命题也做了协同的改进与探索。这些新的理论、文件、方法等，不断凝聚起语文教育共同体成员所共同分享的信念、价值、技术以及解决问题的模型、范例等，蕴蓄和呼唤着写作课程范式新的转换。

（一）课程标准的新突破

《普通高中语文课程标准（2017年版）》与修订前相比，对课程内容有了更为明晰的规定，以"学习任务群"架构课程内容，18个任务群组合构建了必修、选择性必修、选修的内容体系。细审18个任务群的名称会发现：每个任务群的名称都是"××与××"式的并列结构，都内含读者（学习主体）对文本和任务的反应，"与"字前侧重吸纳，"与"字后侧重表达，阅读和写作紧紧缠绕在一起，阅读不是单向的输入，而是与"写"的输出、与读者对书面文本的反思和运用交融共生。"跨媒介阅读与交流""文学阅读与写作""思辨性阅读与表达"等皆是如此。18个任务群名称中的"研讨""参与""交流""探究""表达""研习"都是某种形态的"写作"。对"课程标准"的"课程内容"部分做统计分析后发现："笔记""提要""评论"等"学习性写作"样式，"调查报告""小论文"等研究性写作样式及"多媒体""新媒体"等新媒体写作样式出现的频次，远比"文学写作"出现的频次要高。

《普通高中语文课程标准（2017年版）》把"语篇"作为开发语文课程内容的凭介，以此构建"学习任务群"的课程框架。

"语文学习任务群"以任务为导向，以学习项目为载体，整合学习情境、学习内容、学习方法和学习资源，引导学生在运用语言的过程中提升语文素养。若干学习项目组成学习任务群。学习任务群所涉及的语言学习素材与运用范例、语文实践的话题与情境、语体与文体等，覆盖历来语文课程所包含的古今"实用类""文学类""论述类"等基本语篇类型。[①] 课程标准为什么不用"实用类"文本、"文学类"文本、"论述类"文本指称，而用"语篇"？意图正在于强调读和写在真实语言情境中的交际和应用。"语篇"与课标所一再强调的"学习任务群""学习项目""学习任务""学习情境"密切呼应，是读写课程及语文课程转型的中枢概念。

（二）课标教材的新变化

统编高中语文教材以人文主题和学习任务群两条线索组织单元，倡导以学习任务群为中心的大单元教学。教材设计了相对独立的写作教学序列，但在呈现方式上并不强调系统，而尽可能和任务群的研习紧密结合。其中高一安排了12个写作专题，高二设置了9个专题。教材总主编温儒敏特别强调："指导思想是读写结合，在阅读单元中把写作内容、方法的训练与阅读整合，达成在真实情境中完成写作任务的目标。"[②] 如必修上册第一单元设置了四个单元学习任务，均是读、写、思结合，有不同形式的表达

---

① 中华人民共和国教育部制定.普通高中语文课程标准：2017年版［S］.北京：人民教育出版社，2018：8.

② 温儒敏."学习"与"研习"——谈谈高中语文"选择性必修"的编写意图和使用建议［J］.中学语文教学，2020（8）.

和交流，其中有三项任务直接明示了写作的样式和要求：第二项任务的"记录下自己的思考，写一则札记"；第三项任务的"分析典型的细节描写，并做简要点评"；第四项任务的"发挥想象写一首诗，抒写你的青春岁月，给未来留下宝贵的记忆……汇总所有同学的诗作，全班合作编辑一本诗集作为青春的纪念"。"札记"和"点评"是在学科认知情境中的"学习性的语篇写作"，"诗"和"编辑诗集"则是在个人体验情境和社会生活情境中的"文学性语篇写作"和"广义的编辑性写作"。不同情境下、不同样式的写作，均指向本单元"青春的价值"的人文主题和"文学阅读与写作"任务群的核心知识与关键能力。

（三）高考作文的新尝试

自2015年起，高考语文全国卷尝试"任务驱动型"写作的考查。命题一般是先给出引导性材料，而后明确语篇写作任务的样式，最后提出具体写作要求。写作样态打破了"记叙文、说明文、议论文"三大教学文体的藩篱。如2020年全国卷Ⅰ的"班级计划举行读书会，围绕上述材料展开讨论。齐桓公、管仲和鲍叔三人，你对哪个感触最深？请结合你的感受和思考写一篇发言稿"；全国卷Ⅱ的"'世界青年与社会发展论坛'邀请你作为中国青年代表参会，发表以'携手同一世界，青年共创未来'为主题的中文演讲。请完成一篇演讲稿"；全国卷Ⅲ的"毕业前，学校请你给即将入学的高一新生写一封信，主题是'如何为自己画好像'，与他们分享自己的感悟与思考"。这些题型设计都是在积极引导学生在情境、角色、目的、对象认定下的真实写作和表达。近几年，北京高考语文卷考查大作文之外，还尝试一种新题型——微写作，则是考查学生真实情境下的微语篇表达能力。

当今社会，新一轮科技革命和产业变革兴起，重大颠覆性技术出现，深刻改变着人类的思维方式、学习方式和发展方式。尤其是人工智能、虚拟现实和增强现实以及互联网+教育的快速发展，正式学习和非正式学习的边界、正式写作和非正式写作的边界模糊了。无论何时、何地以及运用何媒介，人们都可进行泛在化的写作和交流，每一个人既是语篇阅读的消费者，也是语篇写作的生产者。这一切都吁求一种新的写作课程范式——"语篇对话"范式的确立。

三、"语篇对话"写作课程范式的特征和意蕴

"经义模仿"（古代写作课程范式）、"文体训练"（现代写作课程范式）以及正处转型中的"语篇对话"（新时期写作课程范式），有着不同的社会、科技、教育背景，也有各自不同的内涵特征和价值理念。

（一）三种范式的内涵特征比较

在库恩看来，范式是一种对本体论、认识论和方法论的基本承诺，以此方能形成共同体共享的信念和价值。一种范式取代另一种范式，首先应是本体论的转向，其次是与之相应的认识论和方法论的转换。因此，探析范式的内涵特征，本体论、认识论和方法论的观察维度，是必要也是可行的分析框架。以下试以此分析框架对三种写作课程范式的特征做一比较（详见表1）。

表1 三种写作课程范式特征的比较

	经义模仿	文体训练	语篇对话
本体论	个体的消泯。"代圣贤立言",写作者在无意义的重复和模仿中,失去个体的价值存在。	主体的异化。运用语言工具应付生活的目的与虚泛文体的矛盾,导致不真实的写作及主体的扭曲。	自我的确证。在平等的对话中,以言说释放生命力,确证自我,体现人生的价值和意义。
认识论	复制。是"照着说",照着"圣贤""经书"说。	反映。是"拘着说",以虚泛的文章体式机械反映客观世界。	对话。是"接着说",与文本对话,与客观世界对话,与自我对话,与他人对话,认识自我也认识世界。
方法论	自悟。读,仿,作,再读,再仿,再作……机械模仿表层的文章结构,鲜见深层的逻辑结构,写作者在暗胡同里摸索。	训练。隔离具体情境,在教师训导下,练习"记叙文、说明文、议论文"的模式、格式和技巧。	实践。在真实的任务情境中,进行多功能语篇表达和写作实践活动。

在比较中,"语篇对话"写作课程范式的特征得以凸显。简言之,"语篇对话"范式强调在不同应用场景和学习情境中的表达与对话,通过语篇写作,学会学习,学会做事,学会交往与生存。

(二)"语篇对话"写作课程的内容建构与实施路径

"语篇"这一概念出自篇章语言学。张良田认为,能够独立完成交际任务的言语单位即是语篇,生活中一部一部的著作、墙壁上一句一句的标语、门框边一副一副的对联、展览馆里一段一段的解说词等,都是语篇。[①]马正平先生认为,在写作学里,篇

---

① 张良田.语篇交际原理与语文教学 [M].长沙:湖南师范大学出版社,2003:30.

章指的就是一篇文章，写作学并不研究标语、口号的拟定，最多把它作为一个句子来研究。[①]事实上，语言学正是因为超越句子层次，研究大于句子的"篇章"，从而把研究扩展到话语层次，才产生了交叉学科——篇章语言学。语言学家吕叔湘先生也认为，语法的研究以"句子"为极限，是一种传统，把语法的范围扩大到句子以上，这是完全可以的。[②]试问：写作学为什么就不能把研究的范围扩展到标语、口号等语篇呢？突破传统的局限，引入"语篇"视角更新写作课程内容，甚至创立一门"语篇写作学"，是写作课程发展的逻辑使然也是时代变革的需求。笔者尝试提出一个以语篇表达为中心的写作课程内容模型，如图1所示：

图1　写作课程内容模型

最外层的大圆表示"学习性语篇"等"类"的语篇的写作知识和内容，同心圆由外向内的第二个圆表示"笔记"等"个"的语篇的写作知识和内容，最内的圆则是"目的、对象、语体"等

---

① 马正平.高等写作学引论［M］.北京：中国人民大学出版社，2002：13.

② 徐赳赳.现代汉语篇章语言学［M］.北京：商务印书馆，2010：1.

语篇交际的核心知识，是每一类、每一个语篇教学的共享知识。以语篇表达为中心的"全写作"课程内容，凸显写作的交际性和实践性，强调"为什么写""写给谁""在什么情境下写"的任务环境分析，在此基础上，选择表达的方式和策略以及言说的口吻和措辞等。作为"个"的语篇，尤其强调在真实的言语实践过程中，改造"惰性"的文体知识为"活性"的语篇交际知识，在交际应用中开发陈述性知识、程序性知识、策略性知识的写作知识体系。

荣维东提出了写作核心素养的三维框架。"任务情境"维度需要清楚界定"为谁写、为什么目的写、以什么角色写、在什么情形或条件下写"等各种写作任务类型；"过程能力"维度回答完成上述写作任务"所需要的必备知识和技能、态度、策略"等，主要解决"怎么写"的问题；"语篇结果"维度主要回答"写成什么样的文章"的问题。[1]魏小娜也借鉴功能文体学的知识，从"语境分析层面""语言特征分析层面"开发写作文体知识。[2]荣维东、魏小娜以及笔者都在尝试把篇章语言学、功能语言学等学科知识转化到中小学写作课程，但都或多或少存留语言学的研究思维，如何深度转换到写作学的视角来研究语篇构成的机制和规律，把相关学科知识有效改造为写作知识和写作内容，还有很多的研究工作要做。

（三）作文、做事、做人合一的价值依归

"学习任务群"和"大单元"，赋予了阅读、写作以新的内

---

① 荣维东.写作核心素养范式发展与框架构建［J］.语文建设，2020（5）.

② 魏小娜.真实写作教学研究［M］.北京：人民出版社，2017：177-178.

涵。阅读是深度加工，是拿起笔来进行的深度阅读；写作作为学习方式和思维方式，是"做事"情境下的真实写作。阅读和写作在问题解决、任务驱动、项目完成中交织缠绕、互生共促，读中有写，写中有读，"做"中读与写，读、写、做融为一体。如统编高中语文教材必修上册第七单元，设置情境，展开一次大语篇写作——文学写作，在完成任务和写作中迁移运用"审美旨趣对自然景物的投射"这一大概念。在单元学习过程中，贴近课文学习，穿插批注、评析等学习性语篇写作以及电视散文脚本等项目化写作，这些是微小灵活的语篇写作。在"任务群"和大单元整体框架内设计"写"的活动，凸显了写作的思维认知属性，"一大带多小"也做到了"学习写作"和"通过写作学习"的兼顾和平衡。抛离掉统编教材的单元学习情境、大概念和核心任务，去另立所谓的写作序列，则易把写作悬隔在"孤岛"之上，走上"阅读＋写作"的机械训练的老路。

最后，再回到本文开头引用的王栋生老师的案例。王老师认为，让学生做一做建超市的可行性方案并介绍，能带他（她）回到真实的生活，引导学生拉开帷幕去关注人世间，注意身边的人和事，关注自我心灵，学会生活，学会学习，学会反思，一生受益。学生带着这个实践性的写作任务，思考民生，观察了解社会，了解不同阶层的生活方式，了解低收入群体的生活，了解老年群体的消费习惯，了解外来务工人员的购买力等，也是一个思想砥砺、精神成长的过程。作文、做事，终究是为了好好做人。作文、做事、做人合一的价值信念，是新时期写作课程范式的终极追求。

回到真实的写作

李海林老师由一位写作较差的学生写出一篇文从字顺、情真意切的"情书"论及真实的写作，并梳理出"真实的作文"的三条含义——真实的言语任务、真实的言语环境、真实的言语成果，并认为这是写好文章的根本保障和基本前提。[①]其实不只这位写情书的同学，在不少学生身上可能都发生过这种写作的"分裂现象"，即：有些情境下的写作是自觉自为，写得酣畅淋漓，陶醉其中不觉其苦；而更多的时候面对文题愁眉苦脸，不知如何下笔，最后只好硬着头皮凑些文字了事。究竟怎样解释这种现象呢？"真实的写作"对于中学写作教学有何意义？我们依此能够做些什么？

一、目的与对象：写作与生活的真实关联

在深入展开讨论前，先来转述一个教学案例。

案例是由美国密歇根州立大学教学研究学院的苏珊·弗罗里

---

① 李海林.论真实的作文［J］.中学语文教学参考，2005（5）.

欧撰写的，题目是"死亡者信件之症结：对写作教学的社会观"。该案例的核心部分叙述了苏珊·弗罗里欧和她的伙伴们到一个二年级教学班持续一年进行课堂观察的情景，同时还使用了一个文学故事。

"故事"来源自荷曼·麦尔维尔的《抄写员巴特利比》：最初，巴特利比的工作是阅读信件并进行分类，这是一些死人的信件，因而不能送出去。之后他当了一个律师的文稿抄写员。经过了那么多年从事与人隔绝的无意义的工作后，当律师叫他从事一些写作任务时，他的唯一反应就是回答说"我宁愿不"。

课堂观察的情景在案例中叙述得更为详细。苏珊·弗罗里欧和她的研究伙伴一直密切关注密歇根中部某学校的一个二年级班级的课堂情况，该班的教师是富兰克太太，"这个班很出名，因为那里的孩子进行大量的写作，在那儿也可以感受到社区的感觉"。富兰克太太的教室与一般教室最大的不同，就是刚进入教室"你会看见另一个小型社区，孩子们给它取了一个绰号叫'贝特伯尔格'"，"贝特伯尔格的与孩子一般大小的厚硬纸板似的建筑物占据了教室的大部分空间"，这些建筑设施包括一个社区应该具备的所有设施：执法部门、文化活动、商业、福利，当然还有对于孩子们的写作非常重要的邮政系统。学生们作为贝特伯尔格的居民也作为学习者，在进行社会生活的同时还伴随着这种生活的写作，使用最多的写作样式就是"书信"。比如贝特伯尔格正在开一家商店，孩子们需要购货在商店里出售，为了有钱可赚，他们必须以批发价购买货物，于是学生们就给生产孩子最喜欢的玩具和糖果的厂家写信。"尽管不熟悉具有细微差别和复杂性的拼写、标点和句型结构，但这些学生仍然从事这种复杂的写作活动，而且很有说服力，他们必须让读者对在贝特伯尔格发生的事情感兴趣"，"正如小孩学说话一样，他们在做的过程中学到了本事"。"在贝特伯尔格，通过写信的方式从事如此复杂的社交和语言活动很平常。在数月的课堂观察中，几乎每天都可以观察到学生的写信活动"。下面是学年末观察者采访学生的一个片段。

采访者："我想了解你们在今年都写了些什么。"

学生甲："嗯，我们写了到我们商店的人。"

学生乙："写信。"

学生丙："哦，我们给爸爸、妈妈写信，给班上的同学写信。"

学生丁："我们的邮局会收到这些信件。"

是的，贝特伯尔格邮局外面的邮箱和粘在孩子们课桌上的邮箱确保了信件能够寄出教室，学生能够收到信件，信件能被正式登记。因此才有孩子说："我用自己的语言，不抄袭别人的。我学习写好信，学得越多，语言就用得越好。"

在贝特伯尔格，"写作是个人用纸和笔的个体努力，也是与人交流的一种社交活动。而且，写作发生在社区里。忽视这些特征的写作教学冒着让学生写出死亡者信件而非真正交流的危险"。[①]

苏珊·弗罗里欧在案例中使用"死亡者信件"的故事，是把它当作"隐喻"来使用的。在她看来，学生的写作困难与抄写员巴特利比的"失常"有着共同的"症结"——无意义。当学生

---

① 古德，布罗菲.透视课堂［M］.陶志琼，王凤，邓晓芳，等，译.北京：中国轻工业出版社，2002：90-100.

的写作没有面对真实的读者、情境和任务，那他们写出的就是教师、自己以及所有读者都不愿意看到的"死亡者信件"，与生活中的任何人或任何事情不能发生真实的关联，无所归属，也就成为无意义的"写作"。富兰克太太写作教学实践的意义就在于不是让写作沦为纯粹的技术训练，而是成为生活本身。学生们在"贝特伯尔格"这个生活社区里，给爸爸、妈妈写信，给班上的同学写信，给生产商写信，"用自己的语言"写信，真实地表达自己的诉求，而且这种诉求和表达得到"真实的读者"的反应。富兰克太太的学生比巴特利比幸福，当然也比那些不知为谁而云也不知所云何终，挣扎在"死亡者信件"黑洞里的学生们幸福。

　　正如苏珊·弗罗里欧这个案例的题目所示，苏珊·弗罗里欧考察富兰克太太的课堂是取一种写作教学的社会观，是把写作教学看作发生在个人世界和更广阔的社区交汇的地方的一种活动，或者说主要是通过信件的写作形式与社会生活、周遭的人和事发生真实的交往。写作作为一种交往，其指涉的对象世界应更为广阔，德国哲学家哈马贝斯的"交往行为理论"认为，语言行为者可分别与不同的世界建立起不同的关系：①通过对客观世界中事物的言说，与作为外部世界的自然发生关系；②通过对社会世界中事态的言说，与别的行为者发生关系；③通过对主观世界，即个人内心情感或体验的言说，与自我发生关系。哈马贝斯提出的语言交往的三种形式并不是割裂的，而是存在着一种重要的结构性联系，无论何种语言交往形式都必须满足三种有效性要求：真实性、正确性与真诚性。《义务教育语文课程标准（2011年版）》中表述，"写作要感情真挚，力求表达自己对自然、社会、人生的独特感受和真切体验"，即强调了不同语言交往形式的"真实性"，而"真实"的前提就是"写作时考虑不同的目的和对象"（课标表述）。严格起来讲，任何写作都应有明确的"目标读者"，"目标读者"可以是明示的，也可以是隐含的。给玩具生产商写信有明确的"目标读者"，写私密书信也有明确的"目标读者"——自己，而更多的写作则是有其"隐含读者"——为交流情感、交换观点、传达信息而隐含在字里行间的接受对象。读者"真实的反应"既可以是直接的，比如写信得到回复；也可以是间接的，读者通过阅读受到潜在的真实影响。明示或者隐含，直接或者间接，都有"读者和对象"存在，写作才能"真实"发生，写作的意义才能显现。

真实的写作吁求真实的写作目的和对象，吁求写作与生活世界的真实关联，是相对于没有明确的目的和对象、割断与生活联系的"虚假写作"而言，与"写实的写作"并非一个概念。"写实"与"写虚"相对，一个强调写真人真事，一个意指对生活素材的加工、改造和虚构。无论写实还是写虚，只要作者基于真切的生活体验，明确真实的写作目的和对象，与目标读者做真诚的交流，就是"真实的写作"。我曾和学生上过一节"摄影作文"课，学生面对同一张《温总理探望震中受伤男孩》的真实照片，选择了不同的切入角度，确立了不同的写作目的和对象，均基于真实的写作目的与写作对象做出真诚的交流，这即是"真实的写作"，尽管有些作品主要是通过虚构创作。比如有学生撰写了一篇"新闻稿件"，其写作目的是及时、准确、简要地传达温家宝总理探望震中受伤男孩的新闻信息，是以想在第一时间了解这一新闻事实的大众为对象；以"我的一天"为题叙写日记的一篇，采用的"叙述者"是温家宝，写作目的也很明确，一天奔波所积压奔突的焦急、感动、伤感、自责，在这篇小小的日记里得以疏泄，是"叙述者"在与自己的内心做最为沉静的交流，而文章的作者又托借"温家宝一天的日记"在与这个鞠躬尽瘁的共和国总理，也与所有关注地震、关注总理亲民言行的民众做着真诚的交流。此时，我们读者不必追究作者的身份，不必追究这篇"日记"是否写实，只因为我们知道这是一篇"真实的写作"。反之，如果只是为了完成老师布置的作业而写，只是为了考场中能赚得一个理想的分数而作，由于不真实的写作目的而与切己的生活体验相隔膜，即便怎样的写实与写虚，怎样的摆弄写作技巧，也是"虚假的写作"，脱不了写出"死亡者信件"的危险。

怎样才能让学生确立明晰的写作目的和"为读者负责"的写作意识？富兰克太太可谓煞费苦心，她和学生在教室里建设起"贝特伯尔格"社区，接通了写作与生活联系的渠道。事实上我们不可能都如富兰克太太那样在教室内建立起专门的社区，那是在美国，在小学二年级学段，而且富兰克太太的班级写作也不全是围绕"贝特伯尔格"进行的书信写作，还包括配合社区写作而进行的"从拼写和标点符号规则的使用到暗喻、明喻和复杂的说理修辞规则运用的技能练习"。我们可以用自己的方式，像富兰克太太那样为学生的生活化写作、为帮助学生树立起有明确目的与对象的写作意识提供以下"支架"：

①创设情境。创设写作情境有利于学生生发、拓展联想和想

象，易于确立特定的写作目的和对象，调动起学生真实的生活体验。提供《温总理探望震中受伤男孩》的摄影照片，就是创造写作情境的一种形式，学生阅读照片，做出不同的反应和选择，牵拉出自己的"摄影故事"。

②提供任务。但凡任务即有目的，为完成任务、实现目的就要充分利用起已有的知识积累和生活经验，写作亦是如此。如为竞选某种职务而撰写演讲词，为绍介某部电影编写"海报"，为说服别人写份申辩书，再如给母亲编撰传记，为家族写家谱，为一本书写读书报告，都要充分考虑写作的目的和对象，要去咨询访谈，查找资料，翻检搜索，这样与真实任务相连接的写作，最大限度地避免了"虚假写作"的可能。

③利用网络。网络交流是虚拟的又是真实的，虚拟在于网络言语交流的非正式性、自由化乃至狂欢化；真实在于每个人的言语作品都会在网络上得到关注和呼应，大家彼此分享交流的欢乐，感到是在做一件真实的活动、真实的事情。如果条件允许，利用网络即时互动、自在交流的功能，尤其通过建设班级写作博客群，让写作日常化，激活写作教学，是不错的选择。

情境写作、任务写作、网络写作其意义都在于强化写作的目的、对象意识，消除写作与生活的紧张，回到写作的本始面目。如此浸染已久，学生每逢写作便厘定明确的写作目的、树立为读者负责的观念，即便不是在写"情书"，不是在给玩具生产商写信，当面对那些形式规范的作文命题训练甚至考场作文训练时，也多半不会做出堆砌文字糊弄老师也糊弄自己的傻事。

强化写作的目的、对象意识，除了提供"支架"之外，在标准评估方面也应有所作为。我们国家当前的作文评分标准总体上还比较笼统，缺少具体有效的写作技能表现性评分标准，而西方国家已经开发出不少成熟的写作评价工具，如美国的"6+1要素写作分项评分规则"。该评分规则把写作技能分为6个要素——思想性、条理性、写作风格（也有译成"口吻"）、用词、语句流畅性、写作常规，另有"格式"要素，构成写作的"6+1要素"。作文评定时，对不同要素单独评分，每个要素都有1分到5分五个等级，每个等级都匹配相应能力表现标准的清晰表述。以"写作风格"要素的评定为例，该要素5分等级的能力表现标准是这样描述的：

作者直接以充满个性的、有吸引力的和有魅力的方式与读者交流，很显然，作者创作时充分考虑了目标读者和写作目的。

A.作者的语气可以增加文章的吸引力，并适合写作目的和目标读者。

B.读者可以感受到与作者之间的强烈的相互交流，可以感受到文字背后作者的存在。

C.说明文和议论文紧紧围绕主题展开，充分解释了读者应该关注这一主题的原因。

D.记叙文是真诚的、个性化的、有魅力的，能够引导读者考虑作者的想法和观点进而做出反应。

而在1分等级中就表述为"作者看起来对文章的题目和/或目

标读者毫不在意，根本不考虑自己的写作目的"等。①美国的一些教室内就张贴着这样的"6+1要素写作分项评分规则"，学生抬头即见，耳濡目染，写作的目的意识、读者意识自然得以强化。此举并非难事，却也见教师的良苦用心，无形中的意识强化，是在点通写作教学的穴道。

二、文体思维：写作交往真实有效的策略

确立写作目的、对象与选择写作的文体之间存在着十分密切甚至是同一的关系，写作目的、对象的确立离不开具体文章体式的支撑，而考虑选择什么文体来写作的过程同时也在进行着写作目的、对象的甄定。比如选择记叙体，大体是以分享故事、情感为目的；选择议论体，则脱不了以讲理论辩、说服别人为目的。离开具体的文体框架和思维，就谈不上什么明确的写作目的和对象，也就谈不上写作目的的实现，谈不上真实写作交往行为的发生。写作中的文体思维是指在具体的文体框架内确立写作目的、对象并将写作目的转化为有效表达形式的思维活动过程。运用文体思维就是遵循文体的性质、规律、功用去选题、立意、选材、组材、表达，文体思维贯穿写作的全过程，灌注在具体的写作行为之中。

说到文体及文体思维的重要性，其实，文体的分类本身还是一个没有解决好的问题。文体怎样分类，写作学界对此一直争议

---

① 阿特，麦克塔尔.课堂教学评分规则：用表现性评价准则提高学生成绩［M］.国家基础教育课程改革"促进教师发展与学生成长的评价研究"项目组，译.北京：中国轻工业出版社，2005：125-127.

不休，所持的依据不同，分类也各有不同，有二分法、三分法、四分法、五分法，还有总体上分为文章文体和文学文体两大类，每大类又有若干更为细致的小类，等等。在中学语文教学领域，无论阅读教学还是写作教学，大家比较习惯于四分法，即把文章分为记叙文、说明文、议论文、应用文四种文体，其目的是让学生较为系统地掌握常用的文体知识，在写作中"立言得体"，但实际效果并不理想。表层原因是这种分类法没有依据同一分类原则，前三类按表达方式分，而后一种按功用分，分类并不科学，导致使用上的错乱；深层的原因还在于写作观念的偏离，四分法过分强调了抽象的记叙文、议论文写作训练，应用文写作则沦为点缀，写作与生活相互脱节。对于这四种文体概念，大家使用已久，如若不去另立新目，从真实性写作、写作生活化的理论视角对其改造重组，既符合科学的分类原则又利于发挥文体对于中学写作教学的价值，效果是否会更好一些？即按功能把记叙文、说明文、议论文、应用文分为两大类，一类为教学性文体，包括记叙文、说明文、议论文，另一类即实用性文体。教学性文体主要从表达方式的角度，有机结合阅读教学演习记叙、描述、说明、议论、抒情的一般规律，目的是让学生无论写实还是写虚都能根据表达需要选择恰切的"体式"；实用性写作并不是像20世纪八九十年代曾经风行一时的只重格式训练的应用写作，而是情境、任务驱动下的写作，重在生活交际的写作，如书信、日记、博客、演讲、自传、游记、辩论、便条、报告、新闻、摘要、广告、海报、计划、小论文等。两种类别的文体只是本着有利于"学生学习写作"的原则在功能上做适当的分离，两者并不呈割裂的关系，而是互相融通的，在本质上都应保证写作行为的真实性。教学性写作虽然强调表达方式一般规律的演习，但教学中也要充分利用"创设情境""提供任务"等手段密切写作与生活的关联；实用性写作作为日常化写作是在自然状态下对表达方式及其规律的运用，比如"书信"这种实用性文体，国外的写作课堂多有使用，这固然是看好书信体式极强的目的、对象的指向性，易于驱动学生的真实性表达，但同时也是因为书信因目的、对象的变换，各种不同的表达方式和技巧能得到真实有效的演练。富兰克太太的班级一年到头写那么多信，仅仅是为了让学生掌握书信的常规格式或者图个收发信件好玩吗？不，他们是以写信的形式在过着全方位的写作生活！写信是在生活，又是在写作，写一封情书，当然要以抒情求得共鸣；给生产商写封信批发货物，必须要清楚地说明、推介；苏霍姆林斯基"致女儿的信"来探讨爱情问题，离开令女儿信服的说理则不成；至于歌德以书信、日记的形式创作小说《少年维特之烦恼》，则是把实用书信融入文学虚构的故事框架以求真实感人的表现力了。

实用文体与教学文体在功能上的对等，为写作与生活的真实关联提供的是必要的前提和保障，我们教学中更为迫切的任务是在文体框架下培育学生的写作思维，将鲜活的文体知识与一般的教学法融合起来，创生切实有效的写作教学策略。下面仅以议论文写作为例做点简要阐释。

文体认知。关于"议论文"这种文体，其实有不同的叫法，西方多称为"劝说文""说服文"，我们国家20世纪三四十年代也不统称为"议论文"，而是有"说明文""论说文""论辩文"等多种称谓。"议论文"的叫法在我们的语文教学中已约定俗成，这样的称谓本身没有问题，但我们一定要意识到"议论文"旨在申明、劝说，让别人信服。如果学生不能意识到议论文就是在"讲理"，在于说服读者，就可能泛滥抒情、烦琐叙事，背离"议论文体"的功能，也背离自己写作的目的和对象。为求得对方感情的亲近，写一封情书剖陈心曲，这是在"抒情"；"致女儿的信"本意在探讨爱情观，核心在于说理、议论，适当的抒情可增添说服的效果，如一味抒情则不能得到女儿在道理上的认同。要达成对议论文体的深刻认知，并转化为自觉、得体的写作行为，仅靠一般的功能感知并不够，还要结合阅读教学在表达方式的辨识和运用上强化练习。如同样关乎"时间"、同样来自课文，"浪费时间就等于图财害命"与"流水一般逝去的光阴呀，谁能把你留住呢"各是什么表达方式？分别有什么样的表达功能？把不同表达方式的若干语句混编在一起，结合具体语料比较辨析不同的表达方式，培养学生的文体感。还可围绕同一话题、语境，指导学生根据不同的表达目的、对象选用不同的表达方式进行语段的话语表达，这又是在"用"的层面上做灵活的"变式训练"。

话题辩论。"讲理"还是着意于让议论文回到"生活"，回到"问题"。生活有多广阔，培育议论思维的时空就有多广阔。大到"圆明园兽首的拍卖"，小到"中学生该不该穿统一的校服"，这些身边遭际的"问题"，是不是"议论""讲理"的良佳契机？"说勤奋""多难兴邦"这些宏大的议题要关注，围绕身边生活学习发生的"问题"也要"议"。离开生活的"议题"，相对于中学生的经验、思维水平，常常就变成"伪议题"，空话、大话、套话也就在所难免。在具体话语语境中议论、言说，学生才可能有"讲理"的欲望和需求。从这个角度来说，"一事一议""就事说理"，以至"读后感""思想短评""小论文"等密切呼应时代脉搏的写作样式不是多了，而是少了。

知识支撑。学生在议论文写作中为什么会跑题、偏题？为什么机械堆砌论据不会展开立体论证？为什么自相矛盾、骑墙犹疑连自己也说服不了？其中一个原因就是缺乏知识，缺乏议论文体的知识、思维的知识、逻辑的知识。以"说'安'"为题写一篇议论文，什么是"安"？可以理解为"安全""安定""安逸"等，其中每个概念的内涵和外延分别是什么？概念之间呈什么关系，是对立还是有所交集？诸概念中有无统领性的核心概念？通过概念辨析确立论点之后，如何围绕概念展开论证过程，采用演绎推理、归纳推理，还是类比推理？文题"权力·权威·权势"，是各自阐释还是抓住概念之间的关系？不能合理地回答这些问题，就很难写好一篇议论文，而回答这些问题，必须利用起逻辑思维的知识。既然知识对于学生写作如此重要，写作教学中筛选、改造、开发和提供知识就实属必然。语文教材曾经编入过逻辑方面的知识，但那是孤零零的"知识硬块"，效果并不理想，原因就在于只重静态知识的呈现和传授，而没有与语境、语篇、文体乃至生活发生真实的关联。在"话题辩论""问题解决"中，在"审题""立意""选材""组材""修改"的过程指导中，知识的开发才是高效的开发，知识的提供甚至包括直接的讲解，才是有效的干预，才能真正成为帮助学生认知、学习、写作的"支架"。

譬喻讲解。相对于其他文体而言，议论文的写作知识比较抽象，比如演绎推理、归纳推理，类比、归谬、立论、驳论等，学生理解起来不那么容易，至于运用就更加困难些。如何把这些有用但显深奥的写作知识表述为有意义的且利于学生认同的知识，譬喻讲解是策略之一。譬喻就是通过隐喻、打比方的形式把学科专业知识教学化，把专业知识和学生的生活经验联系起来，化解学生的认知困难。例如，对于议论文写作中经常用到的"设问""推想"法，一般的做法是不厌其烦地强调其重要作用，这种反复的强调收效不大。举例如何呢？像梁启超的《敬业与乐业》，请注意揳入文章不同部分的这些语句：

①倘若有人问我："百行什么为先？万恶什么为首？"我便一点不迟疑地答道："百行业为先，万恶懒为首。"

②业有什么可敬呢？为什么该敬呢？……

③至于我该做哪一种劳作呢？全看我的才能何如，境地何如。

④怎样才能把一种劳作做到圆满呢？唯一的秘诀就是忠实，忠实从心理上发出来的便是敬。

⑤第二要乐业。"做工好苦呀！"这种叹气的声音，无论何人都会常在口边流露出来。但我要问他："做工苦，难道不做工就不苦吗？"

拎出这些句子一看，这不就是作者论证思路的展开吗？原来，①②③④的设问及第⑤句的推想、反驳是作者在步步为营地说服啊！而且这样的设问和推想、反驳是在极其自然地说理，丝毫没有以气势压人的感觉。举例讲解的功效在这里就充分发挥出来了。如果在此基础上譬喻讲解，效果又将如何呢？设问就好比

"恳谈",在推心置腹地与对象做真挚的意见交流,是说理又是亲切的对话;推想、反驳则好比设置"假想敌",换位到"敌方"(与"我方"意见相抵牾,或持有"我方"意见的反证)思考,见招拆招,颇有点《射雕英雄传》中周伯通的做派吧?如此一做譬喻讲解,学生对于设问以及推想、反驳的论证"口吻"和技巧恐怕就不只是豁然开朗,而且会自觉萌发起运用的意识了。

浸润式写作。浸润式的议论写作不是铺开纸张说"我要写议论文了",而是在日常的学习生活中不知不觉地发表议论,评价是非。像"课堂发言",学生的发言"支持什么,反对什么",须持之有故、自圆其说,而且在课堂对话的过程中,伴随着阐发、印证、引申、辩驳,还有教师的引君入"瓮"、明知故问等辨析和追问,因此提高课堂对话的质量,也是在提升学生的说理水准。又如读书做评点批注,是不是在发表意见,做出评议?再如网络跟帖,胡侃、谩骂不是网络语言的精义吧?"拍砖"终究还要防"被拍",终究还要讲理,虚拟的网络,却是论辩的"战场",大家在"实战"的交互中,提升议论的思维和素养。

依据文体的特点、性质开发写作教学策略,以上只是以议论文为例,其他文体道理相同。文体思维是路径,文体不同,路径即有分有合,但通往"真实性写作"的自然王国,这是共同的目的。

三、全过程:写作生产的真实形态

写作是一种精神生产,为谁生产,怎样生产,消费何处,反馈如何,消费又如何刺激、改进生产,应该是一个生产、消费、流通的过程循环。而常见的写作教学形态是"教师命题—学生写

作—教师批改—发放习作—简单评讲"，稍好一点的，在命题上
费点心思，尽量贴近学生，或者在写作中做点指导，或者在写后
的讲评上褒贬个眉飞色舞、酣畅淋漓；但学生似乎还是不太买
账：你布置题目我"码"出一篇交差了事，你讲评再卖力，没
"呲儿"我那篇，嘿，万事大吉！我继续听个热闹！没有讲评，
那我把作文往课桌里一塞，看不看分数也无所谓。这样的写作教
学流程，采用的是"统购统销"的方式：学生写作是为了向教师
这个"统购"方供货，教师"统购"后再统一划拨、销售，至于
"产品"质量如何，怎样销售，反应如何，学生可以一概不负责
任，因为这一切与他们没有什么直接的关联。我们的写作教学没
有别的出路，只有回到写作生产的真实形态，关注写作及写作教
学的全过程。

　　关注写作的全过程，就不能下简单的"写作指令"，就要关
注学生每个写作阶段的需求并给予针对性的指导，就要培育学生
为自己的精神产品负责的意识，让他们的产品进入"流通领域"，
接受读者的检验。关注写作的全过程，有两个层面。一是关注每
一种写作形态。写作并不只发生在两节课联排的写作课上，尤其
不主要发生在规范死板的写作课上，写作与阅读联姻，可写批
注，仿写句段，写摘要，写读书报告，给作品中的人物编传记、
写书信，等等，读写联动，相得益彰；写作与实用情境接通，写
试卷分析，写实验报告，写活动海报，办板报、手抄报等等，自
然发生，无处不在，写作是"所有学科的写作"，写作的全过程，
就是学习、生活的全过程。二是关注每一个写作阶段。纸笔书写
只是写作过程的一个阶段，与之前的策划、构思、材料搜集，之

后的修改、发表、交流、编辑等环节构成完整的写作流程。每个阶段有每个阶段相对独立的任务，每个环节都有特定的指导需求，为此，关注每一个写作阶段应从两个维度展开，一是全过程的教学指导，一是全过程的教学监控，两个维度同步展开，密切相关。表1是《马萨诸塞州英语语言艺术课程框架》（2001年6月）的"普通写作标准"部分对写作过程的具体描述。①

表1　"普通写作标准"的写作过程描述

阶段	策略	过程
确立中心与制订计划	通达先前的知识，建构目的，辨别听众（读者），形成问题，理解任务的标准。（看普通标准23，24，25）	讨论 列表，画图，网络，草拟，角色扮演 自由写作，组织，分类，列提纲
打草稿	（看普通标准19）	添加事实与细节，删减不必要的细节和多余的话
评价与修改	带着听众意识、目的和焦点问题重新读。辨别含糊不清及逻辑错误。注意是否连贯、阐述是否具体、是否有细节描写。（看普通标准19）	重新组织 为清晰、语气、风格和连贯重新措辞
评价与编辑	对照标准和英语语言规范重新读。（看普通标准22）	对句型变化、正确的句子结构、技巧、惯用法和拼写进行编辑
出版与评定	审视标准和任务的目的、听众的需要；计划和准备最后的产品；反思和计划未来的写作任务。（看普通标准25）	设计 格式化 排演和上交 评价最后的产品

---

① 郑桂华.从两个维度改进作文训练过程的指导［J］.中学语文教学，2009（3）.

从表中内容可以看出，美国写作教学非常重视学生写作的过程意识、读者意识、为自己的写作行为负责的意识，他们的中小学教室内常悬挂着这样的文字：Prewriting—Drafting—Revising—Proofreading/Editing—Publishing/Presenting（构思—写作—修改—校对/编辑—出版/递交），每一步该做什么，采取什么策略，学生有一个清晰的"概念地图"。这样，写作成为学生主动而负责任的行为，成为"多想想读者，多问问自己"的反复审视、自我监控的过程。同时，教师的写作教学指导和教学监控也就围绕学生不同阶段的写作行为及时而有效地呼应与跟进，知识的提供、方法的指导、思维的训练、平台的搭建等就直接指向学生具体的写作困难和需求，而不是不求实效地完全揽起批改、讲评的任务而消泯学生的责任意识和写作主体性。

培养学生全过程写作的意识，就要构建清晰的概念图式，每个阶段学生和教师具体干什么，采取什么策略和手段，做出明确的描述。除此之外，还可采用以下教学策略。

"学习：通过写作"。美国在20世纪80年代提出"学习：通过写作"的口号，强调学习即研究，学习的过程就是研究、发现、写作的过程，这就避免了把写作悬在"孤岛"的危险，写作真正融入日常的学习和生活。我们一直在强调阅读积淀、生活体验对于写作的重要，但怎样才能让写作与知识能力、精神素养的提升紧密联系起来？只是倡导还不够，要把写作当作学习、研究的过程，不是只看重写作课当堂完成的写作成果，而是把目光放在之前之后怎样指导学生为完成任务而进行的学习活动上，比如指导学生怎样选题，怎样围绕选题利用各种渠道搜集资料，怎样组织材料进行有意义的表达等。"学习：通过写作"，对学生的知识建构、不同学科的知识整合、个性化学习以至未来人生的规划都有积极的影响。

写作"报章化"。20世纪40年代，朱自清先生就指出，学生的写作应以"报章化"为目标。这当然不是要求每个学生的文章都在报刊上发表，而是说应该具有目的和对象意识，让学生的写作进入"流通"领域。学生的作文只面对教师一个读者，不能获得更多读者的关注，交流的渠道被堵塞，写作的内驱力就会匮乏。充分利用各种渠道"发表"学生的作品，利于培养学生为读者负责的意识，并且在互动交流的过程中，学生的写作会得到更多的启发和帮助。在这方面，网络的功能可谓强大，网络上的写作交流规避了写作产品单向输入、输出的弊端，每个人都在阅读别人的作品，跟帖评议，每个人又都在网络上发布自己的作品与大家分享，而且写作的过程由线性、滞缓的过程转变为即时的交互，大家在写作发布、跟帖呼应中，不断修正、拓展思维，写作—发布—讨论—获得新启发—再写作，循环往复，纵深发展，在自我监控、他者评价的过程中，获得对写作的新认识，这无形中是在运用"元认知"策略，对写作本身进行认知监控和改进反思。

写作成长记录。写作成长记录是学生写作的"自我画像"，记录着写作成长变化的印记。国外比较重视学生成长记录袋的使用，其作用不只对学生学习做出等级评价，更是重在以过程评价改进教学。写作成长记录袋创建的内容一般包括：各种文体的习作，跨学科写作的各种文本，反映学生在自我修改、形式选择等方面有所进步的习作，表明从第一稿到终稿思路发生变化的样本，未加编辑的初稿，修改过的初稿，其他写作进步的证明，还包括内容清单，注明每份作品的日期，等等。写作成长记录袋要定期交流和评价，评价有明细的准则，准则是学生学期初就要明了的，评价方式既有自我评价，又有教师、同伴、家长的评价。写作成长记录袋的创建内容还可配合某项写作教学实验凸显某些能力倾向作品的选择，使用成长记录袋，目的不仅在于展示、激励，还在于过程中的观察和改进。如果能够建立起电子版的写作成长记录袋，比如利用博客一类的写作空间，即时分享、自动归档，那又是对真实写作历程进行管理的强大系统了。

论全写作课程的构建

写作教学是老大难。写作能否教，能教些什么，多年来不同主张各执一端，令写作教学在两个端点间来回漂移，收效不彰。20世纪初，梁启超即指出："孟子说：'能与人规矩不能使人巧。'文章做得好不好，属于巧拙问题，巧拙关乎天才，不是可以教得来的。如何才能做成一篇文章，这是规矩范围内事。规矩是可以教可以学的。我不敢说懂了规矩之后便会巧，然而敢说懂了规矩之后，便有巧的可能性。又敢说不懂规矩的人，绝对不会巧；无规矩的，绝对不算巧。"[①]近一个世纪过去了，教学生修饰词句而"言巧"，忽略思维、思想和言说表达的基本"规矩"的做法并未消失，而且因为"应试"的推波助澜，作文之"巧饰"的花样更多了。如何避免非此即彼的端点思维，教"规矩"又顾及"巧"？需要我们重新审视"写作"的内涵和外延，发掘开阔的"中间地带"，构建全写作课程，让被遮蔽的显现出来，让狭仄灰暗的宽阔敞亮起来。

---

① 梁启超.作文教学法［M］.北京：商务印书馆，2018：3-4.

一、全学科：写作作为学习方式

提起写作及写作课程，容易习惯性地认为这仅是语文课及语文教师的事，甚至把写作和应试写作简单等同起来。其实，近年来，国内外的写作教学研究已在冲破此封闭的写作观念，力求实现由狭义写作到广义写作、由分离写作课程到融合写作课程的转型。国外在这方面的研究起步比较早，成果也较丰硕。在美国，一种口号是学生需要"学习写作"（learning to write），另一种口号是学生需要"通过写作来学习"（writing to learn）。对于许多教师来说，后者已经取代了前者，他们认为学生思维能力的发展与他们在写作过程中努力发现有着直接的关系，也就是说，写作是一个自我发现和自我认识、发现和认识周围世界的过程。[①]2010年美国颁布了《共同核心州立英语语言艺术与历史/社会、科学、技术学科中的读写标准》，"通过写作来学习"、写作作为一种学习方式的理念得到了进一步强化。有美国学者认为，此标准与之前标准相比，有六大转变，如增加信息类文本的读写、包含更多的跨学科读写、基于证据的写作和建立学术词汇等。[②]其中信息类/说明类文本包括多种写作体裁，学术性体裁包括文学分析、科学或历史报告、总结、摘要，职场或应用文则包括说明书、指南、备忘录、报告、申请文书和简历。随着年级的提升，学生撰

---

① 祁寿华.西方写作理论、教学与实践［M］.上海：上海外语教育出版社，2000：69.

② 拉马略，斯蒂文斯，刘菁菁.美国《共同核心州立标准》实施效果——美国纽约州立大学塔尼亚·拉马略教授与伊丽莎白·斯帝文斯助理教授专访［J］.外国中小学教育，2015（8）.

写信息类/说明类文本的技能也会得到拓宽，同时能够有效运用于多个学科和领域。[①]我们可以看到，作为学术性写作的信息类文本，从简单的记录、摘要及数据图、统计图，到比较复杂的总结、分析、推论和报告，这种学术任务情境下的写作，已经成为学习掌握学科概念和技能的重要工具。

　　全学科的视角，打开了语文科写作课程建设的疆域，赋予了写作教学新的内涵。以"写作作为学习方式"定位写作课程的功能和目标，既看重"学习写作"又重视"通过写作学习"，写作课程内容及写作教学方式会产生裂变反应，从而建构开放而有活力的写作课程教学体系。《普通高中语文课程标准（2017年版）》为这一课程范式的转型打下了良好的基础。与修订前相比，2017年版高中课标对课程内容有了更为明晰的规定，以"学习任务群"架构课程内容，18个任务群组合构建了必修、选择性必修、选修的内容体系。细审18个任务群的名称会发现：每个任务群的名称都是"××与××"式的并列结构，都内含读者（学习主体）对文本和任务的反应，"与"字前侧重吸纳，"与"字后侧重表达，阅读和写作紧紧缠绕在一起，阅读不是单向的输入，而是与"写"的输出，与读者对书面文本的反思和运用交融共生。"整本书阅读与研讨""跨媒介阅读与交流""文学阅读与写作""思辨性阅读与表达"等皆是如此。18个任务群名称中的"研讨""参与""交流""探究""表达""研习"都是某种形态的"写作"。对"课程标准"的"课程内容"部分做初步的编码分析

---

　　① 曹勇军，傅丹灵.中美写作教学对话十五讲［M］.上海：上海教育出版社，2018：197.

后发现："笔记""提要""评论"等"学习性写作"样式，"调查报告""小论文"等研究性写作样式及"多媒体""新媒体"等新媒体写作样式出现的频次远比"文学写作"出现的频次要高。荣维东认为，课程标准中，"学习性写作""实用类写作""文学类写作"基本呈现倒三角分布，2017年版课标中传统写作概念和类型已经发生了根本性改变，正由"应试写作"向"学习性写作""认知写作""应用性写作""思辨写作""学术性写作"转变。这种转变是比较科学且合乎高中生学业发展及未来职业发展的实际需要的。①

目前，国内的一部分高校相继开设跨学科写作课程，如清华大学成立了跨学科跨院系的"写作与沟通教学中心"，自2018年起，面向大一新生开设写作与沟通课程，2020年此门课成为全校本科生必修课。国内也有一些中小学校尝试开展跨学科读写研究和实践，但由于师资及课程开发复杂度等条件的限制，还鲜有突破性成果，跨学科写作一时难以在中小学全面推开。基于中小学教育现状，在全学科视野下，重构语文科写作课程，既教学"文学写作"，也重视"实用写作""学习性写作""研究性写作"，为"作为学习方式的写作"向其他学科延伸提供基础性支持，是比较现实的推进策略。

二、全样态：写作作为语篇表达

上文所提及的"笔记""提要""评论""调查报告""小论

① 荣维东.重构写作课程的概念、类型与内容体系——基于《普通高中语文课程标准（2017年版）》写作内容的解读［J］.语文教学通讯，2019（16）.

文"已不是传统意义上的文章，已经不能被记叙文、议论文、说明文的三分法所涵盖。"全写作"呼求以"语篇"这一概念来开发写作课程内容。张良田认为，能够独立完成交际任务的言语单位即是语篇，生活中一部一部的著作、墙壁上一句一句的标语、门框边一副一副的对联、展览馆里一段一段的解说词等，都是语篇。①《普通高中语文课程标准（2017年版）》也把"语篇"作为开发语文课程内容的凭介，以此构建"学习任务群"的课程框架。"语文学习任务群"以任务为导向，以学习项目为载体，整合学习情境、学习内容、学习方法和学习资源，引导学生在运用语言的过程中提升语文素养。若干学习项目组成学习任务群。学习任务群所涉及的语言学习素材与运用范例、语文实践的话题与情境、语体与文体等，覆盖历来语文课程所包含的古今"实用类""文学类""论述类"等基本语篇类型。②为什么不用"实用类"文本、"文学类"文本、"论述类"文本指称，而用"语篇"？原因也在于强调读和写在真实语言情境中的交际和应用。"语篇"与课标所一再强调的"学习任务群""学习项目""学习任务""学习情境"密切呼应，是读写课程及语文课程转型的中枢概念。

依凭"语篇"开发写作课程内容，需要对"语篇"进行种类的细分。本文参考国内外对语篇分类的成果，根据写作应用情境

---

① 张良田.语篇交际原理与语文教学［M］.长沙：湖南师范大学出版社，2003：30.

② 中华人民共和国教育部制定.普通高中语文课程标准：2017年版［S］.北京：人民教育出版社，2018：8.

和功能目标，把语篇分为以下几个类别。

1.学习性语篇，作为学习工具。包括笔记、提要、批注、评论以及思维地图、结构图表等。胡适认为"发表是吸收的利器"，他说："吸收进来的智识思想无论是看书来的，或听讲来的，都只是模糊零碎，都算不得我们自己的东西，自己必须做一番手到的功夫，或做提要，或做说明，或做讨论，自己重新组织过，申述过，用自己的语言记述过——那种智识思想方才可算是你自己的了。"[①]胡适所说的"手到的功夫"，诸如提要、说明、申述等，都是学习性语篇。

2.研究性语篇，作为项目产品。包括调查报告、研究论文、文案设计、戏剧脚本、网页制作以及海报、徽标、多媒体报告等。

3.实用性语篇，为了应用交际。包括科学普及说明、科技成果推介、事理原理阐释、程序工序描述以及申请书、推荐信、启事、通知等。

4.思辨性语篇，为了论辩说服。包括论辩、说服、评论以及辩论词、申论、申辩书、新闻时评、思想评论等。

5.文学性语篇，为了审美鉴赏。包括散文、小说、诗歌、戏剧以及童话、寓言、神话等。

相对于学习性语篇等五大类语篇，"笔记"类的具体性语篇，在分类上可能存在交叉，究竟属于哪一大类语篇，要视真实的应用情境而定。比如调查报告，一般性地操练写法，就是实用性语篇；在解决现实生活中的真实问题时，为完成相关项目而做调查

---

① 胡适.胡适学术文集·教育［M］.北京：中华书局，1998：85.

分析，最终形成的语篇就是研究性语篇。

语篇中心的写作知识和内容，并不排斥既有的记叙文、说明文、议论文以及小说、诗歌、散文、戏剧等文体知识，但要围绕语篇交际的"目的、对象、情境"等要素对这些知识进行重组。借鉴叶黎明的"写作知识同心圆模式"，[①]我们可以用同心圆来表征"以语篇表达为中心的写作课程内容"的模型（见本书第137页）。

三、全过程：写作作为思维认知

如此多类型和层次的语篇，如何在学习单元内部合理组织和分布？还是要回到"学习任务群"，回到学习任务和情境。统编高中语文教材每一个单元指向一个学习任务群，每个单元的教学都可围绕所归属任务群的要求来确定大概念和核心学习任务，以大概念、核心学习任务统领大单元学习。还是以必修上册第七单元"自然情怀"为例，编入课文《荷塘月色》《故都的秋》《我与地坛》等，属于"文学阅读与写作"任务群，此单元的大概念便可提取为"审美旨趣对自然景物的投射"，单元学习的读写活动都指向此大概念，形成一个结构化、情境化的学习方案。此单元设计一次大的语篇写作——文学写作，在完成任务和写作中迁移运用"审美旨趣对自然景物的投射"这一大概念。在单元学习过程中，贴近课文学习，穿插批注、评析等学习性语篇写作以及电视散文脚本等微项目设计，这些是微小灵活的语

---

① 叶黎明.写作教学内容新论［M］.上海：上海教育出版社，2012：131.

篇写作。在"任务群"和大单元整体框架内设计"写"的活动，凸显了写作的思维认知属性，"一大带多小"也做到了"学习写作"和"通过写作学习"的兼顾和平衡。抛离掉统编教材的单元学习情境、大概念和核心任务，去另立所谓的写作序列，则易把写作悬隔在"孤岛"之上，走上"阅读＋写作"的机械训练的老路。

"全过程"，就是让写作贯穿单元学习的始终，在大概念和核心学习任务的包裹下，做到读、写、思、做合一。单元大语篇写作、长时写作，一般持续一两周，需要阅读、反思、调查、分析、分解和整合，短时写作则几分钟十几分钟至一节课不等，长短写作互为配合和照应。如统编高中语文必修上册"学习之道（论述针对性与概括性的统一）"单元，确定大概念后，即考虑怎样的评估证据（核心任务）就能证明学生理解并能迁移这一大概念，进而设计出核心学习任务：在当今社会，学习面临着怎样的问题和挑战，如何看待学习，如何有效学习。班内要进行一次"今天怎样学习"的辩论会，请研读单元文章，展开调查研究，撰写你的辩论稿，尽量做到有针对性、有说服力、有启发性。在这样一个学习任务驱动下，分三个阶段推进学习活动：理解课文中的"学习之道"，分析课文如何阐释"学习之道"，完成演讲，分享学习之道，再进一步安排课时教学方案，细化学习任务，优化学习资源，提供学习工具，开发评价量规等。大小语篇、长短写作在此单元学习过程中合理分布，大语篇是在分布于学习过程中的若干小语篇拱卫、支撑下完成的（如下页表1所示）。

表1　撰写演讲稿时的辅助思考工具

列举身边同学的"学习"表现和问题	
对现象及问题做出分类，确定论述主要针对的现象	
分析现象背后的本质，概括根本特征	
提出切实可行的学习建议	
列出拟采用的论证方法，并说明理由	
说明拟采用的演讲稿结构及语调口吻	

　　表1是完成大语篇过程中进行的小语篇写作，是支架式写作，需要调查统计和归因分析。这些过程中的微语篇写作，与阅读、调查、访谈、分析、抽象等思维认知紧紧缠绕在一起，写作的过程，也是提出问题、分析问题、解决问题的过程。仅仅在单元学习结束才布置一次命题议论文写作，容易脱离真实情境而"制作"文章，失去写作的意义。大单元、大概念、大任务包裹下的写作，是做事、做人、作文的统一。

　　全过程写作，不仅强调过程的持续性，而且也强调过程的反复性。写作不是简单的线性推进，也不是一次性完成的，需要多次的修改、调整。美国写作教学突出"修改"是再认识、再创造、再发现，指导学生从读者意识、目的意识、情境意识及语体意识角度修订语篇，我们的写作修改可能更多着眼于局部语句的修辞、修饰，这是需要反思和改进的。

　　全过程写作，还强调语篇写作作为一次交际的完整性。写作是一种精神生产，为谁生产，怎样生产，消费何处，反馈如何，消费又如何刺激、改进生产，应该是一个生产、消费、流通的过程循环。语篇还是要作为"商品"回到交际语境那里，回到读者那里发表和交流。

四、全媒介：写作作为传播交流

《普通高中语文课程标准（2017年版）》数次提到信息化社会背景下的跨媒介表达，在18个学习任务群中也专设一个"跨媒介阅读与交流"任务群，新媒介读写受到前所未有的重视。在印刷传媒时代，写作曾经是一种特权的象征，并非人人都能写作、发表和传播。信息化、数字化时代，人人都获得了写作、发表的权利，一个"新读写时代"已经来临，写作课程及其改革自然也要呼应这一时代变革。

在美国的很多中小学校，很少看到学生抱着厚厚的课本，相反，孩子们熟练掌握各种新技术：通过电子邮件和社交媒体彼此沟通；用台式机和笔记本电脑写作；用包括iMovie、Flash、Flickr和各种插件创作独一无二的项目……学生在Wiki-spaces上创作自己的诗歌，论坛允许他们编辑和评论其他人的作品，然后对其他学生的反馈做出回复。这种学习工具使写作成为一种更加公共的过程，同时也是正在校园和职场中变得越来越普遍的互动性的写照。[①]国内的不少中小学校也在开展网络作文的实践，运用混合式学习方式开展整本书阅读与研讨等。基于网络的写作，学生沉浸在真实的交际情境里，进行真实的言语表达，有着纸笔写作不可替代的优势。

---

① 马丁内斯，麦格拉思.深度学习：批判性思维与自主性探究式学习［M］.唐奇，译.北京：中国人民大学出版社，2019：168-171.

我们拥抱全媒介的同时，也不能无视其缺点，诸如网络交流的粗鄙化、暴力化倾向，电子写作易流于浅表达、碎片化，多媒体表达易陷入技术细节而忽略深度思维，等等。如何尽力避免负面因素的影响，又充分挖掘积极因素，是全媒介写作教学面对的重要课题。比如引导学生在网上负责任地表达、理性地公共辩论，与"思辨性阅读与表达""跨媒介阅读与交流"等任务群学习结合在一起，就大有可为。

五、全情境：写作的语用考查

对于写作的评价依然要放在任务群的框架内，基于任务、情境做综合考查。尤其要围绕目的、对象、情境、语体等要素对大语篇、长写作、复杂情境的表达进行表现性评价，要开发指向大概念的表现性评价量规，做到大单元"目标—教学—评估"的一致性。如上文所提到的"学习之道"单元，针对演讲这一核心任务，开发评价量规，从论述的针对性与概括性、论述的角度和立场、证据与方法等维度做出不同表现水平的描述，确立表现性评估标准（见表2）。

表2 "学习之道"演讲评价量规

	待改进	达标	优秀
论述的针对性与概括性	泛泛而谈，没有针对"学习"的具体现象和问题展开论述；或者只是就事说事，没有揭示本质和概括特征。	能针对具体问题而发，阐释"学习之道"能做到由事及理，由现象到本质。	针对具体情境下的"学习"现象和问题展开论述，透视现象，揭示本质，论述既有很强的针对性，也有高度的概括性。

续表

	待改进	达标	优秀
论证的方法	简单堆砌事实和材料，不能使用恰当的论证方法把观点和材料结合在一起。	能结合观点使用恰当的论证方法，能由事及理，把"学习之道"阐述明白。	能根据具体情境和立场观点灵活地运用多种论证方法，把个别之事和一般之理深度结合在一起，说理透彻而有说服力。
演讲的常规	念稿或背稿，表达机械，缺少现场交流意识。	有演讲的目的与对象意识，表达准确，动作得体，有演说的现场感。	有清晰的演讲目的与对象意识，表达准确流畅，富有节奏感。讲究演讲技巧，动作恰当，精神饱满，具有很强的感染力。

评价标准指向该单元"论述的针对性与概括性的统一"这一大概念，以表现性评价标准为学生的写作指明方向，让写作走出"暗胡同"，让学习过程和结果可见、可交流、可评价。

全情境的写作评价，要把诊断、反馈、激励的触角伸向每一个写作任务和情境，以多种评价方式促进学生的写作进步。如对笔记、提要、随笔、评注等学习性写作的过程性评价，对项目制品的展示性评价，对写作成长记录袋的评价，等等。

综上分析，我们对"全写作"课程的模型呈现如图1。

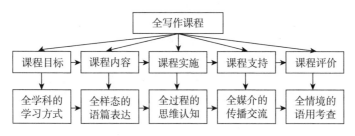

图1 "全写作"课程模型

　　"全写作"课程并非各种课程要素的简单"拼盘",而是以"全学科"的课程目标定位为基点,形成"目标—内容—教学—技术—评价"的逻辑链条。其核心要义是让写作与真实生活关联,以真实情境中的写作,促使真实学习的发生,促进人的全面发展。

新课程背景下写作教学的几个议题

新课程背景下的写作教学有哪些新的突破和新的发展趋势，迫切需要研究的问题又有哪些？本文对新课程背景下写作教学的议题做了一次比较集中的梳理，抛出了作文教学的九个热点议题，并加以简要的阐释，其价值更多地不在于所阐发的观点，而在于所提出的议题本身，意在引发辨析、争鸣和思考。

一、生活化：写作教学的基本价值取向

中学写作课不排斥"文学性"，但"文学化"不是中学写作的根本方向。中学写作，就本质而言，是对人生、自然、社会的认识与表达。生活化，是中学写作教学的基本价值取向。贴近生活，贴近自己，表达生活，表达自己，是中学写作的本来之义。价值取向的合理定位，从宏观上决定着中学写作教学的品质和命运。

在操作层面上，写作基本价值取向就落实在"写什么"的问题上。"生活化"的价值取向，在于"有意思""有情趣"的生活体验，在于"有真意""有见解"的思想表达。

"小文人语篇""假大空拼盘""套路化模板""新八股"等一

切背离生活的写作，无论形式再怎么新巧，都为中学写作的宗旨所不容。

在四川发生地震灾害后没几天，我曾读到一位优秀语文教师的博文《今天的语文课》，作者精心选择一组抗震救灾的感人镜头，制作成幻灯片，在课堂上与学生一起观看交流，而后让学生写一封信，给灾区的人——失去亲人的人、死里逃生的灾民，解放军武警战士，医生护士……要用文字传递你的爱心，给灾区的人民送去温暖，带去力量！课堂上教师流泪了，学生流泪了。我也被这个案例深深地打动，随即在博客上留言："语文，什么是语文？写作，怎样的写作是刻写在孩子心灵上的写作？语文教师，怎样的语文教师是本真意义上的语文教师？不再需要苍白的理论阐释。建议您再深度组织，但又担心这份自然原态会因此丧失……"

二、怎么"想"制导着怎么"写"——写作教学中的思维培育

我们平常喜欢和学生说：怎么想，就怎么写。这个说法本身没错，但问题是怎么让学生会"想"。事实上我们常常忽略了对学生写作思维的培养。写作教学中写作思维的培育，规定着写作教学的"质"。

思维的培养，也带来识见、思想的提升。识见、思想提升了，分析思考问题的能力提高了，就为写作打下坚实的根基。反之，无视思维品质、思想见地的培育，耽于文字的"游戏"、技巧的摆弄，留下的只能是雕镂精巧的"文字花瓶"而已。

辩证思维、创新思维的培养，深刻性、全面性、灵活性思维品质的培养，与"生活问题"天然联系在一起。在"问题"中思考、辩驳，在思考中梳理、组织，写作与思维的质地就厚实起来。思维训练需要"白马非马"的逻辑思辨，但写作思维更多地生长在阅读问题的交流里、生活现象的辨析里、心灵与心灵的感应与交汇的过程里。

三、文体不是个坏东西——写作教学中的题型与文体

文体是一种"形式"，本身无所谓好坏。文体是写作的内在组成。写作如果没有了文体，好比作曲没有了调值，失去了起码的体统。

"淡化文体"的说法，是对日趋烦琐僵化的文体训练的反拨，自有其积极的一面。但这个口号也埋下了陷阱，淡化文体很容易就滑向取消文体、漠视文体的极端。而取消文体，很有可能会给问题重重的中学写作教学带来新的灾难。

与其说"淡化文体"倒不如说"活化文体"，眼光不只拘囿在"记叙、说明、议论"的三大应用文体上，更不能沉迷于文体格式的机械操练上，而是给"文体"松绑，让"文体"开放搞活。"文体"的出路依然在"生活"这个源头，以生活的需要，开发文体，改善文体，突破文体，不断创新实验，让文体成为生活表达的自然需要。

写作测试中的题型、题目，要丰富多样，与鲜活、本真的生活相匹配，唯有如此才能引来学生灵动的体验和表达。

逢写作，就以为是写"篇章"；逢写作，就以为是两节课的

封闭"生产"，应该换换思维了。

四、"有"与"无"之间——写作教学的训练序列

面对写作教学的序列性，存在着两种极端主义。一是写作神秘主义，一是写作机械主义。

写作神秘主义认为，写作无须教，写作是教不出来的。其证据往往如下：请问有几个作家是语文教师教出来的？人自打出生并未接受科学系统的训练，不照样在"说"的过程中学会说话吗？"熟读唐诗三百首，不会作诗也会吟"，大量读写，悟性一到，表里粗细就豁然贯通了。针对写作神秘主义，我们也可以有一系列反问：中学写作课是专门培养作家的吗？一些作家非由学校培养就能反推出写作不需要教吗？许多口头语言无师自通、自然习得的人，不也终其一生难以写出篇像样的东西吗？

写作机械主义恰恰走向另一个端点，不但"教"写作，而且炮制出一个个"模板"，一个个步骤，一堆堆的"几步几法"，供学生"截取"，"复制"，"粘贴"。亦步亦趋地机械操练，已经远离写作的真谛。

书面语言不同于口头语言之处，其一就是打破线性思维，对语言进行再组织，对思想进行再提炼，其中有没有规律、技巧？有。但能不能用一套烦琐哲学来指导写作？像有的写作教学体系，搞出了三五百个能力点来对应训练，这显然又违背了基本的写作规律。写作教学有其内在的序列，但这个序列与理科教学的路数迥然有别。

当前的迫切任务是构建适合母语教学特点的科学的写作序

列。迫切需要的不是神秘，不是臆想，而是实证研究和科学实验。比如我们能否在分析大量成功的写作文本、教学个例的基础上，来思考梳理中学生写作的能力结构到底是个什么样子；大学写作中已然出现比较理想的写作教程，我们中学写作教学能否与最新的写作研究成果对接？

五、遵循语言自身的逻辑——写作教学中的语言训练

语言自身的逻辑有两方面。一是不同发展阶段中语言自身的逻辑。初中与高中阶段学生语言发展的特点有共性也有区别，中学写作教学应遵循这种语言自身发展的逻辑，在语言训练上有所侧重。初中阶段的写作教学在培养学生准确、流畅表达的基础上，力求语言的质感和形象感；高中阶段的写作教学在准确、流畅的基础上，力求理性、思辨的表达。二是不同文体、语境中语言自身的逻辑。语言表达缺乏了基本的体式感，常常就会陷入混乱的"言说"状态。不同的写作目的和情境下，有相应的语言体式，常见的论说体式、说明体式、叙述体式、描写体式，各有其自身的特点。学生明晰这些不同体式语言的特点并自觉运用于写作过程中，是写作语言训练的努力方向。

关于语言的风格及修辞，国内外的处理态度不同。国外并不避讳对中小学生"写作风格"的要求，比如美国比较流行的"6+1要素写作"中就明确提出了"写作风格"的要素，具体要求是要在字里行间透露出个人的写作风格和（或）说服力。国内的中学写作教学很少正面提及"写作风格"，似乎觉得这超出了中学生的认知阶段，而较多地从修辞的角度对学生进行修辞格的训

练。同样是讲修辞，从美国写作教学的有关资料中，可以看出他们并未局限于具体的修辞格，而是涉及了语言的韵律、语态、语调、引申隐喻、类推、悖论、修辞结构甚至语言的超常运用。当然，国外的做法并不一定适合我们的母语教学实际，但认真思考是否可以从中获得有益的启发，是语文教研应持的理性态度。

让学生有个性地表达，并逐步建立起自己的话语体系和风格，而不是套话连篇、言不由衷，要达到上述目标我们的语言训练还需要突围。

六、"读"与"写"的分与合——写作教学中的读写关系

读，有益于写；写，离不开读。因此，读和写要紧密结合，以写来促读，达到读和写的一体化。读和写之间的关系是这样简单吗？

读写结合，自古就有，不但结合，而且是密切结合。八股取士，一篇文章定终生，阅读终究是为了写出一篇像样的文章。写是目的，读是手段，这是古代"读写关系"的基本格局。现代社会早已远离了"一篇文章定终生"的时代，现代社会中的人们，阅读一篇文学作品，可能仅仅是为了获得文学的体验和滋养，不必考虑去创作文学作品；阅读一篇新闻，可能仅仅是为了获取有用的信息，也不必非要写篇新闻。考察现代语境中的"读写关系"，应有新的思路。

读写要结合，自然不错，但前提是彼此适当分离，互不伤害。阅读课有阅读课的独特功能，写作课有写作课的基本任务。是否所有的阅读篇目都适合拿来做"读写结合"？读写结合到什

么"度"，以怎样的方式？很有研究的必要。

读是读，写是写，功能不同，不能一味模糊其必要的界域。但读与写又是天然的同谋，不能无视它们之间的关联。问题的关键是如何利用这种关联，实现阅读和写作的双赢。

七、想写就写——写作教学中资源平台的开发与整合

写作不应只局限于固定的写作课堂，理想的写作状态是想写就写，无论何时何地，以何种方式。语文教师应该具有这样敏锐的写作教学意识：利用一切机会，开发一切资源和平台，促发学生愿写、想写、能写。

比如微博，不少学生为什么愿开、愿写？原因很简单，在这里他们能想写就写，在挣脱语言镣铐的自由写作中，放飞自己的心灵。如果条件允许，语文教师和学生可以互相关注，在分享交流的过程中，呼应、争辩、引申、阐发，不仅历练语言，而且提升思辨力。如果放弃利用新媒体这种鲜活的互动平台，也就是放弃了无比丰富的写作交流资源。

不但微博，日记、书信、读书报告、研究报告等这些看似不能登上写作教学大雅之堂的写作形式，都可为我们所用。生活中处处有潜在的写作教学资源，只要我们去挖掘，比如指导学生撰写试卷分析报告、编写班级日志等，类似的日常性写作样式，俯拾皆是。

日常性写作，虽然不能解决写作教学的所有问题，但因其基于学生日常生活体验的随机性、灵活性，更能激发起学生内在的表达需求。如果能和集中、规范的写作训练有机结合在一起，不

但能提升写作能力，而且也会使写作真正成为学生自觉的生活需要。

八、还写作一个完整的面目——写作教学中的全过程意识

写作是一项复杂的言语智能活动，需要调动起所有的语文修养。期望有限的几节写作课就能培养起学生的写作能力是不现实的。写作前的观察、阅读、积累，写作中的构思、组织、表达，写作后的修改、发表、交流，都值得我们认真关注。这里单说说写作后的修改、互批、发表、编辑。

修改是培养一种意识，为自己的写作行为负责的意识。修改是再写作，也是一种能力的培养。就中学写作来说，每次写作训练课都应有明确的训练目标，这些具体的能力目标，不仅要贯穿在构思行文的过程中，也应贯穿在写后修改互批的过程中。学生为什么不会修改，不会互批？原因很多，但其中重要的一条就是没有提供给学生一个清晰的评分规则。基于能力目标细化而成的评分规则，是用来全过程改进教学，而不是用来"秋后算账"，最终沦落为教师把持"生杀大权"的工具。评分规则只出现在中、高考等大型考试中，而且只有阅卷教师才能见到，这是不正常的。

发表和交流看似外在于写作过程，实则是写作教学过程中非常重要的组成部分，它指向写作行为最为本质的部分——写作的内驱力。念一念学生的优秀习作，甚至写作后等生偶尔出现的好句子、好题目，开辟优秀作文壁报栏，编辑班级、年级、学校作文刊物，创建网络交流平台，让学生编辑个人作文集，组建写作

"成长资料包"，这些并不复杂的举措，会最大可能地调动起学生的写作积极性。写作是为了什么，很大程度上就是为了交流，在交流中互相学习，在交流中分享人生的经验。学生写篇文章交给老师，老师批改、打分、下发，学生看看分数、塞进课桌，如果缺乏关注，缺乏交流，缺乏激励，也就失去了写作的持续动力。

九、让写作不再尴尬——写作教学的教材、课型与评价

与阅读教学相比，写作教学比较尴尬。长期以来，写作教学缺乏成熟的教材、课型和评价体系。

目前的语文课程形态，基本上还是以阅读为核心的架构。统编版教材依然是以阅读文选作为主要构成，写作则零零散散点缀其中。为什么会形成这样的局面？可能与这样几种意识（潜意识）有关：多读自能善写，写作无需专门的教材；写作教材难编，弄不好就搞成写作知识的堆砌，事与愿违；写作靠的是悟性，没有什么科学的教程。事实上，写作教学有其自身的内在结构和规律，写作教材难编并不能成为无视科学写作教程的理由。难能可贵的是，在缺乏理想的统编写作教程的情况下，一些优秀教师基于自己的教学实践，正努力创生鲜活的写作校本教材，他们不想沉默，也不想让写作在课程构建中缺席。

写作附庸于阅读，写作只是在写写日记、记记随感，这都是在"地下"，打的是"游击战"，写作还需要"阵地战"，需要固定的课时和灵活多样的课型。中学作文课本来是有固定的课时的，多数学校每周联排的两节语文课，就是给写作专用。但实

际情形是，这些课时常常被挤占、挪用了。好一点的，两节课还能保证，但也多是布置一下作文题，两节课写完一篇文章就了事。写作思维的训练、语言的历练，修改、互批的方法指导，要靠"地下""游击"的大量实战，但也必须要有固定课时的"阵地战"，用好"两节课"，探讨灵活多样的写作课型，大有文章可做。

科学评价作文成绩，是个令人头疼的事。高考作文的评价折腾了一二十年，"综合评分""分项分等评分"都试过，但作文评分的"趋中现象"依然没从根本上解决。这会造成什么后果呢？很明显，花大力气教学作文，最终大家都差不多，上不上作文课对整体语文成绩无甚大碍，也就难怪初三、高三鲜见本真货色的作文课了。怎样的作文评分规则、评价体系更能促进写作教学的良性发展，仍然是一个现实的课题。

十、构建写作共同体——教师"教学性写作"的意义

刘翔的教练跑110米栏断然跑不过刘翔，但他肯定能跑、善跑，而且熟稔跨栏的动作技能和技巧。与此同理，一名语文教师不能保证自己的写作能力好过所有的学生，但他（她）必须是一名成熟的写作者。很难想象，一名长期荒疏写作、不愿写作甚至厌恶写作的语文教师能引导学生走进写作的殿堂。构建写作共同体，教师理应是共同体的一员，以自己的积极姿态，以自己亲历写作甘苦的经验，激励学生、启发学生。

下水文不是教师写作的唯一方式，基于教学工作的教学日志、教学叙事、社交新媒体交流等"教学性写作"，都是为自己

的写作教学积累资本，提供支持。不仅如此，当一名语文教师把"教学性写作"变为一种习惯时，他（她）就会与学科、学生自然融合在一起，达成对自我身份的完整认同，从而获得无穷的职业快乐和生命尊严！

讲理与思辨

——关于议论文写作的对谈

　　王老师的儿子参加高考，孩子想有针对性地练练议论文。王老师既是孩子的妈妈又是一位教师，想给孩子提供些考场议论文佳作，于是我们两个人通过网络进行的对话就由几篇考场佳作蔓延开来。

　　王：认真读了你发来的两篇学生作文，感觉见识有了，文采有了，可论述方法基本还停留在简单的"材料列举"与"观点判断"层面，深度解剖的阐释性文字似乎仍处缺失状态。你看如何方能使文气更充沛，论证更圆融？

　　李：前几日发过去的两篇文字，是我从网上搜寻到的两篇高考考场一类文，有一篇似乎还是满分文。你对这两篇文章的评判我基本赞同。纳入中学生议论文写作的整体现状来看，这两篇文章堪称优秀之作。正如您说的，有文采，也看出作者不俗的见识。但是，我们读完之后，为什么又不甚满意，甚至满怀狐疑：这，就是议论文？就是好的议论文？议论文就应如此来写？如此追问，就追问到议论文写作教学的定位。长期以来，我们的议论文读写，基本拘囿在论点、论据、论证那点可怜的知识里，框范在论点、论据再加点分析里，有的学生讨点巧儿，论据来个古今中外，或者正反对比，或者拟几个匀称漂亮的分论点，如此而已。

问题出在哪里呢？

一是议论文写作定位的偏失。简单说，就是我们不是在"讲理"，而是在比谁的"嚼舌"更漂亮。

二是逻辑的缺失。我们似乎天生不会讲逻辑，而倾向于去无节制地渲染、抒情、铺排，在讲逻辑、讲思辨的论说体里，适当的抒情有助于或亲切或雄辩地说理，却不能一味地"忽悠"不止、煽情不止。

三是对"见识"的关注不够。只交给学生怎么摆弄"文"，而无视"思想""见地"和"人"。实际上，一个人分析问题的见识浅了，思考拙陋了，"文"能好到哪里去？

王：感觉您的"狐疑—追问—究因"好像就是议论文应该"干什么"的演示版。我觉得，"讲理"二字似乎还不能完全概括议论文写作的定位。什么是议论文？按我的朴素理解，议论文应该是作者阐明自己的观点、主张、认识、看法等，并借助各种思维方法展开论述，力求让他人信服、接纳自己观点的一种文体。所以我更倾向于把其定位在"思辨"上。学生要清楚自己的观点是什么，为什么这么看，它合乎事实吗，别人可能怎么看，如何证明我的观点才是正确的，怎样才能实现我的主张，……一旦学生进入思辨状态，其文才可能观点鲜明，见解独到，认识深刻。

李：是的，对议论文的定位非常重要。议论文是干什么用的？它与叙述体、抒情体的文章区别何在？探讨清楚这些问题，就是给议论文写作找到了根本的原点。至于说议论文是"讲理"还是"思辨"，我想还是"讲理"更适切一些。"讲理"一词是从日常用语中拈来，用"讲理"一词来给中学议论文写作定位，是试图在纷繁迷乱中回到常识。你也说到议论文是"力求让他人信服、接纳自己观点的一种文体"。"思辨"是为了干什么？终究是为了讲理，为了说服别人。关于"议论文"这种文体，其实有不同的叫法，西方多称为"劝说文""说服文"，我们国家20世纪三四十年代也不统称为"议论文"，而是有"说明文""论说文""论辩文"等多种称谓。"议论文"的叫法在我们的语文教学中已约定俗成，这样的称谓本身没有问题，但我们要意识到"议论文"旨在申明、劝说，让别人信服，要让"议论文"还原到它本来的生活情境。如果学生不能意识到议论文就是在"讲理"，在于说服读者，就可能泛滥抒情、烦琐叙事，就可能靠简单的技巧堆砌排列论据，说一些连自己也不以为然的"大道理"交差了事。台湾作家王鼎钧出过一本专门辅导初中生议论文写作的小书，书名就叫《讲理》（这部书借鉴叶圣陶、夏丏尊《文心》的写法），书中的"杨老师"见面给学生布置的第一次写作的题目就是"吵架记"，如何"吵架""抬杠"让人信服，而不是"骂架""打架"似的无理纠缠，杨老师由此拉开了他和学生的"讲理"课程之旅。

由此看来，"讲理"还是着意于议论文回到"生活"，回到"问题"。大到"圆明园兽首的拍卖"，小到"中学生该不该穿统一的校服"，这些身边遭际的"问题"，是不是"议论""讲理"

的良佳契机？"说勤奋""多难兴邦"这些宏大的议题要关注，围绕身边生活学习发生的"问题"也要"议"。隔离开生活的"议题"，相对于中学生的经验、思维水平，常常就变成"伪议题"，空话、大话、套话也就在所难免。在具体话语语境中的议论、言说，学生才可能有"讲理"的欲望和需求。从这个角度来说，"一事一议""就事说理"，以至"读后感""思想短评""小论文"等密切呼应时代脉搏的写作样式不是多了，而是少了。因此，从"生活""问题"的向度给中学议论文写作一个准确、清晰的定位，让学生明确"议论""讲理"的目的、对象，是议论文写作必须要解决好的前提。当然，如何能讲好"理"，逻辑、圆融甚至宏阔、雄辩地讲好"理"，真的要看学生的"思辨"水平和架构论证层次的能力了。

王：咱俩也不妨抬抬杠。你说"'思辨'是为了干什么？终究是为了讲理，为了说服别人"，我看未必，学会思辨除了讲理、说服别人，至少还可让自己享受思想的快乐呀。看来我们对"什么是议论文"认识上没多大分歧，至于议论文写作定位的不同表述可能源于不同的站位。学写议论文的目的是什么？单就一篇文章看当然是"讲理"，可放到语文素养培育层面看自然就是思辨了。为什么要学生学写议论文？就是要学生学会锤炼自己的思想，善于用自己的眼睛发现生活中的问题，学会客观辩证地审视自我、他人、集体、社会，形成自己对人对事的态度、行动信念，甚至开出解决问题的药方。"讲理"倾向于面向读者，"思辨"则立足于小作者自己。当然，单从每篇议论文的构思写作本身而言，"讲理"的确更亲切更生活些。

李：我之"讲理"与你之"思辨"，可能的确也源于"站位"的不同，我更强调的是写作的生活化取向，而你更倾向于从精神价值层面思考。其实这两者是不矛盾的，"讲理"离不开"思辨"，离不开思想的砥砺、思维的快乐，因为真实的议论首先要说服、悦纳自己啊！只不过从现实的角度出发，在初中更多地提"讲理"而高中更突显"思辨"，效果会更好一些。

王：议论文写作的过程就是作者理清思路，选择恰当的词语句式，巧妙呈现自己思辨成果与读者分享的过程。靠积累论据，古今中外、正反对比的举例证明，虽属结论或然的归纳论证，有时缺乏力度和信度，但只要能自圆其说，充分为自己的论点服务，也是好的。可现在的问题是我们的学生似乎只会例证法、引证法了，要知道人家程咬金还能耍把三斧子半呢。果真是学生天生不会讲逻辑吗？每个老师可能都有这样的体会，平时生活中一旦他们认定一个理儿，跟人辩起来也是头头是道，什么"因为""如果"了，"即便""也许"了，用得可溜了。那为什么写作时因果、假设、选择、类比等智慧的思辨就少见了呢？仔细想想责任可能真的出在教师指导不得法上。

一是议论文阅读教学中教师重视的多是领悟文章的思想意义，分析文章的论点、论据、论证方法（多是孤立地一段段地分析），忽略了探究作者思维发展的脉络及每段结构上的关联意义，致使学生收获的是论点、论据、例证法、引证法、道理论证等有关议论文的知识信息，而不是如何品析作者的思想智慧，如何把握其思维脉络的清晰缜密。

二是议论文写作指导中多了些功利、短视行为，少了些思辨习惯的养成、精神境界的提升及系统写作理论的支撑，致使学生将写作只是作为一项考试内容来训练，少了及时捕捉自己的思维火花，真诚睿智地抒写自我性灵的激情。结构形式上也是为求平稳，着力训练观点—材料—观点"总分总"式的表达，长此强化，学生见到题目，大脑的第一反应就是搜索资料，而不是对核心概念的思辨了。

如何扭转这种局面？

我感觉阅读教学中最经济的写作素质训练就是"咬文嚼字"。记叙文、说明文教学中重咬动词、形容词以及名词性的词语词组，议论文教学中则重在咬"关联词"，借此追索作者思维发展的脉络。再就是分析标点符号，作者的语气、情感、思路等很多信息都可从标点符号品读出来，借机可引出选择不同句式表情达意的训练。最后是分析段落中各个句子的结构关联。也就是你曾经说的："哪是观点判断句，哪是支撑阐释句？哪是论据叙述，哪是分析阐发？"

李：平时辩起来头头是道，写作时"因果、假设、选择、类比等智慧的思辨就少见了"，其原因之一就是我们前面所谈到的"议论文写作定位的偏失"，学生更多想到的是如何"码"文字，而且"码"得花哨，而不去有意识地想到写一篇议论文的目的——讲理、说服。另一个原因就是教师在指导学生怎样讲理上缺少写作教学知识的提炼，方法还不多。你提到的"学生见到题目，大脑的第一反应就是搜索备料，而不是对核心概念的思辨了"，切中要害。对此你给出了"扭转这种局面"的策略：借助词句的训练，培育学生的"议论思维"。我举个例子，上海特级教师毛荣富指导学生练写排比句来提升"立体透视事物"的能力，出了这样一道题：如今"潇洒"一词几乎成了流行语。其实，"潇洒"并非今人才有，而是古已有之，比如我们课文中的蔺相如、宋濂、史可法、庖丁就各有其风流倜傥处，请你根据他们四人的材料写一段有关"潇洒"的排比句。学生一开始只是罗列，没有什么系统可言。毛老师就启发学生考虑一下他们各自的表现是不是揭示了"潇洒"这一概念的不同外延。于是就有了这样的例子："蔺相如功高不自矜……这是气度的潇洒。宋濂……这是心态的潇洒。史可法……这是人格的潇洒。庖丁……这是技艺的潇洒。"这就已经不是古今中外的简单排列了，而是不同角度的立体展开。但毛老师还嫌不够，又启发学生："这一组排比句固然写得不错，但只是对'潇洒'的外延的揭示，能不能再写一组相应的排比句发掘一下'潇洒'的内涵？"请看学生的这个例子："潇洒是不计他人之过，以大局为重的谦让宽容的生活态度；潇洒是不为外物所役，执着于自己内心追求而具有的一种精神优势；潇洒是为了民族大业，临危不惧、勇于献身的人格境界；潇洒是经过长期磨砺，掌握客观规律之后获得的一种自由。"与前例体现了思维的广度不同，此例更展现了思考问题的深度。与只是一般性地提示学生要展开论证层次不同的是，毛老师紧紧抓住核心概念的"外延"和"内涵"训练学生立体思维的能力。基于对内涵、外延辨析的概念思维，把事实与意见结合起来，做逐层开掘，"讲理"是不是就更圆融？更令人信服？

　　你还提到议论文体中"语气""句式"的训练，这又让我想起了王鼎钧的《讲理》，书中的杨老师就专门花了几节课和学生讨论"口吻""句式"，杨老师很有办法，经常和学生运用比较辨析法。比如把摘自教科书上的若干句子混编在一起，让学生区分出哪些是"是非判断式"的议论口吻，哪些是铺陈渲染情感的抒情句，体会议论语体与抒情语体的不同。比如为了让学生明了意见与事实的关系，杨老师煞费苦心找到了《莫拉维小说选》中的一段文字（主要内容写男主人公的太太离他而去，他如何不能理解她的离去，他判定自己非常爱她，而陈述的所有事实都成了他的反证，而他却丝毫不知），而后让学生做练习：1.分辨哪些是意见，哪些是事实；2.涂去原来的意见，只留事实；3.根据事实，另写一篇文章，指出这位丈夫的缺点。有位学生就对原文加以删改，写成了一篇绝妙的"悔过书"。再比如为了让学生体会议论文体中"反问""设问""推想""反讽"语气的妙用，杨老师又不厌其烦地一再"下水"示范。总之，如果缺少了知识、方法的支撑，学生纵然想"讲理"，也是徒然，而方法、知识的"支架"要靠老师帮着来搭起。

说到议论文写作的知识，不应只是论点、论据（事实论据、道理论据）、论证方法（例证法、引证法、对比论证、比喻论证）这点有限的知识，也应有些逻辑推理的知识和方法。中学语文教材中曾经编进一部分逻辑方面的知识，但多是压缩版的知识"硬块"，没有嵌入实际的语文学习情境中。如何把逻辑推理的知识活化到学生的议论思维结构中，需要我们做些具体的知识加工和开发工作。否则，学生的议论文写作还是常常不能逻辑自洽，而只能靠抒情渲染、主观臆断去自说自话。

王：学生"思辨"水平和架构论证层次结构能力的培养绝非

一日一课之功,很难一蹴而就,的确要在"积淀"上下功夫,这跟前面讨论的内容密不可分。教师对议论文体的定位会直接影响到学生怎样看待写作:是应景交差、蒙个高分,还是思辨讲理?议论文意识不同,积淀的方向、写作的主动性将差之千里。关于如何指导讲理的讨论主要针对课堂教学。在课堂学习积淀思辨技巧、论证方法的同时,更应加强课外及生活中的见识积淀。这积淀中我们所要养护的"根"是什么,如何才能保证学生思想的源头活水清流潺潺?可以从以下三方面着手:

一是从说切入,以高谈阔论带动议论文写作。课内课外通过各种综合实践活动加强描写、叙述、解说、抒情、议论五种口头表达方式的对比演练,让学生学会"言之有理、言之有序、言之有度、言之有物"地议论讲理。

二是给点哲思,提升学生的精神境界。你曾经利用假期和学生开设博客"风烟俱净",引导学生品读《论语》的尝试就很好。我以为《论语》《老子》《庄子》的思想内核是必须引领学生品味思索的。

三是就地取材,提高学习成绩和效率。我发现学生手头那一本本试题完全可以拿来为我所用。阅读理解部分的很多选文都是哲思与文采俱佳的上乘之作,从指导写作、追索作者思想脉络和表达技巧的角度指导学生的阅读,应该有一举多得之妙。

李:这就落脚到"见识"二字上。刘禹锡曾说过一句话:"文以识为宗",缺乏了生活体验、阅读积淀,无论叙事、抒情还是议论,都找不见根基。

作文批改：基于表现标准的评价与对话

作文批改之难，由来久之。1946年蒋伯潜在《习作与批改》一文中写道：

> 从前，我和朱自清、刘延陵二先生同在某校教国文。朱先生和我是努力批改作文的；刘先生却从不批改，而且常笑我们，"可怜无补费精神"。有一天，校工替我们买了一包花生米来，包的纸便是我仔细批改、三天前发还学生的作文。这正给了刘先生一个有力的证据。我被兜头浇了一勺冷水，顿时凉了半截。朱先生却鼓励我，认为这仅是极少数的偶发事项，不能以此概括全体学生；而且这或者正可证明我们底批改不很得法，不够努力，所以不能引起学生底注意。[①]

照目前情形来看，朱自清先生的话一半说错了，另一半说对了。错就错在已经不是"极少数的偶发事项"，教师的批语虽

---

① 顾黄初，李杏保.二十世纪前期中国语文教育论集［M］.成都：四川教育出版社，1991：830-831.

然不至于和学生的作文一起沦为包花生米的纸张的极端境地，但学生对于教师批语的不重视却已是较为普遍的现象。而朱先生的后半句话却是一针见血地指出了问题的根源：教师的批改不很得法，以至于不能引起学生的注意。是啊，作文批改是一项非常难的工作，难在费时和劳神，更难在不易得法，不见收效。如何才能让批改在学生身上产生预期的写作行为，促进他们写作水平的进展？首要的是应给"作文批改"做出一个清晰的定位。本文提出：作文批改是基于表现标准的评价与对话。这样说有两层意思：作文批改只有基于表现性标准，教师的指导和评价，学生的写作预期和后续改进才有明晰的方向；基于表现标准的作文批改更是教师与学生之间、学生与学生之间的文字交流和精神对话，而这也正是写作以及写作批改的本质所在。

一、促进教学的评价要基于明晰的表现性标准，作文批改是为了促进写作教学的教学评价，所以作文批改要基于明确的表现标准

对于作文批改，教师习惯于大权独揽，即习惯于掌握生杀予夺的大权。批改作文，似乎就是在审判案件。审判也罢，但要害的是这样的"审判"并没有一个公开的"标准"，教师似乎凭着一己之经验在勾勾抹抹、批批画画，学生从批语中感受到的不是"蛛丝"，便是"马迹"；不是"一鳞"，便是"半爪"。一篇好作文的标准到底是什么？好到怎样的程度才是好？学生不清楚。打个不太恰切的比方，一个苛刻的婆婆总是百般挑剔儿媳的活计，但偏不给儿媳挑明究竟应该怎样做，没有公开的标准的作文批改大

抵也是如此吧。作文批改如若真正为了学生着想，为了促进学生的发展，就不应该"隐秘"评批的标准，而是要给学生一个明明白白的"标准"，不但要公开标准，而且要公开表现性的标准，以此为"杠杆"撬动起整个写作教学。

教学标准一般包括内容标准和表现标准。内容标准描述学生应该知道什么，能够做什么，或者应该掌握何知识、技能；表现标准描述的是学生学到多好算好，要回答的问题是"十分好是多好"，也就是说，表现标准定性地描述期望学生达到的学业水平（表现水平）。由此可以看出，评价学生掌握知识、技能的程度如何，达到内容标准与否，表现标准是一把直接的"标尺"。在写作教学中，有了表现标准，学生的写作和教师的指导与评价才有了具体的目标。而我们的写作教学却恰恰缺少了"表现标准"这一环，有的多是"中心明确""结构完整""构思新颖"之类的模糊的"内容标准"，批语中也多是"中心明确""描绘生动"一类的四字评语，到底怎样才叫"中心明确"呢？具体到这一篇作文，中心明确与否的具体表现究竟是什么？不能给出一个清晰的表述。当学生不清楚应该做到何种程度、怎样去做时，教师的批改批得再辛苦，批语下得再繁多，都不能对学生的写作真正发挥"催化"作用，不会引起学生的注意。

相比而言，美国的写作教学更注重"表现标准"的开发和运用。方帆老师在《我在美国教中学》[①]一书中提供了一个四课时的写作教学实录，贯穿课堂始终的是一份"高级记叙文检查表"（见表1）。

---

① 方帆.我在美国教中学［M］.上海：华东师范大学出版社，2006：165-166.

表1　高级记叙文检查表

一、总体印象（每项三分为满分）：

分数	检查内容	评价
	题目跟内容有关吗？	
	所有的对话都另外开一段吗？	
	全文至少分三大部分或三段吗？	
	开头是怎么样的？吸引人吗？理由？	
	文章有主题吗？	
	文章的主题是通过一个什么故事写出了一个什么道理？	
	文章是不是只说了一个故事？	
	文章有没有写成了流水账？	
	文章是不是使用了很多"概括性写作"？	
	文章的结尾有没有回应主题？是如何回应的？	
	文章是用第几人称写的？用其他人称可以吗？为什么？	

二、具体内容（每项三分为满分）：

分数	检查内容	评价
	故事的矛盾是什么？	
	正面人物是谁？身份是什么？	
	反面人物或者反面势力是什么？	
	矛盾是如何开始的？	
	矛盾是如何组织的？	
	故事使用了伏笔没有？是什么？	
	矛盾的高潮是什么？	
	有没有跟主题或者矛盾相衬的人物性格、行为描写？举例。	
	有没有跟主题或者矛盾相衬的人物外貌描写？举例。	
	故事使用的语言是否生动吸引人？举例说明。	
	矛盾的最后解决是否跟主题或者题目有关？为什么？	

　　课堂上，教师首先解释了检查表的每一项内容，然后发给学生一篇"高级记叙文"的例文，让学生使用检查表检查、评估这篇文章，对照检查表的每一项内容写出评估意见。而后，学生写出自己的作文初稿，根据检查表做出修改后，再由同伴按照检查表互相评估对方的作文初稿，最后则是教师的评定。在整个的教学过程中，学生反复使用着"高级记叙文检查表"，检查表成为了学生理解写作任务、调控自己写作行为的"支架"，而不仅仅是评价他人作文的"工具"。实际上，这个"检查表"里的内容即是表现性标准的具体描述。当然这还仅是一个基于表现标准的"检核表"，规范的"表现标准"更多的是那些层级界说清晰的"评分规则"，如美国的"6+1要素写作分项评分规则"。该评分规则把写作技能分为6个要素——思想性、条理性、写作风格（也有译成"口吻"）、用词、语句流畅性、写作常规，另有"格式"1个要素，构成写作的"6+1要素"，作文评定时，对不同要素单独评分，每个要素都有1分到5分五个等级，每个等级都匹配相应能力表现标准的清晰表述。美国的一些教室内就张贴着这样的"6+1要素写作分项评分规则"，学生抬头即见、耳濡目染，写作的目的意识、读者意识自然得以强化。有了表现标准，学生会清楚地知道自己作文每得一分的理由是什么，该如何修改才能得到更好的分数。但是，基于表现标准的作文评价会不会导致学生写出来的作文像八股文一样千人一面呢？方帆老师做出如此回答："我的经验发现，这样写出来的文章，尽管大体结构非常相似，但是内容却是丰富多彩，并没有'千人一面'的情形出现。"①

　　方帆老师自有他自己的教学情境，他的"检查表"及美国的教学经验并不能机械照搬到我们的课堂。但基于表现标准的开发和运用，把作文批改作为"引擎"或"杠杆"，促进写作教学水平的提高，却值得我们思考和借鉴。写作教学中的表现性评分规则，最好是指向特定写作任务的评分规则，即与每一次写作的具体目标相联系。举例说，这次写作练习主要训练"能抓住动情点"，那就围绕此目标由师生协商制定具体的表现性评分规则，批改的重心也定在"能否抓住动情点"（批语要针对具体文章把表现标准再具体化），不但如此，写前指导、写后讲评等都要凸显这个写作目标。待下次作文，可能又把"利用重复、渲染强化动情点"作为"焦点"写作目标，"能抓住动情点"则被推到"背景"。每次写作都有明确的写作目标和针对性的写作评价，如此循环往复，构成系统的写作教学序列。指向特定写作任务的评分准则虽然更加具体有效，但频繁更换起来难度比较大，折中的做法是使用一个相对固定的表现性评分规则，每次写作练习时，结合具体的写作任务对评分规则做出微调，无论在评分点的分布、表现标准的描述还是分数的分配上都凸显本次写作的教学目标。拟定表现性评分规则并不是一件简单的事情，也许拟制出的评分规则并不完善和严谨，但适合你和你的学生的就是最好的，师生协商开发和运用表现性标准，大家对写作任务有了更加清晰的认知和共识，写作行为发生了积极的变化，即便"规则"还有

---

　　① 方帆.我在美国教中学［M］.上海：华东师范大学出版社，2006：175.

些纰漏，但与那些"中心明确""中心比较明确""中心不明确"之类的看似严谨而学生并不买账的评分标准和批语相比，效果总会要好一些吧。

二、作文批改不是冷冰冰的"技术"评判，而是基于表现标准的文字交流和精神对话，而且这种交流与对话并非一次性完成的，其方式也是灵活多样的

作文批改作为基于表现标准的评价，不是一件纯技术活儿，而是对文字和文字背后的"人"的双重关注，是多渠道、多方式的文字交流和精神对话。作文批改作为评价，不是教师一个人的事，而是应该向学生甚至学生家长开放，让学生的作品进入流通领域，让更多的人彼此分享写作的经验与生活。学生写，教师批，集中讲评了事，这种"统购统销"的封闭模式，不利于激发学生的写作积极性。学生写，老师也写；你阅读我的故事，我也分享你的故事；你述说你的写作经验，我为你提供写作建议……写作，也就成了交流和对话的过程。互批，就是其中一种交流与对话的方式。提起互批，不要只看到"互批"，而屏蔽掉"指导"；互批，可能意味着教师体力上的解放，但却意味着更多智慧上的付出。比如，能不能给学生一个表现性的评分标准？能否给学生批语的示范？能否规划一个科学的批阅流程？能否有一个监导批阅质量的程序？能否营造一个尊重、共享的批改氛围？如此等等，都需要教师做出精心的擘画。即便是互批，方式也可灵活变换，仅举两种：其一，小组内循环批阅。四人一组，确定组长，大家轮换阅读四份作文，而后在组长主持下逐篇讨论，根

据表现性评分规则给定批语和分数。其二，"跟帖"式互批。我们教师给考场贴考号时经常采用"S"形，互批也可采用这个路线，形成一条流水线，每个同学都在前一同学批阅的基础上留下自己的意见，类似我们现在网上的讨论跟帖。学生互批后，教师的跟进了解和再批不可省略。目的是梳理共性问题，记录典型个案，了解学生达成写作目标的情况，同时也了解学生互批的效果如何，发现好的批语和存在的不足，为下一步讲评反馈做好充分的准备。从这个意义上讲，指导学生互批，不能简单地理解为就是单纯为解放教师的劳动，而更应该看到，指导学生互批，教师是在以另一种并不省力但更加智慧的劳作，让学生成为批改的主体，让他们获得写作能力的提升和经验分享的喜悦。

另一种古老的批改方式——面批，也还远未过时。面批是切近的、深入的交流与对话，有着笔批所不可替代的作用。梁实秋先生在《我的一位国文老师》一文中记道：

徐先生之最独到的地方是改作文。普通的批语"清通""尚可""气盛言宜"，他是不用的。他最擅长的是用大墨杠子大勾大抹，一行一行的抹，整页整页的勾；洋洋千余言的文章，经他勾抹之后，所余无几了。我初次经此打击，很灰心，很觉得气短，我掏心挖肝的好容易诌出来的句子，轻轻的被他几杠子就给抹了。但是他郑重的给我解释一会，他说："你拿了去细细的体味，你的原文是软爬爬的，冗长，懈啦光唧的，我给你勾掉了一大半，你再读读看，原来的意思并没有失，但是笔笔都立起来了，虎虎有生气了。"我仔细一揣摩，果然。他的大墨杠子打得是地方，把虚泡囊肿的地方全削去了，剩下的全是筋骨。在这删削之间见出他的功夫。如果我以后写文章还能不多说废话，还能有一点点硬朗挺拔之气，还知道一点"割爱"的道理，就不能不归功于我这位老师的教诲。[①]

同样是那些"大勾大抹"，为什么起始让"我"灰心气短，后来就令"我"豁然开朗、心生敬佩了呢？这不能不归因于徐老师和"我"的面谈。面谈、面批，信息的反馈更加畅通及时，一整页的文字批语所负载的信息量可能还不如三分钟的面对面交流所传达的信息量大，而且，亲切的语气、平等的对话，更能产生"现场感"，"零距离"的阐释和呼应，利于思维的激活和问题的分析与解决。面批的不足就是耗时长，每篇作文都面谈、面批，无法实现。但每次作文面批五六个学生的作文，下次作文再换另外的五六个学生，一学期下来，每个学生大体都能有一次面批作文的机会。事实上，学生对于面批，尤其是作为对话与交流的面批，会很喜欢的，因为这时你面对的不只是一篇文，而且是面对着他这一个"人"。

无论是全批全改、互批，还是面批，其实质均是文字的交流与精神的对话，而且这种交流对话不会一次性完成，而是彼此呼应、持续衍生。因此，有经验的教师就会适时引导学生给批语写读后感、批后记，教师又对学生的"续批"跟进回应，这样一

---

① 郝勇.名家记人100篇［M］.北京：知识出版社，1994：213-214.

来，写作反思就永远处于"现在进行时"，写作及其批改的过程就成为不断重写的过程。严寅贤老师指出，作文批改"所触及的不仅仅是学生作文能力的发展，还融合着对鲜活生命的关注，对稚嫩灵魂的雕塑"。他本人的批语即见出"文采"，见出"性情"，换来的是学生真心为之、至情倾吐的"续批"。他的一位学生这样写道：

> 我们与别科老师交流，是通过试题。与语文老师交流，则是通过文字，通过情感。小学生对于文章一类的东西可能会应付，高中生不会（相对而言）。高中生活太紧张，同学之间太淡薄，好多悲伤、怨恨、快乐都要发泄，向谁发泄呢？文章也。发泄之后，又听谁来安慰，谁来鼓励呢？语文老师也。[①]

是啊，基于表现标准的作文批改，如若赢得学生的心，就不应只停留于批注上的有形文字和具体建议，而且也应该在倾听与对话中深含着无穷的期待和情味！

---

① 严寅贤.作文批语：写作能力与生命培育的双重关注［J］.中学语文教学.2003（7）.

为什么写？给谁看？

——"写作的目的与对象"课堂实录

师：上课，同学们好！

生：老师好！

师：今天给同学们带来了一个外国文学作品中的小故事，请大家看投影（屏显）：

"故事"来源自荷曼·麦尔维尔的《抄写员巴特利比》：最初，巴特利比的工作是信件分发员，他和其他分发员不同的是，他专管死人的信件，因而这些信件永远不能分发出去，也永远不会被拆开阅读。之后他当了一个律师的文稿抄写员。经过了那么多年与死人信件打交道的工作后，当律师叫他从事一些写作任务时，他的唯一反应就是回答说"我宁愿不"。他宁死也不肯写出一个字。

师：你猜猜巴特利比为什么宁死也不肯再写出一个字呢？

生：我认为是他看多了死人的信件产生了条件反射，认为要是写了这封信，写这封信的人就要死了。（大笑）

师：谁要写信就会死？呵呵，这个条件反射可够强烈的！这是他的解读，这个解读有一点浪漫的想象。还有其他的意见和猜测吗？

生：他之前分发的东西都没有人看，他担心自己写的东西也会没有人看。

【既是故事，也是一个情境，目的在于自然导出问题。这样导入，容易唤起学生的注意，激起他们的兴致，但也易旁逸斜出，衍生一些不必要的讨论，而淹没想引入的主题。】

师：我相信还会有同学有不同的意见，这位同学的意见和我的比较相似，抄写员之所以不愿意写东西，就是因为他怕写出来的东西没有人看，点灯熬油，耗费精力，又没有人欣赏，于是他想当然地认为写作是毫无价值、毫无意义的。这就从反方面告诉我们写作一定要考虑到什么？

（生沉默思考）

师：写作目的。我写这篇东西干什么？读者读到文章后的反应是什么？我写好这个东西被读者看见了，但是如果读者毫无反应，那么这个作品跟死亡者的信件又有什么区别呢？所以我们写文章的时候就要考虑：我给谁写？给谁看？心中有没有装着读者？有没有目的？同学们会不会觉得老师说得有点神乎其神？不是的！这是一个常识，让我们写作走出"死亡者信件"的症结，不让我们的作品永远沉寂在角落里。我写出来的东西可以不好，但是我可以让你看，可以达到我的目的。这就是好作品。起码是真实的作品。

【缺乏读者意识、目的意识，是中学写作的缺陷，对此缺陷，我们长期以来关注不够。】

师：老师今天给大家提供一个核查表，提醒一下大家写作的时候想一想：有没有心中装着读者？有没有写作的目的？（屏显）

1. 有明确的读者对象吗？

2. 有明确的写作目的吗？

3. 有足够的细节描述提供给读者吗？

4. 作者写什么、不写什么，考虑到读者对象和写作目的了吗？

5. 作者先写什么、后写什么，详写什么、略写什么，考虑到读者的需求和感受了吗？

6. 作者的语气适合读者对象吗？

7. 语言表达能让读者明白和接受吗？

师：请同学们自由地放声把这七条朗读一遍。

（生自由大声朗读）

【这份核查表，对"明确写作目的和写作对象"做出了表现性的描述。虽然描述是粗略的，但优点是简洁，便于核查和使用。】

师：有没有不同意某一条或需要老师对某一条稍做解释的吗？

生：第五条我不太理解，先写什么后写什么与考虑读者需求有什么关系呢？

师：（重复问题）有同学能替我解释吗？

（生沉默）

师：我自己来解释一下，先写什么，后写什么，要看看读者是否能接受，这样安排读者认为合理吗，读者喜欢吗，详写的东西读者感兴趣吗，你这个写得太假太啰唆，读者会不会不喜欢？

生：好文章应该适合所有人，为何第一条要强调明确的阅读

205

对象？

　　师：很有想法，实际上明确阅读对象可以有几种形式，一种是有具体的人，一种是指一类人，同学、朋友等，还有一种是写给自己的，形式不一。但是不管写给谁，都要想到读者，心中要有读者，因为想到读者，就往往想着自己的写作目的。

　　生：为何要有细节描写？你怎样知道提供给读者什么样的细节描写？

　　师：有能替我解释的吗？我说得有点多了。

　　生：细节描写是最重要的，最能展现文章灵魂的。

　　生：最能体现描写对象的特点的，最吸引读者的。

　　师：都很好，打个比方说吧，记一节最特别的语文课，给其他班级的同学们看，那么我们要写写李老师这个人什么样，他上课的做派什么样，同学们的反应如何，把这些细节突出出来，没有到现场的同学们就会有身临其境之感，反之，你只是简单交代一下有个北京来的李老师，给我们上了一节课，课题是什么，这样就不会让读者有兴趣，读者会感觉不解渴。

　　【举例子是简单却有效的教学方式。】

　　生：写文章写给别人看，可是每个人的性格是不一样的，适合的语气也不同，我们如何判定什么语气适合？

　　师：好，问题很具体，接下来我们探讨一下。写作的时候采取一种什么视角呢？仰视？俯视？还是平视？怎么处理与读者之间的关系？高高在上、盛气凌人？还是平等的，平易近人的，围绕读者与他们面对面地展开交流？而仰视可能又是另外的一种感觉了。就是这样的一个意思。

（生无人举手）

师：如果大家都没有问题了，咱们不妨拿一篇文儿来说说事儿。看看这七件事儿他都有没有做到。这是李老师做老师时教的一个学生的作品。当时李老师教初一，初一的学生住校，一个星期才能回家一次，我布置的题目是"给×××的一封信"。老师给大家读一读这篇文章。（屏显）

给咪咪的一封信

咪咪：

你想妈妈了吗？我好想妈妈。每晚抱着你进入梦乡时，我的心总会微微痛一下，鼻子酸酸的，泪水涌上眼眶。我又想妈妈了。

在学校，友情必然深厚，师恩必然珍贵，但是母爱才是我最想要的！每当同学们聚在一起，谈论妈妈做的可口饭菜时，我也想起了，仿佛眼前就有一桌美味、丰盛的佳肴，口水已经"飞流直下三千尺"。每当繁重的作业压得我喘不过气来时，我也好想扑到妈妈怀里听她讲一会儿故事。

我本来没有晚上睡觉要抱一个娃娃的习惯。可是，我想妈妈，我想抱着她，闻闻妈妈清香的体味，我也踏实了。事实却是如此残酷，我离开妈妈了，我没有了每晚的"依靠"。我只能抱着一只玩具娃娃，看着你的大眼睛，抓着你柔软的小手。我为什么总是想起妈妈？在给你写这封信的时候，提到"妈妈"这个字眼，薄薄的泪水一次又一次地冲刷了我的双眼。或许你永远不会读懂这封信，或许你永远只会对着我憨笑，或许你永远不会像妈妈那样带给我欢乐、亲情！但是，我还是要写，在××，这个四面大墙的校园里，或许我的心永远不会飞到妈妈的身边，但是，每当妈妈的一抹微笑挂在脸上时，请你告诉她：我爱她！

在周五返校后，我总是激动地问妈妈："妈妈我很想你！妈妈你想我吗？"妈妈总会抚摸着我的头，轻轻地，温柔地说："妈妈也想你，宝贝，妈妈每天中午都等着你的电话。"我不知是高兴，还是听了妈妈的话感到感动。我又哭了，这次是紧搂着妈妈放声大哭。那一刻，虽然我们都落了泪，但不是每晚凄凉的泪，不是写信时难过的泪，而是欣喜的泪，是幸福的泪。

咪咪，你虽是个可人的布娃娃，但是，我相信，你也是有感情的，我相信，每次你看到我流泪，你也为我伤心。不管怎么说，谢谢你，谢谢你让我在每晚夜深人静时还有一个朋友，还有一个倾诉的对象。你让我知道，就算妈妈不在我身边，我也能搂抱着一个人安然入睡。

希望你能睡个好觉，爱你的主人将和你一起把脑海里那一份对母亲的思念带给她。

此致！

敬礼！

和你共枕同眠的人

2007年9月17日

【样文给前面的"核查表"提供了具体的样例，有了样文的辅助，"核查表"的标准就显得清晰了。这样配合"表现性标准"的样文，用术语叫"锚"。理想的"锚"，应该是给几份不同类型的样文，因为只给一篇，学生容易简单模仿，束缚住思维。】

师：同桌之间讨论一下，看看这篇文章，刚刚我们说过的七条他都达到了吗？哪条没有达到？

（生讨论）

师：想发表意见的同学请举手，说说你认为哪一条做得好或是还不够。

生：第6条做得很好，语气很亲切，把布娃娃当成了一个朋友，是一种平视的感觉。

师：还有吗？

生：第3条也做得很好，特别是周末回家时投入妈妈怀中的细节描写，催人泪下。

师：哦，催你泪下了。同学们，细节并不神秘，你只要把那些打动人心的心理、动作、神态的细节用细腻生动的语言表现出来就可以了。还有其他意见吗？

生：第1条做得不太好，说是写给咪咪的，但更多是写给妈妈的，表达对妈妈的爱，真正写咪咪的反而没有多少。

师：有不同的意见吗？

生：我认为不是的，他就是要通过写咪咪来表达出在那些没有妈妈的日子里，他是如何依靠咪咪来寄托对妈妈的爱的。

师：还有补充意见吗？

生：他把咪咪当成自己的朋友，倾诉对妈妈的想念。

师：看似是跟"咪咪"交流，实则是在跟妈妈倾诉，同时也是跟自己的内心倾诉。但是我同意这位男同学的话，他应该在写作中多一点跟咪咪的直接对话，使之更加自然亲切。这篇文章角度很新，语言很流畅，但是也有可以改进的地方。同学们，如果老师让你们以"××，请听我说"为题写一篇文章。你们会写给谁？

【用"核查表"核查这篇样文的过程，是深入思考"核查标准"的过程，也是进一步认同"读者意识、目的意识"的过程。当学生对"读者意识、目的意识"有了清晰的理解和自觉的认同，后续的写作就水到渠成。】

师：填上你最愿意填的人、事、物等，都可以，说出你想说的话。

【这个题目与样文的题目相似。给学生一个就近的台阶，易于上道。】

（生写作15分钟）

师：很棒，大家在15分钟内不停地写，我看写得最多的写了有600多字，大多数同学都写了三四百字。我们先欣赏一两份吧。

生：妈妈，请听我说，这个星期六，我打开日记本，刚要记录这天发生的事情，心里突然想到了您，我的妈妈。虽然知道您工作忙，为了这个家付出了太多，可请您停一下，停一小会儿，我有话对您说。

诚然，作为人类的工程师，您有太多太多的事要忙，而我，您唯一的孩子，是不是被淡忘了呢？您一向以您的学生的出色而自豪，可当我获得优异成绩时，却从未听过一句表扬、鼓励。我为这种不平等的待遇感到不平，可我又能说什么？

在事业和家庭上面做出选择，我相信您一定会选择事业，因为太多太多的事情使我坚定地相信您只关注您的学生。每当深夜，我从噩梦中惊醒时，心中总会涌现一股无名的哀伤。

每当您把班上的学生带到家中，耐心与他交流、指导时，我心中更是无法言说，您何时这样对待过我？当我看见您头上那一缕白发时，心中更是无法述说，不禁对您的学生产生一股怨恨——凭什么把我的妈妈累成这样？

妈妈，我爱您，但请您分些爱给我！

师：很好，对象是自己的妈妈，写出了对妈妈的爱的渴求，说出了心里话，抒情色彩很浓，挺好，但是一味这样抒情下来，总显得有些单调，如果再多一点细节会更好。还有同学愿意读一下吗？

生：爸爸，请听我说，小时候，我在爷爷奶奶身边成长，在六岁时回到您身边，在我心中，您就是一个神般的存在。从一年级开始，您对我严格要求，希望我做个出类拔萃的人，我感觉得到您心中的希冀，我一直在努力跟上您的步伐。

可是，爸爸，请听我说，不停地快速奔跑是会很累的，有时候，在路边稍微休息一下也未尝不可，这条路上，太多阻碍，我的身体没有您强壮，请慢下脚步等等我可以吗？选择一个适合我的速度，我相信这样我会跑得更好。我依稀记得小时候，您教我代数，我什么都不懂，只有不住地点头，您洪亮的声音一直在我耳边盘旋，一直鞭策着我。爸爸，我知道，您希望我有一个平坦的未来，希望消灭我前方所有的荆棘，但是，有时请放一放手可以吗？因为，未来总有一天，您不会再拉着我奔跑，那个时候的我摔倒了怎么办？

师："奔跑"一词很有象征色彩。我想这位同学的话会打动她爸爸的，因为她用她的心里话打动了我这样的一个父亲。我的女儿和你们的年龄差不多，我从你的文章中学到了要给我的孩子以自己的节奏和生活，要让她以自己的步履去走她自己的路，不要拽着她跑。写得真好。先欣赏这几篇吧，没写完的课下再补充

完整好吗？下面请看这个题目"理解是一个慢慢的过程"——镇江市中考的作文题目。（屏显：理解是一个慢慢的过程）

【简评这两篇文时，并不面面俱到，依然突出这节课的写作目标——读者意识、目的意识，还是围绕"核查表"的要点来点评。】

师：我想，在座的老师会向李老师提出质疑，上一个作文的题目采用书信形式好确定读者对象，那核查表那七条内容对镇江市的中考作文题目还灵不灵呢？如果有老师这样问我，有同学能为李老师解围吗？你会如何确定读者对象和写作目的呢？

（思考，一男生举手）

师：这位男同学，真仗义。

（观众笑）

生：可以把读者对象确定为家长，表达对他们的一种歉意，处于青春期的我们，不能理解他们的苦心，但我相信经过岁月的洗礼我会慢慢理解他们所做的许多的事情。

师：很不错，跟刚才那位女同学文章中的内容很相似，理解是慢慢的过程，不要强加，不要牵强。我们再看一个题目（屏显：××，请听我说：理解，是一个慢慢的过程）。我把两个作文题粘在一起了，××，请听我说：理解，是一个慢慢的过程。我们来看，写任何文章心里都要装着读者，至于这些读者是哪个人、哪些人、哪类人都不重要，关键你的心里要装着他们，要和他们分享。

师：这节课就上到这里，下课。

生：老师再见！

【当时是在镇江上的公开课，以这节课所学去分析镇江市的作文题，可能更有说服力。"××，请听我说"一类作文题，更容易确定读者对象和写作目的，如果只练这些，不去面对"理解是一个慢慢的过程"一类的作文题，学生还是不能真正确立起读者意识和目的意识。这有点像"变式练习"，道理、原理是相同的，但具体怎么运用会有不同。】

第四章

跨学科阅读与写作

跨学科阅读与写作课程的开发与实施：
以语文和物理为例

我主持的全国教育科学规划教育部重点课题"促进科学素养与人文素养协调发展的读写课程开发与实施研究"，2019年7月立项，至2021年年底结题，持续两年时间，中国人民大学附中、北京四中、北京景山学校、北京十一学校等学校作为实验校先后加入课题研究。两年来，研究团队以语文和物理为抓手对跨学科读写课程开发的策略与思路进行了系统的实践研究。在实践研究基础上，进一步修正、完善课程开发与实施的策略与思路，形成了在较大范围内可推广、可借鉴的结论。课题组在人大附中、北京四中、北京景山学校、北京十一学校等实验校开发数十种读写课程，涵盖渗透式、整合式和应用式三类读写课程。课题组成员先后在《课程·教材·教法》等核心期刊发表研究成果数十篇，取得了较好的实践应用效果。

一、研究背景与内容

（一）研究背景

新世纪以来，人类面临全球环境破坏、人口老龄化等前所未有的挑战。促进人类科学素养和人文素养的协调发展，妥善解决科技进步和社会伦理的矛盾冲突，构建自然生态与人类社会的多重和谐，是全球教育面临的首要问题。这也是全球各国30年间倡导培育学生发展核心素养的共同旨归。尽管世界各国提出的核心素养所包括的具体内容不尽相同，不管是欧盟的8项核心素养框架、法国提出的7项核心素养、联合国教科文组织提出的终身学习的五大支柱，还是美国的21世纪核心素养框架，梳理世界各国和组织提出的核心素养框架，可以发现培养学生交流沟通能力和信息获取能力是共同要素。如何在教学实践中培养学生的这些素养是各学科教学的重要议题。

从我国国际竞争环境看，特别是在"中兴事件""中美贸易战"等一系列贸易战与技术封锁的大环境下，我们比任何时候都需要创新型人才，需要培养科学素养与人文素养协调发展的建设者。我国2014年提出"中国学生发展核心素养框架"，随后教育部组织开展高中课程标准的全面修订。2017年由中共中央办公厅和国务院办公厅联合下发《关于深化教育体制机制改革的意见》，2019年，中共中央、国务院印发了《中国教育现代化2035》，这些政策文件都在强调以立德树人为根本任务，强调"促进人的全面发展"的育人目标。迎接挑战，达成目标，需要团队协作，个体更需要学会交流沟通表达，而阅读与写作则是交流表达的基本方式，也是促进学生思维特别是批判式思维发展的重要途径。

从各学科教学实践看，通识教育比较薄弱，学科壁垒难以打破，复合型人才培养效果不佳。教学目标往往具有片面性，未能从个体终身发展与适应未来时代发展的需求角度看待人的全面发展与关键能力培养，过分强调学科本位而缺乏站在人的全面发展的高度深入、全面地挖掘学科的育人价值。

语文教学重视文学理解、鉴赏等传统内容，更关注语言而不是思维，更关注字词而忽视科学。例如普遍忽视科普单元教学，认为这类内容的教学不是语文教学的重点。语文教学对信息类文本的重视不够，向其他学科延伸不够。

物理教学在培养学生的科学素养方面，特别是通过科学探究培养批判性思维等方面具有天然而独特的优势，这方面的优势在教学实践中被充分挖掘，但在培养学生的人文情怀、宽广视野等方面还有欠缺，教学更重视科学知识与科学方法的教学，而忽视科学知识与方法中蕴含的科学精神，忽视科学素材中人文情怀载体的挖掘，对物理学科知识之外的育人工具性价值挖掘不够，例如信息类文本的阅读是一项重要技能，对此缺乏应有的重视。

在这样一种时代背景和教育背景下，系统开发促进科学与人文素养协调发展的中学读写课程意义重大，而以语文、物理两大学科作为突破口做率先的尝试，也具有典型性、代表性和可行性。

（二）研究问题

核心问题：如何通过跨学科阅读与写作促进学生科学和人文素养的协调发展？为了方便研究，把核心问题分解为三个方面。

①如何进行中学生跨学科阅读与写作课程的顶层设计？以语文和物理为例，包括如何整合跨学科课程资源、如何规划跨学科课程实施空间、如何设计跨学科读写课程结构等具体问题。

②如何设计实施促进科学素养与人文素养协调发展的跨学科阅读与写作教学？以语文和物理为例，包括如何确立教学原则，总结提炼教学策略，评价教学效果等。

③如何检验跨学科阅读与写作课程的实施效果？以语文和物理为例，对促进学生科学素养、人文素养的协调发展产生了怎样的作用？

（三）研究内容

开发渗透式、整合式和应用式三类读写课程。这三类课程共同促进学生科学素养与人文素养的协调发展，如图1所示。

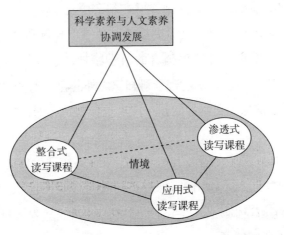

图1 课程开发模型

1.学科教材学习情境下的渗透式读写课程

渗透式课程通过学科教学实施。在各学科内，结合学科内容的特点渗透阅读与写作技能的培养。例如在语文学科内，围绕促进学生科学素养与人文素养协调发展的目标，专门介绍阅读写作的方法，训练学生的阅读技能，可以依托教材的科普单元，为学生提供阅读信息类文本和非连续性文本；还可以与其他学科同步互动，展开讨论科学与人文融合的话题，互动的途径可以包括：充分利用语文学科的科普单元，多学科教师共同备课并授课；拓展学科边界，教会学生读教科书和其他文本；围绕各学科共同关注的话题展开讨论。再例如，在物理学科内，引导学生学会读懂教材，教会学生进行科普或者科学著作的阅读，学会记录方式，学会使用图表，学会书写实验报告等。

2.跨学科学习情境下的整合式读写课程

整合式课程通过选修课程实施。整合式课程突破学科领域和教材的局限，尝试把课内与课外对接起来，重点开发三类课程：科学史与科学哲学；科技文献与科普著作；科幻小说与科幻电影。

3.真实任务情境下的应用式读写课程

应用式读写课程通过专题探究或者应用式学习实施。应用式课程既需要学生应用已经掌握的阅读与写作技能，反过来，也在应用中进一步提升学生的阅读与写作技能。在这类课程中，学生运用已有知识分析针对专题问题进行探究，例如学生可以通过阅读文献了解电磁感应的发现过程，并进行归纳整理，形成文章；还可以在真实生活情境中，加强科学、技术、社会之间的联系，通过阅读文献与实践探究过程解决问题。

以上三类课程中，两个学科教师合作设计并实施。共同提炼教学策略，并通过设计纸笔测试、表现性评价等多种手段检测学生的科学素养与人文素养发展水平和协调发展的情况。

二、研究结论与对策

(一)建构了"情境—任务—读写、认知、加工"三维读写课程体系

问题情境是价值观念、科学精神、人文精神、社会责任感的载体，也是提炼任务的源泉。任务的提炼和分解的过程是学生提出问题、分析问题的思维过程，是通过读写的方式进行认知加工的基础。读写是促进学生认知加工深度发展的有效途径，读写的过程也是问题解决的过程。本研究建构了"情境—任务—读写、认知、加工"三维读写课程体系，即以与学生有关的现实生活情境或学习情境作为课程的背景，以情境中提炼出的核心任务及其分解成的具体任务作为课程展开的线索，以读写作为课程学习认知加工的主要手段，如图2所示。依据问题情境和任务的不同把读写课程体系分为三类。第一类是在知识学习或者问题解决中渗透科学素养与人文素养的课程，称作渗透式课程。第二类是以科学素养与人文素养的某些要素为专题开发的、供学生选择使用的课程，称作整合式课程。第三类课程是在完成项目中实现知识和方法在真实情境中的迁移应用以培养学生科学素养与人文素养的课程，即应用式课程。

(二)建构了"全写作"课程模型

课题研究聚焦学生科学素养与人文素养的协调发展，以立德树人为根本任务，探索"促进人的全面发展"的教育模式，建构"全写作"课程模型。该模型以"全学科"的课程目标定位为基点，形成"目标—内容—教学—技术—评价"的逻辑

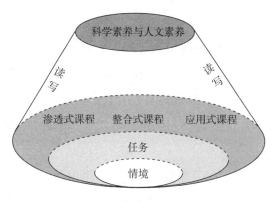

图2　三维读写课程体系

链条。其核心要义是让写作与真实生活关联，以真实情境中的写作，促使真实学习的发生，促进人的全面发展。

在"全写作"课程模型下，构建了以语篇表达为中心的写作课程内容模型，这一模型明确了新时期写作课程范式的追求，引导在真实的言语实践过程中，改造"惰性"的文体知识为"活性"的语篇交际知识，在交际应用中开发陈述性知识、程序性知识、策略性知识的写作知识体系。

（三）提出和归纳了"学术语境中吸收和发表"的读写方略

课题研究开发了丰富的基于跨学科阅读与写作的课程资源，作为普及科学知识、传播科学精神的知识性读物是课程实施的重要载体之一。课题研究以知识性读物阅读为例，提出和归纳了"学术语境中吸收和发表"的读写方略，探讨了跨学科阅读与写作的内容、原则、方法等。

"学术语境中吸收和发表"的读写方略指出知识性读物的阅读要基于学术语境和学科背景，知识性读物研读是在读写中思考，在表达、批判和应用中理解、建构知识。概念知识要有提要、说明、举例、讨论等精致化加工，要加以"发表"的功夫，才是真正读懂了、"吸收"了。概念知识的学习要与现实生活相联系，迁移运用所学知识解决现实问题，读、写、做融为一体，让阅读和写作在问题解决、任务驱动、项目完成中交织缠绕、互促共生。

（四）构建了"读写做合一"的新教学生态

课题研究基于科学素养与人文素养的协调发展的教学方式转变，针对简单的、以记忆为主要特征的浅层学习现象，强调学生的学习要在阅读、写作活动过程中经历自主、探究、合作、体验、反思等有助于深度学习的关键环节，构建"读写做合一"的新教学生态。

"读写做合一"的新教学生态探讨并赋予阅读和写作新的内涵，阅读是深度加工，是拿起笔来进行的深度阅读；写作作为学习方式和思维方式，是"做事"情境下的真实写作。阅读和写作在问题解决、任务驱动、项目完成中交织缠绕、互生共促，读中有写，写中有读，"做"中读与写，读、写、做融为一体。在读、写、做的关系中，"做"是"关键"，是"驱动器"，设置真实情境，设计有价值的话题、问题、任务、活动、项目，学生在真实的语言情境中"做事"，产生读写需求，深度阅读和真实写作就会真正发生。

（五）在真实情境中，以读写为手段，通过深度学习促进科学素养与人文素养协调发展

不管是读写课程的设计还是实施，都应关注在真实情境中引

导学生更多地投入情感，帮助学生实现知识的深层建构，并在新情境中通过知识、方法的迁移应用实现深度学习，进而在深度学习中实现学生科学素养与人文素养的协调发展。

以创设生产生活、学生学习探究的真实情境作为课程的背景，目的是在课程实施中让学生产生"代入感"，增加情感投入，促进深层思维。阅读和写作既是学生科学素养和人文素养的重要组成部分，也是学生发现问题、分析问题、解决问题的重要手段。在科学学科（指物理等自然科学类学科课程，以下不再加注）中，除了阅读和写作之外，还应该进一步发挥科学探究在课程学习中的重要价值，形成阅读、写作、探究相互作用、共同推进的良性循环，在"读写做"中促进学生深度学习，促进学生科学素养与人文素养的协调发展。

（六）挖掘阅读素材的科学素养与人文素养培育价值，发挥科学素养与人文素养的相互促进作用

科学素养与人文素养的发展，无法通过说教的方式实现，需要在真实情境中通过学生获得丰富的体验，并结合已有认识，逐渐凝练而成。在读写课程设计和实施中，应该注意挖掘情境中的科学素养与人文素养载体，不仅要发挥素材的理性思维培养价值，还应充分发挥在真实情境中素材对学生人文素养的熏陶与启迪价值。在阅读中要注意引导学生把新的体验与已有体验建立密切连接，促进学生已有体验的凝练和升华，逐渐实现体验的类化和结构化。

科学与人文是一体两面，两者并不是截然分开的，而是密切联系的，在真实情境中科学与人文往往相互映衬、相互促进，两者协调发展，从而实现人的全面发展。在真实情境中，学生可以阅读带有强烈的人文色彩的材料，促进科学精神的发展，提升科学素养。不同课程可以在培养学生科学素养与人文素养方面有所侧重，但并不会导致两者的分离。

（七）丰富了语文等人文学科和物理等科学学科的课程形态

课题研究着眼于学生人文素养与科学素养的协调发展，针对固守学科本位等现象，探究本质问题所在，引导打破学科壁垒，建设跨学科阅读与写作课程，从促进人全面发展的高度看待课程，丰富了语文等人文学科和物理等科学学科的课程形态。

语文学科唯"文学阅读"是瞻，看轻实用类文本阅读，不能给其他学科的学习提供有力的支持，语文学科走向自我"窄化"和"狭隘化"。课题研究开发了大量实用类阅读与写作课程，全面把握语文学科的功能属性，强化"阅读"与"写作"作为学习方式的重要性。同样，物理教学以"科学"为重，轻视对学生的人文情怀、宽广视野的培养，物理学科也存在学科功能挖掘不足的问题。课题研究深入把握物理学科的本质属性，发挥物理学科通过科学探究获取证据、发展批判性思维等方面具有的天然而独特的优势，重视科学知识与科学方法的教学同时，引导挖掘科学知识与方法中蕴含的科学精神。学生通过阅读科学史、科学哲学史著作拓宽视野，了解科学原理的来龙去脉与发展历史，更多关注科学与人文、科学与社会、科学与学习等之间的关系，提升科学文化素养。课题研究探索了物理学科的育人工具性价值。

三、成果与影响

（一）开发实施的主要课程

1.课程名称：带你回家——《带上她的眼睛》读写课程

课程设计与实施者：刘晓虹（北京景山学校）

课程背景及目标：对于初中生来说，科幻写作并非易事。做好引导，搭好阶梯，帮助学生拾级而上，建立创作的信心，是科幻写作教学非常重要且必需的工作。课程以续写教材中的选文《带上她的眼睛》为载体，帮助学生搭建"创造出来的世界"，建立"科幻场"，展开想象进行科幻写作。具体课程目标是帮助学生插上想象的翅膀，写好想象类作文。学会建立一个基于科学创造的逻辑自洽的世界，描述在这样的世界里发生的与科学幻想息息相关的故事。

课程开发及实施：以"带你回家——《带上她的眼睛》续写"为核心内容，分为四个学习活动阶段。第一阶段，分析原小说中的科幻场景，探讨理解小说内容与主旨，理解人物形象，同时辅以拓展阅读。第二阶段，讨论设计《带上她的眼睛》续写故事大纲——《带你回家》，并确定年谱。第三阶段，讨论续写故事中涉及的科学以及科幻部分，建立"科幻场"。第四阶段，按照故事大纲进行续写，做好人物设计和情节设计。在续写完成后，各小组展示续写内容，辅以绘画、立体造型等形式，总结经验，发现问题，讨论创作方法。

课程实施效果及评价：学生续写文章集结成册，学生讨论每篇文章的打分，形成推荐稿、自评分、他评分以及评分理由。课程实施过程中伴随学生写作形成"科幻故事打分表"、学生讨论课的表现、学生作品等评价标准，其共同遵循的评价要点如下。第一，科幻小说有"经以科学，纬以人情"（鲁迅语）的说法，科幻创作需要同时关注科学幻想和人物故事架构；第二，"科幻场"的建立对学生创作的作用很明显；第三，细节必须具体动人；第四，把熟悉的场景迁移到全新的时空中，并应和新的时空；第五，主题先行。

2.课程名称："小破球"，何以能？——以《流浪地球》为载体开展科普与科幻教育

设计与实施者：周群（北京景山学校）

课程背景及目标：挖掘科幻小说或影视作品的教育价值，以《流浪地球》的小说原著和电影为例，将立德树人融入科普与科幻教育的全过程，通过科幻教育激发学生对科学的兴趣、对未来的向往，培养他们热爱科学的精神，从而引领学生坚定理想、敢于担当、提高素养、崇尚劳动。

具体课程目标：第一，借《流浪地球》教学生科幻小说的阅读策略；第二，借助科幻作品的读和写，培养学生丰富的想象力；第三，培养学生高阶思维能力。

课程开发与实施：（1）起始阶段。利用寒假，教师通过微信激发学生阅读《流浪地球》的兴趣，并撰写观影感受。（2）重温与唤醒阶段。寒假结束，教师以《流浪地球》系列预告片为载体，学生一起"重温与唤醒"，由此发布班级研讨会的问题。（3）抓住契机，增加学法指导环节。学生对作品的理解处于表面化，教师引导他们从知道"是什么"的低阶思维阶段走向探究

"为什么"与"怎么样"的高阶思维阶段。（4）聚焦科幻，教阅读方法。教师引领学生探讨"打开科幻作品的正确姿势"。（5）致力于高阶思维培养的深化讨论。教师用《星》《去流浪》《有种》等电影推广曲做讨论学习的背景，组织开展新一轮笔谈，布置包含四层难度的若干学习任务。

课程实施效果及评价：撰写、编辑了《"小破球"，何以能？——北京景山学校初中语文学科科幻教育〈流浪地球〉专题学习文集》。

3.课程名称：科学与幻想之旅——跨学科科幻作品阅读选修课程实践

设计与实施者：张蓉芳、刘宁、卓小利、魏鑫（北京四中）

课程背景及目标：刘慈欣科幻短篇小说《带上她的眼睛》被选入统编本教材七年级下册，科幻经典《海底两万里》被教材列为推荐阅读篇目。2019年科幻电影《流浪地球》的票房在中国达46亿元，被教育部列为向中小学生推荐优秀片目。科幻文学和影视作品，把读者、观众带进一个或宏观或微观的全新时空，给人带来与众不同的视听思维体验，引发对人生、人类、道德、现实、科技、生命、宇宙的思考，激发探索未知、想象未来的潜能，内容和内涵都十分丰富。具体课程目标是从科幻文学类型作品的阅读出发，从整体到局部，从科学到人文，从逻辑到想象，从方法到视角，统整教学目标，帮助学生梳理全书内容，关注全书结构，从微观走向宏观；了解科幻文学的特点，让学生感受科学和想象的魅力；对书中重要情节、人物做重点分析的同时，展现科学知识、逻辑、方法，激发学生探索和想象的兴趣；知人论世，引发学生对道德和人情的思考。

课程开发与实施：本课程包括科幻作品的整本书阅读教学和主题引领下的科幻综合活动两项内容。具体课程设计的统整，是用文学作为主线，贯穿始终；用科学作为支线，适时引入。课程研发团队发挥了各学科的优势，采用精读、讲解、讨论、实验、观影等多种方式，更有助于学生深入理解文本。

课程实施效果及评价：重点探讨课程实施过程中学生的学习表现，关注科学阅读策略的行动实践，如何通过语文课学会提取科学文本信息；物理学科教学中学生如何学会整合信息、处理信息等。选用《清洁燃料电池》等文本，将评价融入期中考试，考查学生的通用阅读策略。语文学科印制科学文本的小集子，再从物理的角度出题，评估语文课的训练是否有助于学生的物理学习。

4.课程名称："天工文物——中国古代发明创造"系列综合性实践活动主题课程

课程设计与实施者：北京大兴区教师进修学校周平安及大兴区部分语文教师

课程背景及目标：利用北京各区博物馆的丰富资源，开展跨学科综合性主题实践——既学习中国典型文物所承载的科技知识、文化知识，也关涉文物知识传播的阅读与写作技能的培养，突破传统学科领域的局限。本课程以发现、探究中国古代代表性文物所蕴含的智慧作为主题任务，进而促进中学生阅读非连续性文本（相应的文本材料，应能说明文物在发明创造上的成就，能用现代科学技术具体解说其成就），培养学生科技类文章阅读能力，以驱动应用式写作（用书面表达作为项目成果载体，让学生体验发明创造的历程，增进积极类情感，提升学生科学素养、人文素养，同时提升表达能力）。

课程开发及实施：综合性实践活动主题课程，选择能代表中国古代发明创造水平的文物作为关注对象；选择能深入浅出说明文物发明创造原理的文本，形成相应的主题专题，设计能引发学生对文物的兴趣、对文本阅读的兴趣的项目任务，并用写作呈现项目成果。

借助体现先秦、汉、唐、宋、元、明、清各个时期最有科技成就的代表性文物，重点开发五个文物类型主题：其一，青铜器铸造；其二，造纸术；其三，印刷术；其四，宫殿建筑；其五，古代造桥术。

课程实施效果及评价：形成《"阅读·考察·表达"综合性实践活动——建构真实情境下的多文本阅读和应用式写作课程实施案例集》。每个案例均陈述课程定位、情境任务、学生活动实施方案及具体指导策略、学生活动成果及评价量规等。

（二）教材编写、考试命题及其产生的影响

我参与教育部统编高中语文教材编写，负责编写的必修下册"知识性读物"单元及选择性必修下册"科学文化论著"单元，渗透了"科学素养与人文素养协调发展"的理念，在科学阅读和写作的工具、策略开发方面有了新的突破。课题组核心成员张玉峰2019年起负责北京市普通高中学业水平合格性考试物理学科命题工作，在引入科学阅读、强化情境设置等方面做了积极探索，获得较好社会反响。

四、改进与完善

促进中学生科学素养与人文素养协调发展的读写课程开发与实施，不只牵涉一两个学科，也不只是读写的问题，而是牵涉所有学科，关乎跨学科融合，关乎全人的培养，是一个系统工程，需要课程、教材、教学、评价的密切联动与协同配合。以下从教材编写、考试评价、教师培训等三个方面分别提出相关建议。

教材编写。真正把阅读和写作作为学习方式，需要教材编写理念的转变。与之前的教材相比，目前的物理、化学、生物等科学学科教材，已经渗透了科学阅读的元素，链接了相关阅读材料，但总体上看内容还不丰富，样式也有些单一。建议扩展阅读材料的类型和内容，结合所学科学探究主题和科学原理等，开发、链接更多科学史、科学哲学、科学思维的材料，不但让学生知其然，还要知其所以然；不但掌握知识，而且感知科学探究和科学思维的过程变化；不但掌握科学知识，还感受科学背后的人文精神和文化品格。至于语文学科，选入目前教材的"实用性文章"还是偏少，开发的任务活动也有些呆板，建议在目前统编教材"知识性读物"单元的基础上，适当扩大"实用性阅读与交流"的比重，重视科学文化论著研读、非连续性文本阅读、混合式阅读及科学探究报告、研究小论文的写作，要开发更多适合学术阅读的工具和策略，为其他学科的学习提供切实有力的支撑。

考试评价。科学学科近几年的中、高考试题，逐渐加大了情境的设置，试题题干的长度加大，科学阅读的理念已经有所渗透，但有些情境比较生硬，有些阅读材料信息量偏小，以至于使阅读成了一种形式和附庸，变成了为阅读而阅读，阅读和科学并未紧密融合在一起。建议加大对情境任务设计的研究力度，多引入最新的科技文献，把科技成果和学科知识、现实问题有机交融在一起。特别要加强对不良结构问题（题目）命制的研究，重在考查学生的分析现象、联想知识、拓展思维和迁移运用能力，要让学生在阅读思考的过程中运用知识解决问题，同时也得到思维的启迪和精神的陶冶，培育学生的责任担当意识和为人类的情怀。对于语文学科，依然要加大"科学阅读""实用阅读"的考查力度，尤其考查学生综合分析多则材料、多类型材料的能力，深加工阅读材料解决现实问题的能力等。科普教育、科幻教育的相关内容应更多地进入中、高考试卷及日常测评试卷中。

教师培训。因为各种历史原因，物理等学科教师更多关注科学探究及刷题的训练，比较看轻科学阅读，认为科学阅读不是本学科的事，对学生的科学思维培育没什么具体关联；而语文教师则认为科学阅读是摆设，没有语文味儿，教学中可以少处理甚至不处理。因此，在教师培训中，首先要更新科学教师和语文等人文学科教师的理念，要改变教师对于阅读和写作的偏见。其次，在培训中还要设计相关课程，提高科学教师科学阅读和写作的素养，让科学教师会阅读、会写作，这样才能培养会运用读写思维去进行科学探究的学生；要切实提高语文教师科学阅读和写作的能力，帮助语文教师消除对科学阅读和写作的畏难情绪，一个具有全学科阅读和写作素养的语文教师，才能充分发挥语文学科的工具性价值。要培养全面发展的人，科学教师和人文学科教师首先应该是全面发展的人；教师的科学素养和人文素养协调发展了，学生才有可能协调发展、全面发展。

知识性读物研习：学术语境中的吸收与发表

　　"实用性阅读与交流"学习任务群旨在"引导学生学习当代社会生活中的实用性语文，包括实用性文本的独立阅读与理解，日常社会生活需要的口头与书面的表达交流"，课程标准对此任务群的课程内容并未做严谨的逻辑分类，而是从习见常用的角度列举了三类学习内容——社会交往类、新闻传媒类和知识性读物类，其中知识性读物类又枚举了"复杂的说明文、科普读物、社会科学类通俗读物等"。[①]为什么在"科普文"之外又提出一个"知识性读物"的概念？它有何命意？任务群框架下的知识性读物研习和以往的说明文教学有何不同？这些认识上的问题不加以廓清和明辨，实践上就会发生偏离。本文试以统编高中语文教材必修下册第三单元为例，对知识性读物的功能价值、教学策略等做简要分析和阐释。

　　[①]　中华人民共和国教育部制定.普通高中语文课程标准：2017年版［S］.北京：人民教育出版社，2018：20.

一、知识性读物的功能价值

科学的进步，文明的发展，离不开知识的传递与更新。人们通过创造知识、分享知识、运用知识不断认识自然与社会，让生活变得更加美好。知识性读物就是向大众普及、传播科学知识的读物。知识性读物的价值不仅仅在于自然科学、社会科学等知识的普及，而且也在于科学精神、科学思想的传播。与知识性读物大体对等的一个概念是"信息类文本"，在美国《共同核心州立英语标准》中，信息类文本定义为以提供信息为主的功能性文本，包括所有非小说类的文本，如传记、历史类书籍以及社会研究、科学、艺术、技术等各类文章。信息类文本比知识性读物的外延更广，新闻、传记、文书、访谈等也涵括在内，但在内涵特质上，信息类文本与知识性读物极为相近，两者都常与重在审美鉴赏的文学类文本对举，凸显阅读的功利实用价值。无论是知识性读物还是信息类文本，都不专指某一文体，不是从文章学角度进行文体分类，而是从功能作用的角度提出的阅读材料类型，是包含若干文体（亚文体）的大的"文类"。从海量信息中获取知识的能力，在当今这个大数据、信息化时代愈来愈重要，但据调查，目前美国学校对信息类文章的教学投入只占阅读课程总课时的7%—15%，而信息类文本占成年人阅读的比例高达80%。[①]美国2010年颁布实施的《共同核心州立英语标准》，其中一个显著的变化，就是大幅增加信息类文本阅读的比例，小学文学类和信息类各占50%，年级越高，信息类内容占的比重越大，高中信息

---

①　杨钦.美国：当项目学习遇到信息类文本［N］.中国教师报，2017-08-16.

类阅读材料的占比提高至70%。[①]在国际上比较有影响的PISA测评，也把阅读作为学习其他内容、为生活做准备以及参与公共活动的工具，根据阅读的目的或作用把测试情境分为个人的、公共的、教育的、职业的四种，第一类"个人的"，是为了满足个人兴趣而进行的阅读，比如小说阅读；另三类都是应用性的阅读，其中"教育的"阅读，是为了学习新知识而阅读，比如阅读其他学科的教材。[②]PISA阅读测评中"教育的"阅读基本对应着知识性读物的阅读。2017年版高中语文课程标准设计了包括"实用性阅读与交流"在内的18个学习任务群，知识性读物的研习只是"实用性阅读与交流"学习任务群中的一部分，直接所占学分并不多，但与其相关的学习贯穿"整本书阅读与研讨""当代文化参与""跨媒介阅读与交流""思辨性阅读与表达""科学与文化论著研习""跨文化专题研讨""学术论著专题研讨"等任务群。实用性的知识性读物研习，不只存在于十八分之一的学习任务群，而是十八分之五、十八分之六，甚至渗透在所有的学习任务群中。如此课程架构，凸显了语文课程的综合性和实践性，体现了良好的教学导向。

而在我们日常的语文教学中，知识性读物等实用类文本的阅读常沦为"点缀"，被放逐在边缘状态，像《中国建筑的特征》《一个物理学家的教育历程》《宇宙的边疆》一类的课文，教、

---

① 郑钢.美国如何培养核心素养：走进美国校园与课堂［M］.上海：华东师范大学出版社，2018：175.

② 陆璟.PISA测评的理论和实践［M］.上海：华东师范大学出版社，2013：14.

学、考的受重视程度都不高，教师干脆不教或根本不知道怎样教，学生也提不起学的兴致。导致此状况出现的原因，既有认识上的偏见，也有操作上的偏差。因为知识性读物涉及物理、生物学、建筑学等领域的内容，便认为这类学习单元和课文是"非语文"或"弱语文"，远不如小说、散文的语文学习含量高，这即是认识上的偏见。当今世界课程改革的趋势之一便是学科融合。全学科阅读、全学科写作越来越受重视，各门学科都在强化"阅读"和"写作"作为学习方式的重要性，而语文学科却唯"文学"是瞻，看轻知识性读物的研习，不能给其他学科的学习提供有力的支持，这是语文学科的自我"窄化"和"狭隘化"。消除认识上的偏见，需要回到语文课程的本质属性，回到18个学习任务群的课程框架，深刻理解"工具性与人文性的统一"的课程特点，全面把握语文学科的功能属性。至于操作上的偏差，与认识上的偏见相关联，主要表现为，以文学类文本的教学方式教知识性读物。小说等文学类文本与知识性读物是两种不同的文类，阅读取向和研习方式也就必然有所区别，如表1所分析。

表1　文学类文本与知识性读物的辨析比较

文类	文本特点	阅读取向	阅读类型	学习方式
文学类文本	主题内蕴、艺术变形、语言多义等	审美鉴赏	鉴赏性阅读	感受形象、品味语言、体验情感等
知识性读物	观点明确、逻辑严密、语言准确等	获取知识	认知性阅读/理解性阅读	把握概念、理清逻辑、体验科学思维等

　　文学性阅读和知识性阅读有共性，固然要遵循阅读的一般规律，但依据不同文类和体式，定位不同的阅读取向，选择适宜的

学习方式更为必要。教学知识性读物，如若耽于品味语言、鉴赏把玩，就难免方枘圆凿、扞格不入了。

二、学术语境中的读写思维

为什么说知识性读物的阅读主要是认知性阅读、理解性阅读？这是由知识性读物的特性所决定的。知识性读物传达知识离不开专业概念、术语，离不开物理、生物学、社会学、经济学、文艺学等特定学科背景。阅读知识性读物的最大困难是读懂专业术语及其背后的科学逻辑和思维，阅读的主要目的也是读懂内容，获得理解，获取知识，而非赏鉴和品味。因此，知识性读物的阅读要基于学术语境和学科背景。美国教育学者朗格提出，我们必须重新思考人们在学术领域如何获取知识、如何掌握学科语言能力。她认为，只有在学科背景中，知识才得以提炼与拓展，学术语言能力才能增强，新思想才能涌现，知识及其构建知识的方法才能灵活地运用到各学科中，或用于创建跨学科领域。[①]朗格是在全学科背景下讨论学术语言能力、读写思维对于构建知识的重要性。语文课程中的知识性读物阅读虽然不能完全等同于物理等学科教材的专业阅读，但其必然具备的专业阅读、学术阅读的品性不容漠视。

文学类文本的语言是诗性的语言，用形象、意象、故事传达意蕴，而知识性读物的语言是逻辑严谨的语言，靠概念、判断、

---

① 朗格.想象知识：在各学科内培养语言能力［M］.刘婷婷，译.上海：上海教育出版社，2015：11.

推理去传达原理和知识。阅读知识性读物，不能理解学术语言和专业术语、概念，不能理解科学思维，就谈不上读懂内容、获得知识。知识性读物的研习，有赖于概念为本的读写思维。表2是统编高中语文教材必修下册第三单元"概念为本的理解性阅读"结构框架。

表2　统编高中语文教材必修下册第三单元"概念为本的理解性阅读"框架

单元学习大概念	课文	学科背景	核心概念、术语	支撑性概念、术语	概念性理解
概念、术语与知识、思维	《青蒿素：人类征服疾病的一小步》	生物医学、化学	青蒿素、传统中医	青蒿、青蒿提取物、青蒿素胶囊、双氢青蒿素、青蒿素衍生物、提取、分离、提纯、实验、发现、发明、创造	经过反复的提取、分离、提纯和实验，完成从青蒿、青蒿提取物到青蒿素的发现和揭示，从青蒿素到青蒿素胶囊、双氢青蒿素、青蒿素衍生物的发明和创造。这是一个运用科学思维和科学方法，从发现到创造到传播到应用的科学探究全过程，此过程也彰显了传统中医的智慧和价值。
	《一名物理学家的教育历程》	物理、超空间理论	平行宇宙、多维空间、想象	统一场论、反物质、兴趣、好奇、刨根究底、实验	童年的两件趣事，引发了作者对平行世界、多维空间、统一场论的想象、兴趣、好奇以及后续的实验，并引领作者最终走上理论物理研究的道路。

单元学习大概念	课文	学科背景	核心概念、术语	支撑性概念、术语	概念性理解
概念、术语与知识、思维	《中国建筑的特征》	建筑学	基本特征、惯例和法式（文法）、构件和因素（词汇）	台基、房屋、屋顶、庭院、天井、木结构、间、柱、斗拱、举折、举架、装饰、可译性	中国建筑之所以有斗拱、间等显性的建筑特征，即因为用中国建筑的构建和要素（词汇），遵循着深层的中国建筑的惯例和规则（文法）所建筑起来的。基本特征解决"是什么"的问题，惯例、法式和构件要素回答"为什么"的问题。
	《说"木叶"》	文艺学	诗歌语言、暗示性、艺术特征	木叶、树叶、落木、落叶、黄叶	之所以用"木叶"而不用"树叶"，"木叶"与"落木""落叶""黄叶"之所以用在不同情境中而各臻其妙，皆缘于诗歌语言的暗示性。

　　语文课程视域下的知识性读物研习，抓住青蒿素等概念以及提取、实验等关于科学研究过程方法的术语，不是去深入研究这些概念和术语（那是专门学科课程的任务），而是借助学术语境和学科背景，抓取概念，形成概念性理解，读懂文本，获得知识也获得通过读写获取知识的方法。"概念"是理解性阅读、认知性阅读的中介。至于以往科普文教学中常用到的说明对象的特征、说明顺序、说明方法、说明语言的准确等知识在本文没有论及，并不是说这些知识一无是处了，而是要在实用性阅读与交流

的学习任务群框架内更新和重构，吸纳在概念为本的理解性阅读范畴里，由静止的、惰性的知识改造为应用的、活态的知识。

卡森在他的论文《科学与文科教育的理想》中说："毫无疑问，科学早已不仅仅局限于揭示关于物质世界的真相，同样地，它已经成为一种引导思维的方法，一种提高科技能力的源泉，一种文化的世界观，还是传统文化和民族的命运所在。因此，阅读有如此强烈文化基质的经典或重要的文本应该成为所有学生课程的一部分。"①高中语文教材中的知识性读物，正是这样一些有强烈文化基质的经典或重要的文本，传递的不只是或不主要是知识，更重要的是知识发现的过程；介绍的不只是知识原理，更折射出知识所依凭的文化；关注的不只是物化的研究成果，更关注发现者、研究者的精神素养。学习《青蒿素：人类征服疾病的一小步》，如果只机械对应列数字等说明方法，没有从概念辨析中感受到"实验的可重复性"是"科学"的重要特质以及中医文献对屠呦呦科学发现的灵感启悟；如果只读到了屠呦呦的锲而不舍，而不能从概念链条的梳理中读出她的理性精神、实证精神以及对中医文化的热爱，如此阅读，也就无异于买椟还珠了。

三、吸收和发表的读写策略

知识性读物的研习，不是被动接受知识和概念，而是在读写中思考，在表达、批判和应用中理解、建构知识。20世纪初胡适在《读书》一文中说道："发表是吸收智识和思想的绝妙办法。

---

① 刘翠.科学阅读与写作［M］.济南：济南出版社，2016：26.

吸收进来的智识思想，无论是看书来的，或是听讲来的，都只是模糊零碎，都算不得我们自己的东西。自己必须做一番手脚，或做提要，或做说明，或做讨论，自己重新组织过，申述过，用自己的语言记述过，——那种智识思想方才可算是你自己的了。"[①]胡适谈的是通用阅读法，其实，此"手脚"加工的阅读法，尤其适合于知识性读物的研习。概念知识并非抓到了就能理解了，而是要有提要、说明、举例、讨论等精致化加工，要加以发表的功夫，才是真正读懂了，吸收了。阅读知识性读物，发表的功夫，不是只停留于一般的圈圈画画，而是基于概念文本的理解性阅读，开发多样化的读写策略和学习工具，如表3所举例。

表3 知识性读物研习策略、工具举例

学习工具	特点	功用
内容摘要、关键词	内容摘要，以叙述、说明为主，用简明扼要的语言介绍论文的主要内容，一般不做论析。它可以让读者迅速了解研究成果，也便于论文的归类、整理。一篇文章一般提取三至五个关键词，多是文章说明和论述中的核心概念。	在把握主要概念及其关系的基础上，通过写内容摘要的形式梳理文本内容要点，理解主要观点。
概念图	概念图是一种用节点代表概念，用连线表示概念间关系的图示法。	理清概念之间的关系，理解科学推理和逻辑，把握文章内容。
图文转换	将文字转换为图表、符号，将图表、符号转化为文字内容。	将信息转化为可视化的图表，利于理清文本内容；将文字转化为抽象符号，利于理解关键概念和发展科学思维。

---

① 胡适.胡适学术文集·教育［M］.北京：中华书局，1998：85.

243

学习工具	特点	功用
KWL 表格	美国中小学阅读教学里常用的一种表格。K 是指 what I know（我知道什么）；W 是指 what I want to know（我想学什么）；L 指 what I have learned（我学到了什么）。	有助于激发学生的先拥知识，进入学术情境和学科背景，提供学生确立阅读和学习目标的机会，并指导学生有计划地完成阅读学习任务。
PEEL 写作策略	P 是指 point，即开门见山地提出观点，主要说明了什么；第一个 E 指 evidence，即说明观点的证据；第二个 E 指解释其中的关系；L 是将观点、证据和现实联系起来，将理论观点和实际应用建立联系。	借助此框架结构，将阅读材料转化为学生自己的思考和观点，有助于培养学生的写作能力和逻辑思维能力。

这些读写策略和学习工具，为学生的吸收和发表搭起了支架，提示了路径。撰写内容摘要、建立概念图等，既是吸收也是发表，既是阅读也是写作，宜在不同情境中变换、组合使用。

正如 PEEL 写作策略所示，知识性读物的研习，不是在概念和术语的定义里兜圈子，而是要和现实生活相联系，迁移运用所学知识解决现实问题。对于在知识性读物研习中"写作"，不宜狭隘地理解为只是写一篇介绍某事物、某事理的规范说明文，而是要把读、写、做融为一体，让阅读和写作在问题解决、任务驱动、项目完成中交织缠绕、互生共促，读中有写，写中有读，"做"中读与写。在读、写、做的关系中，"做"是"关键"，是"驱动器"，设置真实情境，设计有价值的话题、问题、任务、活动、项目，学生在真实的语言情境中"做事"，产生读写需求，深度阅读和真实写作就会真正发生。胡适在《读书》那篇文章中举了一个主题式探究学习的例子：譬如"进化"，"道听途说"来的知识算不得是"你的"知识。参阅各种资料，发愤动手，把你的研究所得写成一篇"我为什么相信进化论"的读书札记，列举了"生物学上的证据""比较解剖学上的证据""比较胚胎学上的证据""地质学和古生物学上的证据""考古学上的证据""社会学和人类学上的证据"等，到这个时候，你所关于"进化论"的知识，经过了一番组织安排，经过了自己的去取叙述，才算是你自己的了。[①]再比如研读《说"木叶"》一课，可以设计如下迁移运用的学习任务：

《说"木叶"》谈到了诗歌的暗示性问题，和我们的诗歌鉴赏及文学阅读密切相关，可学以致用，助益你的语文学习。

1.在我国诗歌中，如"梅""柳""草"等意象，都具有暗示性，能引起联想。试举例说明。

2.阅读下面材料完成相关任务。

砧

"九月寒砧催木叶，十年征戍忆辽阳。"(沈佺期《古意呈补阙乔知之》)

"关城树色催寒近，御苑砧声向晚多。"(李颀《送魏万之京》)

"深院静，小庭空，断续寒砧断续风。无奈夜长人不寐，数声和月到帘栊。"(李煜《捣练子令》)

"西窗又吹暗雨。为谁频断续，相和砧杵？"(姜夔《齐天乐》)

品读上述诗句，搜集其他含有"砧"的诗句，以"说'砧'"

---

① 胡适.胡适学术文集·教育［M］.北京：中华书局，1998：86.

为题写一篇文字，说说古代诗词中的"砧"经常出现在怎样的场景中，具有怎样的暗示性，引起怎样的联想。

以上两个例子，都着眼于应用，在做活动、做任务、做项目，活动、项目的内核是通过读写理解知识、运用知识，过程始终伴随着读写，产品也是读写思维的成果。

总之，知识性读物的教学，要放到实用性阅读与交流的课程框架内，放在知识学习和读写思维的关系中，放在语文学科和其他学科及社会生活的关联中考量，唯其如此，才能充分实现知识性读物研习和实用性阅读与交流的功能价值。

科学文化论著研习：基于学科与跨学科

统编高中语文教材选择性必修下册第四单元属于"科学与文化论著研习"学习任务群。以下结合该单元教学阐释自然科学论著研习的策略。

一、单元教学指要

本单元选入三篇文章，前两篇是自然科学论著，从不同研究领域阐明自然科学原理；第三篇是科学史论著，从科学史的角度阐释科学方法、介绍科学发展历程。前两篇文章让我们获得科学知识，第三篇文章帮助我们理解"什么是科学""科学是怎么发展的"。本单元属于"科学与文化论著研习"学习任务群，课程标准确定该任务群的学习目标为："领会不同领域科学与文化论著的内容，培养科学态度和创新精神"；"撰写内容提要和读书笔记，学习体验概括、归纳、推理、实证等科学思维方法；把握科学与文化论著观点明确、逻辑严密、语言准确精练等特点"。课程标准在"教学提示"中特别指出："引导学生结合所学的其他学科知识，借助工具书、资料，了解文本中的基本概念和观点，理清文本结构脉络、论证逻辑；还可以通过撰写读书笔记，加深对论著的理解。"课程标准的相关表述，揭示了"科学文化论著研习"在"目标"和"方法"上的独特性。对此，教材"单元提示"的第三段也有清晰的表述。

基于课程标准和教材"单元提示"及"学习提示"的表述，充分考虑"科学文化论著研习"及本单元文本的特点，可把本单元学习的大概念确定为：科学概念的链条与逻辑推理的脉络。围绕此大概念，从科学精神、科学思维、科学表达几个维度细化单元学习目标：其一，领会科学文化论著的内容，培养科学态度和科学精神；其二，通过抓取关键概念、撰写内容提要和读书笔记等，掌握阅读科学论著的一般方法，体验科学思维与逻辑；其三，体会科学文化论著的表达方式和语言特点，尝试科学严谨地表达自己的研究成果。确定了单元大概念和学习目标，便可依此开发单元学习的任务集群，设计单元学习方案。

科学文化论著——尤其是本单元自然科学论著的研习，理解科学思维和逻辑，是关键也是难点。抽离掉科学思维、逻辑，泛泛地谈摘要、笔记等阅读方法，学生还是不能真正读懂文本，所谓的阅读方法也就失去意义。因此，本单元的教学要真正把课程标准中所表述的"学习体验概括、归纳、推理、实证等科学思维方法"落到实处，就要把科学文本当科学文本来教学，紧紧围绕"科学概念的链条与逻辑推理的脉络"这一单元大概念研读课文文本，聚合学习资源，设计学习项目。其中，《自然选择的证明》是应重点研习的文本。达尔文的进化论最初起源于他跟随"贝格尔号"在加拉帕戈斯群岛的科学考察，在大量观察的基础上，达尔文对事实进行概括，抽离出规则认识，重构"选择"等科学概念，提出物种变异的假说，而后通过大量的事实和现象进行验证，获得更为确实和充足的证据，最后形成自然选择的进化理论。总体上看，达尔文使用的是基于事实观察的归纳推理，这也是科学探索中最经常使用的推理方式。归纳推理是一种或然性推理，条件并不必然推出结论。但科学离不开归纳推理，指望归纳给我们十足的确定性，就相当于让归纳不告诉我们任何未来的新东西。有不少学者认为达尔文使用的是归纳推理的"改良版"——最佳说明推理。科学家从可获得的证据中推断出假说，如果一种假说能最有效地解释事实和证据，那这种假说就是对这些事实和证据的最佳说明。最佳说明推理的核心思想是，说明优先于推理。根据这种模型，观察支持了假说，恰好是因为假说说明了观察。达尔文的推理即是如此。自然选择的假说能够解释关于生物世界非常广泛的事实，并不只是物种之间解剖学上的相似性，这些事实中的每一个都可以通过其他的方式得到解释，包括特创论。但是进化论能一揽子解释所有的事实，这种解释相比较其他解释最简单、最有效、最一致，因此是最佳说明推理。《自然选择的证明》作为《物种起源》全书"综述和结论"部分的节选，除了第1、2自然段是由"人工选择"类比推理"自然选择"，对疑难进行回应外，接下来的所有段落，都是"谈谈支持这一学说的各种具体事实和论点"，基本上就是运用的最佳说明推理。教学中可引导学生理清各种事实，抓住"自然选择""变种""变异""性状分异""竞争""遗传""适应"等概念的链条，梳理出达尔文的最佳说明推理过程。文本中"这是特创论根本无法解释的"

一类的句子反复多次出现，就是从不同角度驳斥特创论，反复衬托对比了自然选择学说的"最佳"，注意引导学生列表比较分析。

《宇宙的边疆》并非原创科学理论的论证，而是比较浅易的科普说明，教学中也应指导学生抓住"宇宙结构""天体""星云""星系群""星系""恒星""黑洞""行星"等概念，图示概念之间的关系，呈现概念的逻辑链条，进而把握文本内容。该文说明介绍的视角是大尺度的宇宙视角而非地球中心的狭小视角，因此行文的结构脉络便和概念的逻辑链条自然吻合在一起，这是需要特别留意的。《天文学上的旷世之争》属于科学史，严格讲，这篇课文属于社会科学论著，但因探讨自然科学研究问题的文章，在本单元按广义上的科学文化论著对待，而不做狭义上的自然科学论著和社会科学论著的严格区分。这篇文章也可抓住"范式""宣夜说""盖天说""浑天说""实际校验""宇宙结构"等概念，把握主要观点，理解文本内容。但在概念的链条与逻辑推理的脉络上，这篇文章和前两篇表现的特性有所不同，教学处理中也应有所区别。

以"科学概念的链条与逻辑推理的脉络"这一单元大概念为统率设计单元整体教学，可以做两方案。第一种是"板块式"设计，贴着教材两组课文走，分设三个教学板块。第一板块教学第一组文章，第二板块教学第三篇文章，分别聚焦自然科学论著的阅读和科学史的阅读，第三板块是拓展运用板块。第一种方案是聚焦"如何阅读科学文化论著"的"板块式"设计，第二种方案则是聚焦"科学思维与科学推理"的"贯通式"设计。此方案以"学习体验科学思维和科学推理"带动科学文化论著的阅读、比较和研习，意在打通本单元与其他科学文本阅读单元，融合自然科学论著与科学史论著，统整"科学文化论著研习"学习任务群与"思辨性阅读与表达"学习任务群、"语言积累、梳理与探究"学习任务群，打通语文学科与科学学科的关联等。与第一种方案相比，第二种方案整合度更高，挑战也更大。两种方案都以"科学概念的链条与逻辑推理的脉络"的大概念为统领，虽然侧重点和切入角度不同，但并不一定截然分开，具体处理时可交叉组合。

本单元的学习，自然会牵涉到生物学、天体物理学、地理学等学科的内容，教学时要妥善处理好语文学科学习和相关学科学习之间的关系。教学的重心要放到作为学习方式和思维方式的读写上，而不是科学内容本身的学习上。但也要摈弃狭隘的学科本位，要善于借助其他学科相关内容，帮助学生会阅读、能读懂科学文化论著，培养科学精神、科学思维，提高综合素养。

二、单元教学设计举例

教学设计一：如何阅读科学文化论著

单元核心学习任务：数字化时代，阅读的内容和方式更加丰富多元了，但对于如何阅读信息类文本、科学类文本尤其是科学论著，如何通过阅读增强科学理性和科学精神，我们的关注还相对不够。为此班内要举办一场"科学论著阅读方法谈"的报告会，请你学习本单元内容，围绕"如何阅读科学文化论著"这个话题撰写一份学习报告，并在班级报告会上交流。

教学板块一：如何阅读自然科学论著

重点研读《自然选择的证明》和《宇宙的边疆》，主要完成以下任务。

1.标注概念术语。

《自然选择的证明》选自达尔文的科学著作《物种起源》，《宇宙的边疆》是一部电视纪录片的解说词，节选自卡尔·萨根的科普著作《宇宙》。两篇文章涉及生物科学、天文学的知识和原理，专业术语和概念比较多。初读文章时，边读边把这些术语和概念圈画下来，通读文章后，看看哪些概念理解了，哪些概念没有理解；哪些概念出现的频率比较高，是关键概念；哪些概念出现的频率比较低，是次要概念。就一些重要、难懂的概念如何去把握和理解，同学之间可交流想法，在此基础上，借助概念和术语把文章的主要内容复述给同伴听。

2.画概念图。

科学概念是科学推理的基石。一项科学发现常常从创生概念起步，发展概念的链条，最终形成科学理论。阅读自然科学论著，就要理清概念之间的关系，通过画概念图等方式，理解科学推理和逻辑，把握文章内容。概念图是一种用节点代表概念，用连线表示概念间关系的图示法。《自然选择的证明》和《宇宙的边疆》均出现了比较多的科学概念和术语，研读课文，研究概念之间的关系，给每篇课文画出概念图。

3.撰写内容摘要。

在把握主要概念及其关系的基础上，通过写内容摘要的形式梳理文本内容要点。论文摘要又称论文文摘，以叙述、说明为主，用简明扼要的语言介绍论文的主要内容，一般不做论析。摘要可以让读者迅速了解研究成果，也便于论文的归类、整理。请为两篇课文各写一段200字左右的摘要。

4.研读文本的逻辑结构。

阅读自然科学论著要研读文本的逻辑结构，关注文本深层的科学思维。《自然选择的证明》选自《物种起源》的最后一章，"综述"了什么，得出了哪些结论，如何得出的结论？《宇宙的边疆》介绍浩瀚无垠的宇宙，诸多内容和头绪，从何说起，先介绍什么后介绍什么有无内在的逻辑？可围绕这一类的问题，参阅有关资料，展开研习和讨论。

5.比较表达方式。

《自然选择的证明》是对原创性科学原理的阐释，《宇宙的边疆》是对科学知识的普及性介绍，两篇文章呈现内容的策略有何不同，为什么会有这样的不同？在讨论此问题的基础上，完成教材"单元研习任务二"的第2小题。

教学板块二：如何阅读科学史

重点研读《天文学上的旷世之争》，完成下列任务。

1.抓概念，理线索。

科学研究现实世界，科学史则主要揭示科学发现、发明的历史，探讨科学理论、思想的演变。阅读一些科学史文章，有助于我们更深刻地认识科学、理解科学。阅读《天文学上的旷世之争》，标出主要概念，把握文章内容。借助关键概念为文章理出"史"的线索，把内容脉络讲给同学听。

2.探讨科学理论、思想的演变。

《天文学上的旷世之争》梳理、概括众多史料，找出科学史的线索与脉络：对材料进行分析、比较、联系，从中发现规律、揭示历程，是学术研究的基础。阅读下列古希腊宇宙学说的材料，学习《天文学上的旷世之争》的写法，找出其中的线索，进行梳理概括，并比较与"宣夜说""盖天说""浑天说"在观点上的异同。

材料1：泰勒斯说世界为水支撑着，就像一只船在海上，说它发生震动实际上是因为水的运动使其摇晃。（塞内加《何谓自然》）

材料2：阿那克西曼德说大地的形状是弯曲的，圆形的，近似于圆柱的基石。我们行走在它的一个面上，在另一个面上则走着另一些人。大地悬于空中，不为任何事物所支撑，它停留在那里，因为它跟万物具有同等距离。（希波吕忒《反驳》）

材料3：阿那克西美尼认为太阳并不在大地之下旋转，而是环绕着大地和这个区域旋转，当它不能被看见时，就形成了夜。这是由于大地在北边处更高。（亚里士多德《天象学》）

材料4：毕达哥拉斯学派说，中心是火，大地不过是群星中的一颗，它围绕这个中心做圆周运动，从而生成黑夜和白昼。（亚里士多德《论天》）

材料5：宇宙是个球体，并且，在圆的程度上是这样精确，以至于没有什么人手造就的东西，也没有任何我们眼睛所看得到的东西能与之相比拟。（亚里士多德《论天》）

教学板块三：拓展运用

1.《物种起源》的序言介绍了此书成书的经过，并对全书各章的主要内容做了说明。阅读序言部分，与《自然选择的证明》做比照分析，说说第十五章在全书中的地位和作用。《物种起源》

全书的结尾一段，既精要概括了作者的思想要点，又充溢着浓郁的抒情色彩，卡尔·萨根在《宇宙》一书中曾引用此段文字，请朗读《物种起源》结尾一段，写下你的理解和感受。

2.《宇宙的边疆》选自卡尔·萨根《宇宙》一书的第一章，该书第二章、第三章内容分别与《自然选择的证明》《天文学上的旷世之争》密切相关，可阅读相关章节，做比照辨析。

3.科学发现固然离不开科学家长期不懈的探索，但也离不开科学家灵感的迸发和对机遇的捕捉。回想以前学过的课文，查阅初高中物理、化学、生物等教材中链接的科学史材料，完成下面表格（表1），并和同学交流体验和感受。

表1 机遇与科学发现

科学家	机遇	科学解释	科学发现
达尔文	观察到加拉帕戈斯群岛上的鸟雀，即便同一个物种在每个岛上也都有细微的不同。		自然选择的进化论学说
	偶然读到马尔萨斯的名著《人口论》，马尔萨斯指出，人口几何级数增长，粮食则只是算术级数增长，这种比例失调，致使人口过剩，必定会发生饥饿、瘟疫或战争，以消灭过剩的人口。		
牛顿			
屠呦呦			
加来道雄			
……			

4.围绕"如何阅读科学文化论著"撰写一份学习报告，并在班级报告会上交流。

教学设计二：学习体验科学思维与科学推理

单元核心学习任务："公众理解科学"强调公众对科学作为一种人类活动的理解，而不仅仅是单向地向公众灌输具体的科学和技术知识。相应地，在科学文化论著阅读中，我们不要被动接受知识，而要自主理解，尤其要关注知识背后的科学思维和科学推理，要不断追问"什么是科学""什么是科学理性"。为此班内要举办一场"学习体验科学思维与科学推理"的报告会，请你学习本单元内容，围绕"科学思维与科学推理"这个话题撰写一份学习报告，并在班级报告会上交流。

学习过程：

1.通读单元三篇文章梳理"概念链条"。

边阅读文章，边圈画关键概念和术语，为每篇文章画出"概念图"，把握概念之间的关系，理解文本内容。在此基础上，选择第一组文章中的一篇，利用关键概念，完成200字左右的内容摘要。

2.以《自然选择的证明》为例研习"科学推理"。

科学研究和发现离不开科学推理，尤其是基于观察和实验的归纳推理。借助教材选择性必修上册"语言积累、梳理与探究"单元的逻辑知识及其他资料，研读《自然选择的证明》第4、5自然段，图示达尔文得出自然选择的推理过程，并说说达尔文的推理方式与特创论相比具有哪些优势与特点。

3.以《天文学上的旷世之争》为例探讨什么是科学。

关增建在《天文学上的旷世之争》一文中为什么说"宣夜

说"是"反理性"的？为什么说"盖天说""尽管它对宇宙结构本身的描述是错误的"，却"是富有科学意义的宇宙结构理论"？他做出这些判断的依据是什么？请从文中找出相关依据，并以此判断达尔文进化理论和特创论是否科学，阐释理由。参阅其他资料，就"什么是科学，其评判标准是什么"写一段文字，谈谈你的看法并与同学交流。

4.与生物学、物理、地理教材做比较阅读。

阅读初高中生物学教材关于"进化论"的章节以及高中物理教材、高中地理教材关于"宇宙和天体"的章节，分别与《自然选择的证明》和《宇宙的边疆》做对照，比较辨析在内容和表达方式上的异同，用列表格、画图示等方式表述你自己的研究成果。

5.拓展阅读。

一部科学史，就是不断试错、纠错的历史，新的"范式"替代旧的"范式"，不断推进科学发展和人类进步。从"进化论的历史""人类宇宙观的变化""中国古代科学传统"等主题中选择其一，在相关科任教师的帮助下，列出一份自然科学论著的推荐目录。选择其中的一本（篇），撰写一份推荐书，介绍其主要内容，并给出阅读建议。

6.举办班级报告会。

围绕"科学思维与科学推理"这个话题撰写一份学习报告，并在班级报告会上交流。班级报告会可邀请物理、生物等学科教师参加并评点。

学习资源：

达尔文《物种起源》、卡尔·萨根《宇宙》、吴国盛《什么是科学》、江晓原《科学史十五讲》、威廉姆·沃克·阿特金斯《逻辑十九讲》、萨米尔·奥卡沙《科学哲学》。

《乡土中国》的课程价值与阅读策略

2017年版高中语文课程标准规定，整本书阅读与研讨任务群在必修阶段安排1学分，18课时，应完成一部长篇小说和一部学术著作的阅读，重在引导学生建构整本书的阅读经验与方法。2019年秋季开始使用统编高中语文教材，必修上册第五单元安排的是整本书阅读单元，推荐学生阅读《乡土中国》。对此有些教师可能会有疑问：如此多的文学名著，读什么不好，为什么要读学术著作？那是语文学科的事儿吗？即便读学术著作，为什么不选《论语》？这个有语文味啊！针对类似的疑问，本文尝试着对《乡土中国》的课程价值及其阅读策略做些阐说。

一、为什么读：《乡土中国》的课程价值

整本书阅读任务群旨在引导学生通过阅读整本书，拓展阅读视野，建构阅读整本书的经验。建构怎样的阅读经验呢？显然不仅指文学名著的阅读经验，而且也包括学术著作、文化经典的阅读经历及经验。有美国研究人员发现，超过80%的课堂书籍属于文学作品范畴，考虑到我们在课外进行的大约80%的阅读都针对

知识读物，不难发现二者之间的脱节。[①]近些年来，实用阅读虽然在我们的语文课程中有所强化，但终究逃不出"二等公民"的地位，实用性文章的读写在教、学、考中都难以得到足够的重视。究其原因，就在于对实用性读写的偏见，认为文学阅读和鉴赏才是语文的正宗，科普文章、科技文献、学术著作的阅读是其他学科的事儿，选入语文教材也是摆设。于是就有意见认为语文教材不是社会学教材，《乡土中国》不应选入语文教材。从这个意义上看，统编教材选入《乡土中国》是矫正偏见，还语文以全面目。"语文味"是个似是而非的说法，尤其把其狭隘化理解时，"语文味"也就变味、变质。语文学科不只散发出审美鉴赏的味道，而且也散发出说理思辨的味道、经世致用的味道，等等，"语文味"应是包容的、中和的、丰富的，这是与语文科工具性与人文性统一的学科属性相一致的。

为什么不用《论语》取代《乡土中国》？《论语》是文化经典，当然值得精读，但因其不是现代意义上的学术著作，并不适宜作为课标中所说的"学术著作"的阅读课程，而是作为"传统文化经典"加以研习和研讨。《论语》的"语文味"和《乡土中国》的"语文味"散发出不同的味道，对于学生的语文体验都是需要的，不能以"论语式"的"语文味"来框范"乡土中国式"的"语文味"。《乡土中国》的语文课程价值是《论语》所不能取代的。与其他学术著作相比，《乡土中国》内容体量不大，适宜

---

① 吉尔.阅读力：知识读物的阅读策略［M］.王威，译.南宁：接力出版社，2017：16.

引领学生研读；作者费孝通年轻时留学英国，经过严谨的学术训练，该书的概念体系、分析框架和表达风格值得中学生研习揣摩；作者有强烈的问题意识和家国情怀，能激发学生的现实关怀和文化参与意识。作为语文课程的《乡土中国》阅读与交流，对于建构学生阅读学术类型整本书的经验，形成正确的世界观、人生观和价值观都有独特的功用。

二、如何读：《乡土中国》的阅读策略

中学生研读《乡土中国》，当然不能和社会学学者的专业阅读与研究相提并论，语文课程视野下的学术著作阅读主要是习得一般知识，养成阅读学术著作的一般经验。怎么读和读什么是不能剥离的，语文学科的学术著作阅读虽然不能完全等同于社会学、经济学、物理学等学科教材的专业阅读，但其必然具备的专业阅读、学术阅读的品性不容漠视。美国教育学者朗格提出，我们必须重新思考人们在学术领域如何获取知识、如何掌握学科语言能力。她认为，只有在学科背景中，知识才得以提炼与拓展，学术语言能力才能增强，新思想才能涌现，知识及其构建知识的方法才能灵活地运用到各学科中，或用于创建跨学科领域。[1]学术著作的阅读离不开学术语境和学科背景，有其特有的阅读策略，《乡土中国》作为学术著作的"这一个"又有其独有的阅读路径。

---

① 朗格.想象知识：在各学科内培养语言能力［M］.刘婷婷，译.上海：上海教育出版社，2015：11.

（一）大体读懂：抓概念

温儒敏老师指出，在科学研究中，把某些现象或者事物所体现的本质特点抽象出来，加以概括，形成一种"说法"，这就是概念。阅读学术著作要"抓概念"，抓概念就是抓观点、抓重点、抓关键，特别是那些核心概念，抓住了才能纲举目张，把握全书的主要内容和学术创见，理解其研究的价值。阅读《乡土中国》，理解了"差序格局"这个核心概念，等于抓住了全书论述网络的"纲"。[①]对于整本书阅读，要指导学生注意核心概念（乡土社会、差序格局）和一般概念（熟人社会、礼治、长老统治等）、专业术语（乡土性、地方性、社群等）的区别与联系。核心概念贯穿整本书，是学术观点阐释的重心；一般概念分布在章节中，拱卫环绕并支持核心概念；术语是表达科学概念的约定性语言，主要在所属专业领域内使用，术语时常和概念重叠使用，但并非所有术语都可作为表达学术观点的概念。概念是学术著作表述观点的基本单位。费孝通在《乡土中国》的重刊序言中说，《乡土中国》尝试回答"作为中国基层社会的乡土社会究竟是个什么样的社会"这个问题，这本书不是一个具体社会的描写，而是从具体社会里提炼出的一些概念，搞清楚这些概念，就可以帮助我们去理解具体的中国社会。概念在这个意义上，是我们认识事物的工具。[②]在这本书中，费孝通先生通过发掘现象材料而提炼概念，由概念形成判断和观点，再进一步阐释和论证。我们阅读《乡土

---

① 费孝通.乡土中国［M］.北京：人民文学出版社，2019：4-6.

② 费孝通.乡土中国［M］.北京：人民文学出版社，2019：2-3.

中国》就要通过抓取概念，来厘清作者的论证思路，理解作者的主要观点。

阅读学术著作，抓概念终究是为了把握主要观点和内容。因此，教师要注意引导学生由抓概念到写摘要到理结构，去逐层透视全书的内容肌理。通过抓取概念，理出《乡土中国》每篇文章的摘要，进而分析概念之间的关系、14篇文章之间的结构关系，这就为全书画出了一幅"全景图"，这是阅读这本书需要做的基础性工作。

（二）尽量读通：互文性阅读和主题阅读

费孝通在《乡土中国》里多次提到我们熟悉的经典文章和著作。如在《文字下乡》篇里提到归有光的《项脊轩志》，以凭脚声辨别来者为例说明乡土社会是熟人社会的观点；在《差序格局》篇里引用《红楼梦》和《论语》，证明中国传统结构中的差序格局及其伸缩性；还在其他篇章里多次联系到《论语》相关论述。这正说明费孝通先生创制概念和新的解释，并不是凭空想象，而是在吸收其他文本的基础上加以转化和创造，体现了"互文性"的特点。所谓"互文性"，也有译为"文本间性"，最早由法国学者克里斯蒂娃提出，她认为任何文本都不是孤立存在的，文本与文本之间可互相作为参照面，同时作为其他文本的镜子，每个文本都可以是其他文本的补充与整合，也是对其他文本的吸收和转化。[①]我们阅读《乡土中国》也可以做这样一层"互文性阅读"，在文本的联结中拓展认知理解的情境，建构学术著作

① 萨莫瓦约.互文性研究［M］.邵炜，译.天津：天津人民出版社，2003：3-5.

阅读的"图式"。如在研读《乡土中国》各篇的进程中，可联系《哦，香雪》《风波》《祝福》《边城》《红楼梦》《论语》《项脊轩志》《白鹿原》《平凡的世界》等，或印证或比较或归纳或辩驳，以增加阅读的广度和深度。

互文性阅读的"互文本"可自然嵌入到《乡土中国》整本书的阅读过程中，可以打通书与文、书与书之间的阅读经验。如果再稍做整合，就可以做一些更具挑战性的微专题阅读，或者如艾德勒等所说的"主题阅读"。艾德勒等在《如何阅读一本书》中提到的"主题阅读"，是指围绕同一个主题读两三本书甚至更多的书，是阅读的第四个层次，也是最高层次的阅读。主题阅读的"主题"往往是提前确认的，但也是跟着阅读走，随时调整变化的。艾德勒认为主题阅读更适合社会科学著作的阅读。[①]主题阅读、微专题阅读需要调动更加复杂的辨识、分析、比较、归纳和概括的逻辑思维。北京四中杜思聪老师在指导学生阅读《乡土中国》时，引入下述议题：

> 关于"熟人社会"，易中天认为"信义兄弟"的悲剧是乡土社会法制不健全、仅凭彼此熟悉所造成的；周濂则用"费尔曼小甜饼"的案例论证建立熟人社会比严刑峻法更加重要。请学生阅读材料，谈一谈对"熟人社会"的认识。其二，介绍中学生举报父亲违章并引发社会热议的新闻，请学

---

① 艾德勒，范多伦.如何阅读一本书［M］.郝明义，朱衣，译.北京：商务印书馆，2004：267-270.

生参考《乡土中国》中"差序格局"的相关论述，如道德和法律的实施都要因他人和自己的关系，谈谈如果自己是这位中学生会如何处理。

教师推荐相关材料，以冲突性问题驱动学生专题阅读和探究，请看以下两个学生的阐述：

我不赞同当今社会设立密集的熟人社区。最近在读《与社会学同游》，我想试着引用一些书中的观点。"我们可以想象自己处在一组同心圆的圆心，每个圆圈代表一个社会控制体系。政治和法律体制在最外圈。道德、风俗、礼节则是另一个社会控制体系。"相比于以上两者，熟人社区是靠内的一圈。熟人社区靠近圆心，对个人的影响直接且无处不在。熟人社区虽然不似法律一般强硬，但力量也不是温和的。在熟人社区中，并没有明文规定禁止和允许做的事。这样模糊的边界并不代表它宽容。正是由于弹性的边界，使它的手可能会伸得过长，干涉个人的选择。在熟人社区中，没有罚款、服刑等压力手段，但是非难、讥讽、鄙视等造成的心理压力是强烈的。即便没有苛刻的行为，熟人社区也在有力地控制着我们。熟人社区参与着你的个人选择。更多的熟人社区则会加强这一作用。你处在其中，身不由己。建设密集的熟人社区，加强人与人之间的联系，会增强他人对自己个人选择的干涉。凭借羞耻感和人对被他人接受的渴望，削减的不仅是犯罪率，还有个体独立选择的权利以及社会多元化的可能。人为地建设密集熟人社区的出发点是提升人们的道德水平，但其作用却不止于道德约束。在当前阶段设立纵横交错的熟人社区，可能使新思想的发展受到的阻力更大，而原有的思维模式越来越坚固，非主流文化的容身之地更会被压缩。这与文化多元化的趋势相逆。我认为，设立密集的熟人社区使同心圆内圈的力量过强，限制人的发展。追求道德不应以此为代价。（苗×）

　　我不想说我支持哪一方的观点，因为道德与法制之争现在已然被扫入历史的藏书库，两者都已经成为维系我们社会契约的重要一部分。如果我们把目光投向前方，我们能发现在资本的泡沫时代，西方的资本正在将他们的社会逐渐瓦解，在去意识形态的意识形态之争中解构自身，比如上文的美国。而中国，这个崛起在同时代的国家，怎样利用法律与政策的引导保证社会的弹性，让人民生活快乐的同时也顾及经济的发展，从而避免那样文化灾难的发生，才是最重要的。如果说我们今天还能从乡土社会中学到什么，不如主动和从来没有说过话的邻居道一声好，或者从问候学校里最平凡的保安和校工做起。（薛××）

其中苗×同学提到"在读《与社会学同游》"，这已经是有意识的"主题阅读"了。当然，这层"主题阅读"要把握住合适的度，《与社会学同游》的阅读是跟随着阅读《乡土中国》产生的问题或专题（如"熟人社会""差序格局"）而走，多是有线索、有目的的浏览，而不是超越中学生学习实际的专业研究和阅读。

（三）力求读活：做乡土调查

《乡土中国》英文名的含义是"捆绑在土地上的中国"，正如有专家指出，进入21世纪的中国显然不再是捆绑在土地上的中国，而已经是一个"市场中国"了。[①]还有学者认为，中国社会至今仍然在很大程度上是一个熟人社会；但是，我们的经济和政治结构已经发生了巨大的变化，这些变化把我们投入到一个生人社会里。我们今天所体验的许多个人和社会痛苦，都与这种张力有关。[②]距离《乡土中国》成书已经过去80多年了，中国社会的结构发生了巨大的变化，虽然中国社会还未完全脱离乡土社会、差序格局的属性，但其内涵和外延显然有所改变。如果不理会这层变化，无视变化中形成的冲突和张力，而只去让学生接受性阅读，照单全收书本的知识，就会严重脱离社会现实和学生心理，削弱这本书的语文课程价值。利用好这层变化、冲突和张力，指导学生在冲突情境中形成有价值的问题、议题或专题，做些持续性的调查、探究和思辨，完成相关报告或其他成果，学以致用，把书读活。农村中学的高中生做此调研有便利的条件，许多城市学生其实与乡村社会也有或多或少的联系，不少学生的父母老家在乡村，他们一般每年都会回乡探亲，借寒暑假探亲之际，指导学生做些乡土调查有其可行性，也有重要的现实意义。

关于家庭、家族、农村文化及其嬗变，近年来出版了不少通俗性的研究成果，如《中国在梁庄》《一个村庄里的中国》《黄河

---

① 贺雪峰.新乡土中国［M］.北京：北京大学出版社，2013：1.

② 刘慈欣，刘瑜，吴思，等.我书架上的神明［M］.太原：山西人民出版社，2015：321.

边的中国》等，这些资源都可整合进做乡土调查的语文实践活动中。如果整合力度再大一点，可以把本单元和第四单元"我们的家园"合在一起做整体设计，把"整本书阅读与研讨""当代文化参与"两个任务群打通，这是更具挑战性和难度的一种方案。无论是读懂、读通、读活的三个阅读层次，还是不同整合力度的实践方案，都不是截然分开的，教学实践中可以穿插结合，而且要视具体学情做务实选择和有效实施。

以"抗疫"为主题的项目化学习设计

2020 年初突如其来的"新冠"疫情，给传统教育带来了前所未有的挑战，但疫情也能带来真实的情境和话题，为有心者实施创新教育提供了契机。北京景山学校和北京亦庄实验中学，作为"促进中学生科学素养与人文素养协调发展的读写课程开发与实施研究"课题实验校，均在疫情期间开发了"应用式读写课程"，以项目化学习的方式，进行了成效显著的教学实践。

一、抗击病疫：初中语文创意读写练习方案

北京景山学校周群老师一直高度重视科学阅读与写作，疫情发生前，她已带领所教班级的学生陆续完成了《沙乡年鉴》《寂静的春天》等科普类图书的阅读，做了扎实的读书笔记，完成了《大自然在说话》解说词的创意写作练习，深入讨论过《流浪地球》电影与小说作品等。对于灾难教育的话题，周群老师近 20 年来始终保持着敏感。2001 年美国"9·11"恐怖袭击事件、2003 年"哥伦比亚号"航天飞机坠毁事件、2004 年东南亚海啸、2008 年我国汶川地震，都曾被她引入语文课堂，开发成鲜活的语文实

践课堂。当年的汶川地震后，周群老师曾撰写过一篇题为《当灾难袭来，语文课能够做些什么？》的文章。这次"新冠"疫情，她作为一位优秀的课程设计者和实践者，当然也不会缺席。这份创意读写方案围绕"抗疫"这个主题，设计了系列任务：

（一）常规作业（提倡每日必做，直至新型冠状病毒肺炎疫情结束）。

推荐《如何鉴别网络信息的真伪》《假信息正在伤害孩子！作为信息时代的原住民，孩子如何辨别信息真伪？》等文章，指导学生阅读，学会辨析信息真伪，提升媒介素养。特别推荐两个有足够公信力的微信小程序，请你或家人在微信手机端关注这两个小程序，科学地宣传疫情防护知识。希望每位同学都能成为科普小卫士，为战胜疫情尽自己的力量。

（二）关注国家大事，从现在做起，从阅读新闻做起。请你阅读《逆行还是缺位？中国主流媒体的疫情报道表现》一文，加深对新闻精神和新闻价值的理解。

1.结合本文写一段话，说说你对新闻价值的理解。

2.建议你关注文中提到的这几家媒体（财新网、《新京报》、《三联生活周刊》、界面新闻、澎湃新闻）的微信公众号（或下载应用程序），选择其中之一长期阅读。

（三）除阅读《名人传》外，利用寒假时间，更多地开展阅读。书单上所有的科幻作品均是国内科幻作家特地为你们推荐的。开学后，我们将在课堂上进行"疫情"专题阅读心得体会的分享与交流。（书单略）

（四）新型冠状病毒肺炎疫情报道中，出现了若干例少年儿童和婴幼儿发病的例子。请你也加入到对这部分低龄人群的预防宣传工作中来——先搜集新型冠状病毒肺炎的预防知识，在此基础上编写一首《新拍手歌》，亦可创作其他童谣、科学童话等。

（五）"哪里有什么岁月静好，不过是有人替你负重前行。"请你阅读"新型冠状病毒肺炎疫情中的普通人"系列材料，了解这些为了我们而负重前行者的事迹；并根据自己的实际情况，从以下三个写作题目中选择一个，完成一篇文章。

1.想一想，在你的亲人、街坊四邻中是否也有这样的人呢？假如你现在已经是一名成年人，疫情当前，你会怎样做呢？结合材料和生活实际以及你的真实想法，以"我愿意做这样的普通人"为题，写一篇文章，文体不限。

2.青少年追星是一个老话题，追星中的"个人崇拜"一直在青少年群体中"代代相传"。2019年，中国青年报社社会调查中心联合问卷网对1873名18～35岁青年进行的一项调查显示，71.8%的受访青年有过追星行为。63.5%的受访青年认为年轻人可以把追星当作生活的调剂，但不能当作生活的重心。56.4%的受访青年认为年轻人可以把优秀明星作为榜样，不断提升自己。（资料来源：2019年6月27日《中国青年报》）请你结合阅读材料（但不仅限于所给的材料），以"我愿意追这样的'星'"或"追星要追这样的'星'"为题，写一篇文章，文体不限（包括诗歌）。

3.上个学期，我们开展了"见字如面"项目学习活动。1月31日起，《北京晚报》联合中国人民大学家书博物馆，正在征集战"疫"一线家书，保存温暖与感动。这些家书将被家书博物馆作为文物永久收藏，《北京晚报》还将选择部分家书刊载。如果你的亲人也在战"疫"一线，请你写一封家书给他/她。纸短情长，你饱含情意的家书一定会给你的亲人以战"疫"的力量。

（六）湖北卫视主持人发布在抖音上的视频中呼吁大家帮帮武汉人。请你观看这段视频（链接略），从口语交际的角度评价这段视频：主持人的表达有什么优点值得你学习？存在什么不足？应如何改进？另外，假如让你来完成这个时长 1 分 36 秒的"闪电劝说"，你会怎么写劝说词？

（七）网友搜集并上传了一组各地防控疫情过程中出现的标语——

"现在请吃的饭都是鸿门宴"；

"串门就是互相残杀，聚会就是自寻短见"；

"出来聚会的是无耻之辈，一起打麻将的是亡命之徒"；

"今年过年不串门，来串门的是敌人，敌人来了不开门"；

……

1.有人说这些标语太雷人，但也有人说，只有放狠话才有效果。你如何评价这些标语？从网上搜集你认为好的标语，简单写几句话，说说你推荐的理由，注意听取他人的意见。

2.请你拟写适合悬挂在我们的校园或你所居住的社区里的标语，至少一条。

（八）从 2003 年的"非典"疫情到今年的新型冠状病毒肺炎疫情，中间经历了 17 年。请你阅读所推荐的医学论文《从非典型肺炎暴发流行及其防治工作中引发的几点思考》，再广泛阅读有关此次疫情的正规报道，从中遴选事实论据，结合实例阐述：在这17年中，我国对新发、突发传染病的应对能力有哪些显著提升？还存在哪些问题？

（九）同学们已经完成了《沙乡年鉴》《寂静的春天》的整本书阅读，上学期我们还观看了公益片《大自然在说话》，并以此视频中的解说词为范例，以大自然中某一成员的身份撰写一段公益广告解说词。有能力的同学可以配上视频画面和音乐，朗诵自己创作的解说词，完成公益广告短片。

周群老师的这份读写方案有三个突出特点。

其一，读写任务是真实情境驱动下的深度阅读和真实写作。"撰写《新拍手歌》""写一封家书""闪电劝说""推荐并拟写标语""撰写解说词"等，从儿歌、家书、劝说词到标语、解说词等，语体丰富、体式多样，无一不是真实情境下的真实表达，而且每一项写作都和阅读、思考缠绕在一起，是深度加工和学习，读、写、做自然融为一体。

其二，每项任务几乎都有相应的"学习支架"和"链接材料"，是目标导向的活动和任务。如为"写一封家书"的写作任务链接了两封家书：《援鄂北京医生写下此生第一封家书：对家而言，我跑得像个"逃兵"》《14岁女孩写给医生父亲的一封家书："没有一个冬天不可逾越"》。再者，为帮助学生编写《拍手歌》提供了如下学习支架：

学习小支架1：《拍手歌》（选自小学语文统编教材一年级下册）。

学习小支架2：中国数字科技馆公众号"科学开开门"第205期推出的音频节目《新型冠状病毒是什么》。中国科技馆本期公众号的音频，收听对象就是小朋友！所以，你不妨也听听，找找为小朋友创作的灵感。

这些材料和"学习支架"导向了《拍手歌》"家书"的知识和技能，为学生的任务加工提供了范例和导引。学生不是为完成任务而完成任务，而是在完成任务中学习和提高。

其三，创意读写最终指向了学生科学素养与人文素养的融合。所有这些读写任务当然都是语文，但又不局限于语文，而是基于语文实现与科学学科的融合。这一点在任务（八）中体现得最为充分。"创意读写"的"创意"不仅是"创造"在"文字"上，更重要的是通过读写的活动培育理性思维和人文关怀。从这个意义上看，任务（一）、（二）的"创意"虽然不很突出，但其指向理性精神和媒介素养的读写价值依然可圈可点。

周群老师的这份创意读写方案，最初是作为疫情期间的寒假作业而设计的，因此，九个任务有些简单排列，虽然有复杂性上的梯度，但没有做深度的结构化设计、项目化设计。考虑到情境的急迫，周群老师以"抗疫"为主题，在真实情境下，设计并实施读写学习项目，已经是难能可贵的了。

二、"科学抗疫，守土有责"跨学科项目化学习

北京亦庄实验中学课题组，本着"为学生，为学习，为未来"的教育追求，在线上学习的特殊时期中，设计并实施了一场基于疫情的线上跨学科项目化学习——"科学抗疫，守土有责"，

旨在引导学生理性全面地了解此次疫情，增强科学精神，培育人文关怀意识。本次线上跨学科项目化学习以"作为国家民间智库的研究员，全面研究2020疫情并形成《国家突发公共卫生事件应急预案》"为核心任务，设计了三个模块：

模块一，"新冠疫情的真面目"，旨在引导学生科学理性认识新冠病毒、疫情产生的原因、辨别谣言以及获取正确的防疫抗疫知识；

模块二，"数据变动背后的秘密"，要求学生能运用数学工具，探究疫情数据变动的原因，尝试预测未来走势；

模块三，"全民抗疫攻略"，指引学生思考不同社会角色面对公共危机事件该如何行动。

模块一的学习，意在运用科学知识，理性思考，深入了解疫情；科学防护，理性辨别网络谣言；调整心态，冷静面对疫情态势；最终提升独立思考、理性判断的科学思维和审辩思维。其任务是提交一篇科普短文并录制中英双语的宣传视频，完成一次科普活动。为了完成这个任务，学生认真学习规划书上的各个工具，对病毒的结构、自我防控措施等方面产生正确认识，并突显小组特色，创制优秀作品。学生的科普短文逻辑清晰，运用打比方等说明方法并插入图表，使表达更加形象化，更易被人理解。同学们的宣传视频或海报，生动活泼又不失科学准确。这个模块的设计，与周群老师的创意读写方案颇有异曲同工之妙。

手机上实时更新的疫情数据总是牵动着人们的神经，这些数据变动的背后有哪些秘密？我们又该如何分析这些数据？为了解决这些问题，同学们进入了模块二的学习。模块二的核心任务是完成一份疫情数据分析报告。报告需囊括统计分析、政策原因分析、社会原因分析、个体原因分析和世界其他国家数据变动分析等部分。在小组成果中，可以看出，同学们使用多种建模函数，比如逻辑斯蒂（logistic）模型函数进行拟合，在报告中清晰地阐述使用该函数的原因、模型的结论和误差分析等，内容全面而严谨，颇有学术气息。这个模块的任务，看似是数学的"数据分析"，实则融合了数学、历史、政治等多学科内容。更需要强调的是，"分析报告"的写作，是语文提供了强有力的支撑。

模块三是"全民抗疫攻略"。需要同学们选择角色，站在不同角色，如病毒学家、外交部发言人、普通民众等社会角色的角度去思考问题，了解不同社会角色的责任，最终形成一篇行动指南，并进行一次TED（technology、entertainment、design的缩写，即技术、娱乐、设计）演讲。在这一模块中，同学们也是八仙过海，各显其能。

终极任务是在完成前三个模块的内容后，完成本次项目化学习的最终成果——以小组为单位形成一篇《国家突发公共卫生事件应急预案》。预案需要涉及前三个模块的结论与图表，并插入组织结构图与流程图。

与景山学校周群老师的创意读写方案相比，亦庄实验中学的项目化学习方案有两个突出特点：一是跨学科融合度高，二是项目化程度高。两个方案的最终目的是一致的，即把读写作为学习方式和思维方式，以促进中学生科学素养与人文素养协调发展。两个方案都取得了很好的实践效果。

第五章

语文教师的读写与专业发展

语文教师，你是谁？

马克思曾说："能给人以尊严的只有这样的职业，在从事这种职业时我们不是作为奴隶般的工具，而是在自己的领域内独立地进行创造"。①由马克思这句经典名言，我会很自然地联想到自己：教师这个职业给我尊严了吗？我享受到创造的快乐了吗？早在1993年，《中华人民共和国教师法》就明文指出，"教师是履行教育教学职责的专业人员"，对于教师的专业发展，此后国家也多有推动和具体的举措。如果不是一味埋怨教育的大环境不尽如人意的话，那么我们教师在自己的专业发展之路上取得长足的进展和足够的幸福了吗？事实并不像想象中那样乐观。正如叶澜教授所指出的：教育研究者在更多地把研究重点放在"育人"这一通常被人关注的教师研究的热门主题上时，对决定着教育的真正意义和教师生命质量的"育己"这一问题却有忽略。而我们一线教师对"育己"的关注可能就更为淡薄。事实上，如果对自己

---

① 马克思，恩格斯.马克思恩格斯全集：第40卷［M］.北京：人民出版社，1982：6.

的职业身份缺乏足够的自我认同，缺乏自觉的职业设计，教师的生命质量和职业尊严、教师的专业发展和创造快乐又从何谈起？常见有青年教师工作不久就陷入困惑：我适合做教师吗？究竟应该怎样做教师？其实工作五六年乃至十几年后不也常产生这样的困惑吗？是的，工作愈久，对"我是谁""我要到哪里去""我有没有迷失回家的路"的追问，不仅仅是应该怎样做教师的事实追问，而且是对教师专业发展和生命质量的价值追寻了。

一、语文教师是谁？

语文教师是谁？我曾经听过流传坊间的一个笑话：上辈子杀猪，这辈子教书；上辈子杀人，这辈子教语文。这自然是一句调侃之语，不能当真。但其夸张调侃的背后，也的确道出了语文教师的辛苦。语文教师不好干，这体现在诸多方面：语文学科接载着久远的传统，承担着太多的历史使命；生活处处有语文，其本身又没有严谨的知识体系可循；语文教学有太多的不确定性和灵性因素，单单一种批阅作文的工作，就既繁复又极具挑战性；人人懂点语文，人人又易轻视语文，批评语文，对语文教学指手画脚。但愈是繁复和灵动，也愈是蕴含着创造的可能，关键看我们语文教师如何自我定位，如何解放自己。

语文教师是陷身茫茫题海、热衷"考试宝典"的高级教练吗？从迎合某种社会需求的角度来看，这种"高级教练"可能还是备受欢迎的，不少家长赞成，不少校长满意。但我们的学生和教师本人发自内心喜欢这样做吗？恐怕没有几个人做出肯定的回答。理由很简单，机械甚至残酷的题海训练，于学生于教师都没有丝毫的乐趣可言，获得的是分数，收获的却是身心健康的损害和语文教学生涯的苦涩。问题是，以牺牲学生对于语文学习的兴趣和教师对于语文教学的激情为代价的题海训练果真能换来所谓的高分数吗？答案是不乐观的，尤其在课程改革包括考试改革愈发深入的当今，这种可能性就愈发渺茫。退一步讲，即便暂时获得了比较高的分数，这样的分数意义又何在？是的，教育并不能排斥分数。但我们有没有考虑这样一种可能：不怨天尤人，不简单迎合，在尊重学生和教师自我生命质量的教学过程中，也能问心无愧地从容应对考试评价的考验。比如阅读理解的考查，说白了无非就是考查你课堂教学问答的质量。也就是说，真正体现了阅读教学规律、重视培养学生阅读兴趣和能力的高效教学，是不会过于担心考试评价的。毋庸置疑，当前的考试改革还相对滞后于整体的课程改革，但在吁求考试改革"来得更猛烈些吧"的同时，我们也无法逃避这样一个现实：改革是渐进的，不可能一蹴而就。换一个心态来看语文考试，我们会发现除了个别刁钻古怪、不负责任的题目以外，大部分题目无非是你日常教学训练的变式拓展而已。收获分数更关注生命的发展，不是没有可能，而是有没有去积极认同并努力实现这种可能。

语文教师是拘泥标准答案、唯教参是瞻的搬运工吗？首先不能排除语文学习中有相对而言的标准答案，虽然比例并不大。也不能排除教学参考书的指导作用，尤其对于青年教师。但以标准答案为出发点果真能换来学生的"标准答案"吗？教学参考书能包打天下吗？事实并非如此。举一个简单而常见的现象，有教师喜欢把教参上的主要内容搬到自己的课本上，蝇头小字密密麻麻，上课时就可如数讲来，仿佛只有如此心里才踏实，教学时方能从容应对。但真的能"从容应对"吗？恐怕这样的课堂多会枯燥乏味、简单专制，没有多少创造的快乐可言。试想，作为教师如果对教材没有自己任何一点的独立思考和判断，何谈教学的机智和应对？何谈创造的欢欣和发现的快乐？何谈能力的培养和智力的开发？一个简单的事实是：教师是搬运工，学生也必将变成搬运工，"举一反三""闻一知十"也将落空。教师应该也必须培养自己独立阅读的心态和发现创造的阅读能力，只有如此，才能获得充分的教学自信，焕发出教学创造的伟力。

语文教师是畅讲天文地理、纵谈古今文化的演讲家吗？理想的语文教师应该通晓天文地理，了解诸家精义，但如果以嗜讲各科通识为能事，就出离语文教师的本位了。语文教师不是传经布道的"经师"，更不是百科知识的传递者。语文教学需要关注与相关学科的整合，更需要文学文化知识素养的培育，但前者只是一种必要的背景，后者则是语言学习的应然结果。舍弃或淡化语言的形式训练，前者变得没有多少意义，后者也会成为空中楼阁。结局是因此而夺掉了政治、历史教师及大学中文系教师的饭碗呢，还是会丢失我们自己的饭碗呢？实在是一个尴尬而难堪的问题。这种忧虑并非杞人忧天，看看现在正逐步推行的高中新课改——模块选修、学分切分、走班上课，对高中语文教师的知识储备和文学文化素养的提升提出了更高的要求。应该说这是一个好的趋势，但我们也要千万警惕：不要把"选修"搞成知识的兜售，把中学选修教材变成大学教材的"压缩饼干"，把选修课变成无视中学语文学科特点的低质的"文化快餐"。新课程标准前的教学大纲对语文教学任务的表述是"培养学生正确理解和运用祖国语言文字的能力"，这一定位，只能是得以继承和发展，而不应被激进地僭越和抛弃。

语文教师是发表教学论文、争取各种比赛奖次和荣誉称号的专业户吗？这显然也不是语文教师的"专业"。中小学教师的工作实践色彩非常强，这种劳动性质决定着其主责是育人，而非单纯的研究学问。其劳动成果不仅仅体现在论文和荣誉上，而且还体现在学生身上。至于中小学教师的论文，只能是教学实践过程中的一个组成部分，是对"从实践到理论"的教育行动的自觉梳理和表述，是对教育实践的描述、对教学行为的反思等。中小学教学论文不排除纯粹的学科教育的理论思考，但这并不是研究的主流。而把撰写教学论文当成孤立于具体教学的一门"主业"，那根本就是本末倒置了。

综上分析，语文教师应是一个成熟而专业的阅读者，以此促发学生的理想阅读；语文教师应是一个热情而自觉的写作者，以此促发学生的理想写作；语文教师应是一个钟情于语文并把语文教学融入自己生命的实践者，以此才能影响学生热爱语文并获得语文教师自身生命的意义和尊严。语文教师就是"农民"，其劳作场所是"语文田野"，其劳作方式是"田间耕耘"，其劳动果实是师生生命质量的共同提升。

二、教师之学，"为己"还是"为人"？

中小学教师到底需要怎样的学问、怎样的研究？学问、研究对于他们是否就只意味着伪学问、伪研究？如果不是，到底在多大程度上存在着可行性？这是教师专业发展必须要厘定的问题。

陈桂生教授在《漫话"学者型教师"》一文中认为，教师是传知而非探知，不需要太多的知识。文中指出："教师所传的'知'，不一定都得自己去发现。即使不求发现真知，教师也并非知识越多越好。因为教师的工作对知识的需要毕竟有限，教师本人的精力有限。"①陈教授在《师道实话》一书中的确站在中小学教师的立场说了不少实话，比如"教师本人的精力有限"之类。但我对以上一段话的基本观点持有不同态度。教师的工作仅仅是"传知"吗？我们的知识仅仅就需要那么一点点吗？中小学教师确实很难创造出公理定律，也很难写出流芳千古的文学经典，这也不是他们的职责。但这并不意味着他们的工作只是"知识之教"，与此相反，中小学教学在很大程度上是一种"智慧之教"。孔子曾自道"述而不作，信而好古"，但他并非拘泥传输，而多有发挥，另出机杼。其实，知识的传习本身也在创造，活性知识本身也是一种探究的结果，很难想象这些不是建立在教师充分获得和探求知识的基础之上。

对于语文教学而言，教什么永远是第一位的问题。教什么，怎么教，首先取决于教师的知识储备和教学眼光。试想，对教师这一职业，仅仅定位于专心传输知识，付出足够的爱心，而忽略或漠视教师学问的诉求，中小学教育能够彻底走出机械重复、低水平的困境吗？教师的精力的确有限，但以此就堵塞自己知识更

---

① 陈桂生.师道实话［M］.上海：华东师范大学出版社，2004：14.

新和学问探求之路，而惯性滑走于低效盲目的机械劳作中，语文
教学工作真的能搞好吗？恐怕要打一个大大的问号。知识学问的
积聚是要占据一些时间，但反过来看，这种知识的投资更能催生
教师的智慧，把教师从大量机械劳作中最大限度地解放出来。我
们一般很难把小学一年级的语文教师和艰深的《说文解字》联系
起来吧，如果教师读一点《说文解字》或其他讲汉字渊源和特点
的书，如果把这些知识活化为学生的自觉体认的话，学生写的错
别字是否就会少一点呢？对祖国语言文字的感情和兴趣是否就浓
厚一些呢？看看我们手头的新教科书，初中教材连那点起码的形
声字的知识都删去了，教师多涉猎并提供一点有用的知识，就显
得很有必要。再拿眼下的高中语文新课改来说吧，转变观念是一
方面，知识提升是另一个重要方面。比如文本的解读，十几年前
大学时期读的那点文论知识，显然已不能满足要求。就目前语文
教师的整体状况来看，语言学、文艺理论、课程理论方面的知识
甚至需要彻底脱胎换骨。中小学教师唯有不断地更新知识结构，
才能从容应对当前新一轮的课程改革。

　　近一时期对教师职业的描述性定位——诸如"学者型教
师""智慧型教师""专家型教师"，也许掺杂了不少的理想化色
彩，若因此而简单地将其视为"难于上青天"的蹈空狂想也似有
不妥。不能因为这是"猴年马月"的事情，就放弃了我们的理
想和追求。退一步讲，只要是基于对孩子与未来的负责，教师的
学问诉求，即便不能于当下的教育发生立竿见影之效，对于终日
惨淡经营的中小学教师来说，这也会为他们的工作增添些趣味和
自信，起码应是一种方向和精神慰藉。从操作层面来讲，学问研

究有两种：基于教学和基于纯粹的研究趣味。前者是主流，后者亦无可厚非。只要我们还认为教师应该也必须成为一种专业化很强的工作的话，只要我们还从心底里把教师看作知识分子群体的一员的话，我们就不应无视他们作为知识人的需求和寄托。语文教师理应有更多的方便既履行好一个教育者的育人职责，又获得学问爱好的乐趣，并完全有可能把这两者结合得完美一些。我所了解的语文教师中，就有不少教师于教学和学问的趣味中自得其乐，也未见有领导、同行、学生称之为"糟糕透顶的老师"。比如一位教师对《红楼梦》情有独钟，教余常有涉足，渐有建树，其专著《〈红楼梦〉中学生读本：共解其中味》，受到了学生的认可和欢迎。

实际上陈桂生教授对教师的学问诉求也并不是完全否定的。就在其专著《师道实话》的开篇，他引用了教育家加里宁的一段话："很多教师常常忘记他们是教育家，而教育家也就是人类心灵的工程师。显然，为了要在应有的方向上影响学生，就必须具有相当的才干。但是还不仅如此。为了要善于自觉地在一定方向上影响学生，这就要教师本身是个文化程度很高的人，并且我老实说，要甚至是个学识很高的人"。[①]那么陈先生又为什么那么肯定地认为教师并不需要太多的知识呢？究其底，陈先生大概是担心过于浸润于教学之外的学问会影响中小学教师育人的本职工作吧。我们不妨把这理解为一种善意的提醒。其实，聪明的教师是不会轻易把自己推入那种学问与工作撕裂的痛苦中去的。

---

① 陈桂生.师道实话［M］.上海：华东师范大学出版社，2004：1.

孔子曾曰："古之学者为己，今之学者为人。"意思是说，古时候的学者为提高自己而学，现在的学者为他人而学。南怀瑾先生对此解读说，学者求学不只为自己求学，同时也应为人求学，两者紧密结合在一起。[①]教师之学，岂不更是如此？

三、语文教师的专业发展：以何种方式？

承上文分析，我们的结论是：中小学教师学问诉求的主要目的在于改进自己的教学，而非为了纯粹的学问研究。我们对于知识学问的积累，是为了与《红楼梦》专家比谁的研究更卓越吗？我们一线教师的语文教育研究是为了与王荣生们比谁的研究更富有学理吗？那不现实也没多大必要。我们的职业特点决定着我们内在的不可替代的优势：基于日常教学实践的丰富的教学体验。因此，基于这种体验的"行动研究"自然就成为中小学教育科研的理想选择。行动研究既不同于纯粹的教育理论研究，也不同于一般"自上而下"为验证某种理论假设而进行的应用型研究。它基于日常教育中的"问题"，是由教师本人自行设计、自主研究的教育科研方式。在"行动研究"中，实践者就是研究者，研究方式本身就是生活方式。惯常的应用型研究因过于强调"自上而下"的推行，而很可能使教师缺乏深刻的认同而丧失应有的研究志趣，再加上比较烦琐刻板的科研规范和程序，也很容易令一线教师望而却步。"行动研究"既不必层层申报，也少了机械的程序要求，教师完全可以成为自己教学研究的主人，主宰自己的教

---

① 南怀瑾.论语别裁［M］.上海：复旦大学出版社，1996：673.

学生命。但从总体上看，对于这种真实体贴的"草根研究"，广大语文教师还没引起足够的重视。

其实，"行动研究"就在我们身边，只是看你有没有自觉的意识。语文课堂是我们语文教师"歌哭于斯"的生命场所，我们对发生在这里的每一丝呼吸、每一次律动都有着浸入骨髓般的感受。但遗憾的是我们缺乏自觉的关注。常见语文教师为某某科研机构、某某大学填写一张张设计好的教学科研调查问卷，而我们自己却很少去想到关注并设计属于我们自己的调查和研究。缺少这种关注，就意味着缺少"行动"的力量。比如关于学生举手发言的问题，一直是困扰不少语文教师的难题。对此意气用事必是无济于事，听之任之亦不可取。科学的态度是做出细致的调查和冷静的追问。如：①教师的提问表述是否明确清晰？②问题是否有讨论的价值，吊起了学生的胃口？③问题提出的时机是否符合学生的理解发展规律？④教师是否总以"标准答案"简单判定学生的回答，从而挫伤了他们后继发言的积极性？⑤学生是否总处于一种被"问"被"逼"的境地，而从未有或很少有提出自己的"问题"，发表自己观点的机会？⑥班内是否弥漫着一种取悦权威、欣赏别人出丑的不良氛围？⑦学生性格内外向的区别，学习心理与学习习惯的差异，必然导致一部分同学好疑善问，另一部分则好静沉思，教师如何看待这些差异并合理引导？⑧教师反馈评价学生发言的机敏程度有无不足？等等。不断地追问与反思，研究自己的行动，在行动中自己研究，语文课堂就会化成一片郁郁葱葱的语文的田野，那里生长着一个个鲜活的生命，埋藏着无数个动人的故事，等待着我们去开掘、去培育、去收获。需要补充说明的一点是，强调行动研究的自主自愿和志趣，并不是说就不需要科学严谨的研究态度和专家同行的支持与协作了，恰恰相反，真正有效的行动研究是决然离不开必要的理论支撑和互助协作的。

我们应该看到，从斯腾豪斯提出"教师成为研究者"，到埃利奥特提出"教师成为行动研究者"，再到凯米斯等人的"教师成为解放性行动研究者"，教师参与课程开发的程度正被逐步地加以强化，中小学"行动研究"的成果也逐渐多了起来。看看当今西方的教育专著吧，不少就是出自中小学语文教师之手，它们不是艰涩深奥的理论著述，而多是"行动研究"的描述和阐释，是一部部"活"的教育学。再看看我们身边的优秀的语文教师，他们可能并没有大部头的著述，甚至也没有几篇像样的论文发表，但他们却以点点滴滴的智慧"行动"，以"案例""教学日志""教育叙事"等鲜活的"研究"书写着教师生命的丰盈和精彩，收获着教师职业的快乐与尊严！

语文教师的专业发展，路在何方？路，就在我们的脚下。

与语文相知相解

"语文"是一个随着时代的变化被持续界定与衍生的学科名称。教了多年的语文，可以把自己从一个生手变成熟手，但很难减少对语文产生的众多疑问，反而会不断冒出一个又一个"问号"。我的专业成长之路，就是一个对问号不断追踪、反思的历程。

一、模仿教语文

初登语文讲台，完全是凭着感觉走，以自己的读写经验摸索着教学生学习语文。记得我上小学四年级时，不知从哪里看到了一本《作文通讯》，喜欢得不得了。有一天我心血来潮，照着刊物的地址写了一封信，把一沓皱皱巴巴的、订阅刊物的毛票夹在信封内，寄给了新蕾出版社。过了一段时间，当班主任抱着一个包裹送给我时，在同学间引起不小的轰动。等到我真的当上了语文老师，首先订阅的也是《作文通讯》，并且发动学生们联合订阅了十几份语文学习期刊，然后找来几张废旧课桌，在教室内办起了一个"图书角"。每期新刊物来到，我都先快速浏览，而后用一张八开的白纸写出值得品读的文章题目，以及每篇文章的要点、亮点、可借鉴之处等，贴在图书角的上方，期期如此。

那时还不知道有"大语文"这个说法，就这样凭着直觉领着学生读一读、品一品，竟也搞出了点名堂。1992年初秋的一天，区语文教研员李承亮老师到我的班里听课，看到了我们那个简陋却散发着生机的"读书角"，也许是被我们师生钟爱阅读的情愫打动了吧，他果断地把我这个毛头小伙子推上了教研教改的大舞台。也是从这一年起，我自费订阅了《语文学习》《语文教学与研究》等几种语文教学刊物。知道《语文学习》这份刊物，还是因为从老教研组长那里得到了几期1982年的过刊，没想到就此与刊物结下不解之缘。大约是1993年年末，《语文学习》新开辟了一个栏目——教学艺术镜头，每期围绕一篇经典课文刊发一组教学镜头、教学片段，编辑萧蕴（后来才得知是唐晓云老师）每期都做一个精要的述评。每期我都喜欢读，也常常照着这些创思教一教，没多久我萌发了一个念头：何不也试着写一写自己的"课堂镜头"？一个晚上我按捺不住兴奋，给萧蕴老师写了一封信，说了自己平时教学的一些做法，表达了记录、发表的念头。没想到，远在上海的萧蕴老师还真给身处僻远农村中学的我写了回信，且充满肯定、鼓励和期待。我就按照刊物约稿的预报篇目，把教学《我的叔叔于勒》的一点心得撰写成一篇一千多字的稿件，寄给了杂志。后来就天天盼。有一天我终于收到了1994年第4期的《语文学习》，打开目录，赫然看到我那篇小文的题目《关于"信"的讨论》，当时的我，兴奋得难以言表。这可是我发在正式期刊上的第一篇文章。萧蕴老师在"述评"中还专门提到我的文章："其中《若瑟夫这一人物》和《关于"信"的讨

论》等三篇，就教学的构思而言，很有可取之处……比如《关于
"信"的讨论》，这类课往往能产生两个功能：1.拓展了小说本身
的容量，让学生读出小说中留下的空白，有利于创造性思维的训
练；2.学生创造性的思维过程，其本身还是一次道德实践过程。"
接下来几年，我在此栏目上又发表了《朗读前的讨论》《"偷偷"
一词》等文章，1997年我登上了《语文学习》杂志的"优秀青年
语文教师名录"。作为青年教师的我，找到了一种舒适的写作姿
势——记录课堂、反思课堂。

后来，我经过逐级赛课，被推到了市里、省里，1993年，我
被评为"山东省中学语文教学十佳"，1995年9月，我又作为山东
省的代表参加了首届"语文报杯"全国中青年语文教师教学大赛
并获得一等奖。这一时期的语文教学，几乎是凭着直觉经验依样
画葫芦开始的。

二、学习教语文

2003年2月，我由山东老家"行走"到了北京，同时也因视
野的改变，认识到了教学语文应该有些系统的思考和设计。于是
我和学生合作进行了一项行动研究："与学生一起读、评、写"。

2005年9月，我新接了一届初三毕业班，开学初《语文报》
向我约一组介绍北京民俗的学生习作，我就组织了一次关于北京
风俗人情的专题读写活动，效果还不错，但只能向编辑推荐其中
很少的几篇作文。我就想，能不能把优秀的作文装订成册，编一
个刊物呢？此前的专题读写也整理印发了不少的案例，但并不系
统。出版个刊物，对这项研究进行定期的跟踪和记录，应该可行

吧。第一期，拈取了一个现成的名字"美文"，印发了下去，得到了学生的热烈呼应。就这样，一期期的《美文》配合着我们的"研究"问世了，慢慢地有了个简朴的封面，有了目录，每篇文章也都配上了我的圈点批注。当出到第四期时，我发觉有点不对劲儿了，学生对《美文》的兴趣似乎没以前那么高涨了。一天，我问语文课代表："最近几期的《美文》编得怎么样啊？"她诡秘地笑了笑说："老师，您经常给我们提到'审美疲劳'这个词，同学们现在对您编的《美文》也产生了'审美疲劳'，您不觉得您选的那些文章多是同一个面孔、同一种风格吗？"我顿时愕然：花了如此多的心血搞出来的《美文》，怎么会让学生产生"审美疲劳"了呢？恰在那几天，我收到了一封学生家长发来的电子邮件："李老师：您好！我是初三四班学生×××的妈妈。我女儿的语文学习成绩一直不是很好，这里的原因是多方面的，但其中一个很重要的原因是语文课一直没能引起她的兴趣。自从您教他们语文课后，孩子开始慢慢喜欢语文了，经常回来与我们分享课上学习的内容，尤其喜欢你为他们编辑的'美文'，每次回来都非常兴奋地为我们读上面的每一篇文章，还要让我们谈看法，我鼓励她好好学习写作文，争取也能上一次'美文'。她希望自己在初中毕业前也能上一次'美文'。看到孩子现在对语文学习的兴趣越来越高，成绩也不断提高，我们做家长的从心里感谢老师，感谢您为孩子们的付出，您为了鼓励孩子和提高孩子的学习兴趣做了很多额外的工作，但这些付出非常值得，它可能会影响孩子的一生。对您的辛勤工作再一次表示感谢，并祝您身体健康，生活快乐！学生家长：史××。"课代表和学生家长表述的角度虽不相同，但都让我蓦然了悟一个非常简单的理儿：每个学生都是天生的写作者，他们都有表达的欲望，也有被关注的渴望！每次作文都由老师选定，每篇文章的评点都由老师来加，每期登上刊物的总是那几个熟悉的面孔，学生固然能够受益，但终归会滋生"热闹是他们的，我什么也没有，与我何干！"的想法，不能产生主动参与后的兴奋与成就感。

鉴于此，我决定由课代表担当主编，对《美文》进行全面改版。学生们神神秘秘地忙活了两周左右，终于把新一期《美文》的校样放到了我的办公桌上。刊物真是有了比较大的改观，不但学生的参与面广了，内容、形式丰富多彩了，而且还换了一个非常精致的封面。经了解我才知道，为设计刊物的封面，他们还专门成立了一个小组，叫"ZE工作室"。此后，《美文》在学生心中牢牢地占据了位置，师生一起呵护着这个共同的生命。我们把《美文》当作了另一本教材，在课堂上读"美文"，评"美文"，用"美文"……也就是在这几年期间，我学会了从效果评价的角度去审视教学行动，由果溯因，反思调整教学，开始了对语文学科的自觉体认，尽管我的行动的整合度和深度还都不够，但就是这样一些随时随地的行动和反思引领我慢慢踏上研究之路。

三、研究教语文

2008年2月我调到北京教育科学研究院担任中学语文教研员，因工作需要，经常到各区县听课调研，听课后自然要评课，评课怎么评？是教给教师们上好课的一招一式，告诉他们"应该怎样教"，还是基于课例，和教师们讨论"为什么这样教"的合理性？我选择了后者。做教研员的这几年，我把研究的重心转移到"为什么这样教语文"的学理性探寻上。

2009年5月，北京教科院为我成立了特级教师工作站，第一批学员主要是获得北京市教师基本功展示评比一等奖的优秀教师和部分区县教研员，后来在门头沟、通州、朝阳等区县成立了工作站分站。我和工作站的成员共同研发不同文类的教学课例，把一堂课的生成过程作为研究对象，研讨为什么要教这些内容而不教那些内容，为什么要选择这样的教学策略而不选择那样的教学策略的学理所在。在这几年的研究过程中，我先后撰写并发表了《回到"真实的写作"》《今天怎样教小说——基于"学科教学知识"的视角》《如何确定文言文的教学内容》《散文河里有规矩——浅谈散文教学内容的确定性》《把现代诗当现代诗来教》等文章，并总结工作站成员的研究成果主编出版了《语文沙龙：重构教学内容的行动研究》一书，力图为更多的青年教师理解语文、教好语文提供专业性的支持。

工作站的第二期，我和教师们一起备课、磨课、观课、议课，开发、积累了若干教学案例。这些教学案例是我和语文教师对话的媒介，承载了我对语文教学的思考和见解。以至于到现在，我都习惯于拿具体的课例和教师们对话，如果没有亲自参与研磨的案例的支撑，我坐在讲台上给教师们做讲座，会因缺少底气而惶恐不安。教研员听课调研，听课对象和听课内容随时发生着变化，如何基于对教师的教和学生的学的观察，对每一节课做出精准评议、提出切实的改进建议，并没有一成不变的教条可依，需要教研员具备透视课堂的实践智慧。教研员适宜的思维方式是工程思维，与此相应，教研员有效解决问题的知识和智慧则是实践性知识和实践智慧。和教师们共同开发、评议教学案例，历练了我的教研智慧。这些案例及评议最终汇聚成了一本《语文课堂的多维观察》，记录下我十年教研员生涯"观察"来的成果。

四、读、写、做合一

做教研员做久了，评课和讲座虽是轻车熟路，却也容易说出溜，不严谨的臆断和经验式表达不经意间多起来。于是我从2011年起开始申报教育科学规划课题，开展基于实验和证据的课程研究。我先后主持了北京市教育科学"十二五"规划、"十三五"规划以及全国教育科学规划教育部重点课题等，对"学情视角重构语文课堂""跨学科读写课程"等做了系统研究。做课题的过程很辛苦，但也磨炼人的学术品性。在搜集文献、设计方案、开发课例、分析证据及反思提炼中，我和教师们一路辛劳、一路收获。此阶段，我先后撰写了《基于学生视角改进中学语文课堂的路径与策略》《论"全写作"课程的构建》《新时期写作课程的范式转换》等研究论文，每一篇文字完成的过程也是广泛阅读文献和不断实践反思的过程。文字可能有些滞涩了，思考却厚实了些。

自2017年起，我参与了教育部统编高中语文教材的编写工作。这又是一次"魔鬼般"的训练经历。编教材，只坐而论道是不行的，要起而行之，要做单元样例，而且要接受编写组同人一轮又一轮的质询，其间有苦思而不得的焦灼，也有化解困惑的豁然和欣悦。也正是通过参编教材，我对"大概念统领的大单元学习""整本书阅读"等课题有了更加深入的思考。先后撰写了《整本书阅读教学的几种偏向》《"整本书阅读"课程目标的分析框架与确定策略》《大观念和核心学习任务统领下的大单元设计》《基于大单元学习的深度阅读和真实写作》《检视大概念、主题、学习任务群与学习项目——基于知识观的视角》等文章。这些文章的观点也许不能完全经得住推敲，但作为教研员，在新课程、新教材推行的第一时间做些探索，感受和体会真切了，对教师们的教学指导也就会有一些切实的效果。做课题时思考过了，读文献时反刍过了，写文本时淬炼过了，于是，与教师们言说交流时的每一句话背后都有研究，每一个观点都有来历。在读、写、做一体化推进中，我确证了自己生命的价值，收获了职业的尊严和快乐。

做语文教学久了，就愈会追问：语文是什么？语文教师是谁？成为一名优秀的语文教师，不能不认识你自己，认识你自己所执教的学科。教好语文应从认识语文开始。认识语文，既是起点，也是终点，需要用一生的时间。

与学生一起读、评、写

2003年2月，我的工作发生了变动，我由家乡山东"行走"到了北京，同时也正式开始了我的一项行动研究——与学生一起读、评、写。

我和有些老师谈起这项行动研究时说过，自己一开始也并没做什么宏大的计划，而纯粹出于好玩儿。我这样说并不是故弄玄虚，而是内心的真实想法。当时初到北京，人生地不熟，生活工作有诸多不适应。怎样才能尽快地找到感觉呢？按以前那样一篇篇课文地教下去，也可能应付个差不多，但我不想再重复自己。那就基于日常的教学，找点教学的"变式"，找点乐子吧。于是，就走一步、看一步，一点一滴地搞起"研究"来。事情还真的像预想的那样，我在探索实践的过程中，不断地找到了自信和幸福感，逐渐适应了那么多的"不能适应"。如果说，调入北京四年来，是什么一以贯之地给了我动力的支持和温暖的安慰的话，那只能是这项行动研究——与学生一起读、评、写。至今，我也没有做任何申请立项，因为我觉得，只要这项研究在我的内心里确立了位置，只要她能改善教和学的行为，只要她能提升我和学生

298

语文人生的质量，就足够了。在行动中思考，在思考中行动，我和我的学生一起，在读、评、写的语文园地里，度过了四年多愉快充实的时光。巧的是四年多的时间，恰好经历了四个阶段，送走了四届初三毕业班。我和学生曾开通了一个博客，交流阅读《论语》的心得，我上一届的毕业生李××浏览后发了个留言，中间提到："从专题读写到师生共编《美文》杂志，到今天的博客，年年有变化，李老师，您明年又有什么新花样啊？"××不经意间的一句话，却勾勒出了我们这项研究几年来的发展足迹。

一、蹒跚起步

最初的"读、评、写"活动，形式比较简单，每两周组织一个主题单元，每个单元精选三五篇文章，供学生集中阅读、讨论一节课，写作一节课。文章的甄选都是由我来包办，且选择的标准主要着眼于"感动"，即选择那些能打动学生内心、引起感情共鸣的文章。每一次的讨论是热烈的，学生愿意上这种相对宽松自由的课，每次活动的前几天，他们就止不住地问："老师，又该上综合读写课了吧？"从课后学生交的作文来看，大多数能从不同的角度写出自己的思考，话题涉及"爱""种族精神""人与自然""合作""牺牲精神""死亡与新生""智慧"等。文章样式也多种多样，散文、小说、诗歌、议论文、文章评论、书信，不一而足。但搞了一个多学期之后，我慢慢发觉，学生的阅读写作水平又徘徊不前了，问题突出表现在写作上，不少文章话题不专一，这也谈谈，那也谈谈，浮光掠影，不深不透；有的敢于尝试写作的新形式，却内容空虚，流于浅层。这就进而让我反思一个问题：感动，来自何方？仅仅是教师的文章推荐？感动了，又如何能够充分表达出自己的感动？于是，我在两个方面做了些调整。一是体现阅读素材风格的多样化，并积极发动学生们都来推荐自己欣赏的好作品；二是在课堂阅读讨论及写作中，加强对文体、语体、表现手法的关注和玩味，而不只是讨论作品的主题、题材。做出此番微调后，效果有了明显改观。简介其中一个案例。

　　阅读中的观照，写作中的释放

（2004年3月11日星期四上午第三、四节课，初三2班）

【阅读材料推荐】

　　本次"阅读加餐"的阅读材料是从学生课前推荐的二十余篇文章中挑选三篇，随机组合而成。这三篇文章分别是《什么都快乐》（三毛）、《旁若无人》（梁实秋）、《永别了，墙角的青苔》（蔚蓝）。三篇文章因作者生活阅历的不同，对人生感悟的角度和着力点也就有所不同。但三者在思考的内容上却有紧密的关联性——如何认识"自我"。另外，三篇文章的写作风格虽有区别，但在具体写法上却也有不少可比之处，值得去认真揣摩体味。

　　文章及学生推荐理由略。

【课堂讨论片段】

　　彭××：三篇文章都不错。《什么都快乐》文风俏皮风趣，《旁若无人》细腻的笔触中透出幽默和讽刺，《永别了，墙角的青苔》应该是一篇学生习作，文笔朴实又不失清新。

　　王×：我不喜欢《旁若无人》这篇文章，写得太夸张了，夸张得让人觉得恶心。

　　程××：我与王×有同感。打喷嚏、漱口、打饱嗝，声音大点儿就大点儿，这是人的本性所然，作者何必持如此偏激和苛刻的态度？

李××：我不同意以上两位同学的观点。作者把"恶心"的景象描摹得惟妙惟肖，呈现给人看，正是想让"恶心"不再"恶心"，我们不正是从作者夸张的描画中，对那些令人作呕的现象产生了不屑和鄙弃的态度吗？

张×：我很喜欢作者这种夸张的写法。让丑的变得更丑，才更能唤起人们对美和雅的渴望和呼唤。

彭×：我不喜欢三毛的这篇文章，与管××同学的推荐意见相反，我认为文章写得有些做作。

彭××：我倒觉得管××的推荐理由写得很精彩，我喜欢。

师：我也觉得管××同学的推荐理由写得还是不错的。不过，管××说文中的"不亦乐乎"绝不是刻意安排，这一点似令人难以信服，应该说这还是作者的精心安排，只不过并不给人以生硬之感，而是读来自然流畅，轻松活泼。

师：我有一个问题想问管××同学，《什么都快乐》一文的第六段，作者写"见一男子淋雨狂奔"而"不亦乐乎"，我不太明白，"乐"从何来？

管××：觉得那男子的情状好玩，也许与她自己的性情有所吻合吧，于是"不亦乐乎"。

师：你讲得有道理。老师对三毛了解不多，只在多年前读过她的两本散文集，记得有一本叫《撒哈拉的沙漠》。现在再来读三毛这篇文章，尤其读"男子淋雨狂奔"这一段，觉得她此处的"乐"有一种怪怪的感觉，甚至忽发奇想，三毛乐在其中的同时，

是否也有些走向极端，而多少变得有些"自恋"，以至她后来的
自杀是否也与此心态有些关联？

　　……

　　师：对文章的赏析可以"仁者见仁，智者见智"，老师想就
三篇文章的写法发表一下自己的看法。打个比方说，《什么都快
乐》一文宛如勾画了十几幅"速写"，轻轻几笔，情趣顿出；《旁
若无人》则是夸张式的"漫画"，放大、变形，毫发毕现。而
《永别了，墙角的青苔》一文也不乏精练的"镜头描绘"。可触可
感的"细节""镜头""画面"，是这三篇文章所共有的特点。另
外，《什么都快乐》《旁若无人》二文的语言都透露出一种内在
的韵律，如《什么都快乐》中"男子淋雨狂奔"一段及《旁若无
人》中对打哈欠声的描绘，均节奏和谐、音韵铿锵，从中也分明感
受到两位作者精湛的语言表达功力以及受中国古典文学濡染之深。

　　师：就文章内涵来说，三毛式的"乐自己所乐"，梁实秋对
"旁若无人"式的"自我释放"的讽喻，蔚蓝顿悟后的"自我发
现"，想必会引发你诸多的人生思考，譬如"我是谁"，"如何释
放自我"，"怎样理解'旁若无人'"，等等，请你以"认识自我"
为话题，自选角度，自拟题目，写一篇文章，文体不限。

　　【学生习作及教师点评】

　　略。

　　【教学后记】

　　部分学生对于梁实秋文章写法的微词，是我始料未及的；而
对于三毛"自恋情结"的发现，却也是我在课堂讨论中的突发奇
想。这些意见虽不一定完全正确，甚至还可能失之偏颇，但确也

不是空穴来风，而是依据文本做出的自己的分析，权作一孔之见。阅读讨论中学生整体的感悟居多，而对文章的细读尤其是语言表达的细腻处关注不够，虽然教师有意做了引导，但仍需改进。至于读后写作，则已见阅读讨论之影响。如周××同学《我是谁》一文，模仿三毛笔法，通篇以数幅速写连缀而成，段段以"我是谁？"的发问而收束。就写作的思想内容来看，绝大多数同学都表露了积极而健康的自我价值观，少数同学张扬自我个性的背后也隐含了一种"自我膨胀""我行我素"的倾向，这又是一个值得深思而不容回避的重要课题。

阅读中怎样"发现"，写作中又如何"释放"，还有很长的路要走。

一年多的摸索实验，这项"行动研究"有了雏形：着意于读、评、写的系统整合，注重师生语文生活的共同体验；实验分专题进行，每期专题均指向学生某一方面的语文生活体验和某一种语文能力的生成；每期阅读材料或一篇文，或三五篇一组，或一整本的名著，或按内容主题编排，或按能力要素编排；材料则有时由老师指定，有时由学生推荐。但总觉这个课题还缺点什么，缺什么呢？一时又说不清楚。

二、那些可遇亦可求的美丽"故事"

先讲一个发生在我和我学生身上的语文故事。

2004年11月底的一个黄昏，在张家口驶往北京的列车上，偌大的火车车厢里空荡荡的，没有几个旅客。我懒散地半躺在三人座席上，凝神望着车外。也许是由于窗外那渐行渐远的落日，也许是因为那耳畔传来的"不要问我从哪里来，我的故乡在远方，为什么流浪，流浪远方"的舒缓旋律吧，我的心中涌动起一种难以名状的情愫。伴随着列车"哐当哐当"的声响和《橄榄树》的音乐旋律，我的思绪飞回了故土，飞向了童年的时空。我想起了八岁那年为想见一见久未谋面的火车而从家中私自出走的莽撞经历。童年啊，故土啊，人生啊，行走啊，在我的眼前展开了一幅幅模糊而又清晰的意象。遂取出电脑，敲下了一篇记叙性的文字——《开往远方的列车》。文章共1500字左右，自耳畔响起《橄榄树》写起，三个小时的行程写作没有中断，至北京站时，已是华灯齐放，伴随着舒缓的萨克斯独奏曲《回家》，我打完了最后一行文字。文章的开头结尾也是以歌曲开头，以歌曲收束。主体部分则重点叙写了那次私自离家的莽撞经历，那次"我有生以来最为壮观的"，"或许已隐喻似的迈开了我人生独立意义上的漫漫行走路"的出走。

回到学校后，我忽发奇想，何不来一次有意思的尝试，把它印发给学生作为读写专题的材料？我想，自己的这篇文章虽非什么佳篇名作，但作为一段心灵历程的真实记录，或许会令学生有所感发和呼应吧。待印发给学生这篇文字时，我要了一个小"花招"：把文章的作者化作了一个笔名（鲁中）。用意是想寻求一种变化，当然也暗藏着我的一种新奇的期待。于是我在文章前精心撰写了一段推荐语：童年是我们永远的珍藏，那里珍藏着我们彩虹似的梦。回忆童年，拂去岁月的尘痕，捡拾起鲜亮的憧憬，一股难以言状的暖流便会从我们的心底流淌……本期阅读材料即是一篇回忆童年生活的"名篇佳作"，请阅读思考并发表你的感想。

并提出本次专题的写作要求：读完本文后，你可能想跟作者谈谈你的读后感想，也可能想就本文写法的优劣与作者进行交流，也可能想把自己"莽撞"但却有意义的人生故事拿来与作者分享，那么，请拿起笔来吧，以给作者写一封书信的形式，说出你最想说的话。字数在500字左右。而后我怀着忐忑的心情等待着学生上交的作业。待看到铺展在我面前的学生习作时，我感动了。我要感谢我的学生，是他们让我分享了那么多美丽的童年故事。我感觉到我的童年与学生的童年是那么亲近地重叠在了一起。我想摘录其中一篇（宋×同学的《给鲁中先生的一封信》）中的两个段落：

那次短短的旅行几乎不曾给我留下什么印象，而真正爱上坐火车是小学四年级的时候去湖北姑奶奶家。那一天两夜的闲适让我深深地喜欢上趴在床头看风景的感觉。懒洋洋的阳光透过车窗洒下来，洁白的床单细细碎碎的满是温暖，空气中充斥着太阳干净的味道。那种阳光，不是脚步匆匆地走过生活，而是悠然自得地站在那里做着梦。那时，对我来说，坐火车已不是一种方式，目的地也不是一种目的。火车上的生活摒弃了时间和空间，洋溢着闲适和慵懒。像一首轻轻柔柔的歌，伴着车身轻轻晃动，带给了我远离现实的超然的宁静。

也许我对火车的感情更成熟了一些，而您的爱更孩子气。我还很爱那悠长的汽笛声，一个个辗转难眠的夜晚，那一声声有如天籁之音的鸣响抚慰了我恐惧焦躁的心，仿佛处在万丈深渊灵魂得到了彻底的救赎。曾有一个故事中的男孩把自己心爱的女孩比作这种汽笛声，我为此深深震撼和感动，同时也有种找到了共鸣的快乐。

我真没想到学生对于火车、对于人生旅行的体验竟有如此深刻。当然，也有同学对这篇文章提出了不同的看法。如钱××的文章中就这样写道："坦诚地讲，我不太喜欢您这篇文章，虽然它可能把我领入了一个纯真又充满幻想的世界。但文字是否过于平淡了？结构也过于中规中矩。给您提点建议，那就是以后请多写点有激情的东西。"当我再次印发给学生《开往远方的列车》、两篇学生习作（宋×的《给鲁中先生的一封信》、陶×的《情系列车》）及部分学生的写作片段，并披露了署名的真相后，教室里可炸开了锅，惊讶者有之，兴奋者有之，迷惑者亦有之。直觉告诉我：他们有话要说，此时"不吐"，可能真的要"不快"了。于是我顺势让学生敞开心扉，就这组文稿或干脆就这次活动本身写出自己真实的评价意见，字数可长可短，形式不定。他们的表达欲望又一次得到了释放。如以下三个片段：

> 不知为何，当我重拾起《开往远方的列车》这篇文章时，我感动了，这份感情绝对比我初读它时来得真挚，来得深刻。老师，其实您当初没有必要隐去真名而化为笔名。也正是由于了解到这是一份属于您的童年，才更增添了一份亲切的感觉，因为它让我们看到了平日里无法通过课堂发现的您的内心世界，这里装载着一个天真懵懂的童年，一份与列

车紧密相连的情思。这使我仿佛从一张可敬的面庞前，又看到一副可爱的笑靥。

"开往远方的列车"，如果说那个"远方"是珍藏在内心深处的童年，那么李老师、宋×、陶×，他们对于自己的"远方"一定有着迥然相异的路线与风景，可是他们心中的情感深处居然有着惊人的和谐与吻合。我努力地思考这个问题……或许这是童年的力量？是对童年那份相近的情感带领他们穿越时光与世俗的迷雾，径直来到这份挚爱的中心吗？

我感谢老师让我们欣赏他的文章，更感谢他最终道破了这个小小的秘密；我也感谢我的同学们，感谢他们毫无保留地倾诉自己，使这个美丽的故事更加完美。

这个偶发奇想又有意编织的故事，给我的行动研究带来了什么呢？以前的读、评、写活动，所读多为名家名作，而此次却引进了教师本人的一篇习作。现在看来，它并不是一般示范意义上的"下水文"，而是促使师生重新审视阅读和写作的本质的"催化剂"。阅读及写作，是一种"相遇"，基于生活本身的平等交流与相遇。抛给学生我自己的这篇文字时，我是有一种朦胧而又强烈的想法的，那就是：以文字促发文字，以生活感应生活，活动的主题就定为了"分享生活"。总体看来，我的预期目标基本达到了。进而我就想，只要是有益于提高学生语言素养、丰富学生人生体验的"素材"不都可拿来"与学生一起读、评、写"吗？

名家名作可以读，身边教师和同学"自己的故事"不也可以读吗？经典的文字可以读，高质量的电视专题、广告不也可以读吗？长篇佳制可以读，短诗、对联不也可以"读"并"评"和"写"吗？

此后的专题活动内容更加丰富了，列举几个2004—2005学年度搞过的专题："人性之光——战争题材中的女性"，"朱自清的另一面——读《给亡妇》"，"北京人文地图——作家笔下的北京"，"与孔子对话——《论语》选读"，"读×××同学的一篇习作——回视我们的'家'"，"陈省身的自在生命——感受'东方之子'"，"换种方法读古诗———堂诗课"，"给思想穿上故事的外衣——寓言的读写"，"语言文字的舞蹈——手机短信的欣赏与写作"，等等。活动的操作形式也得到了"活化"："读""评""写"不再简单地线性排列，而是视具体内容加以灵活组合；"读""评""写"也未必分个孰轻孰重，而是和谐统一地有机整合。作为我自己，几乎每一个专题也都动动笔，写点东西，在同读、同评、同写的过程中，我和学生一起讲述着并分享着我们"老百姓自己的故事"。至此，"与学生一起读、评、写"这个名称也就呼之欲出了，我的这项行动研究基本成了些模样。

三、《美文》与我们同在

在《与语文相知相解》一文中，我介绍了与学生一起办《美文》刊物的情况，办了四年，学生产生了"审美疲劳"，于是我发动学生自主性，改版《美文》，通过让学生行动起来，提高学习参与热情，这里我把学生是如何行动的再详细介绍一下。

深思熟虑了一番后，我把课代表林×叫到了办公室，交代给她改版《美文》的决定：①由四个课代表轮流做主编，老师只负责部分文稿的推荐和评点并承担"责任校对"的工作；②由主编组织同学推荐不同风格的学生习作并请同学互加评点；③不但可以刊登学生习作，而且也可选登各种正式发表的"美文"，附上推荐同学的推荐理由；④适当时候，也可考虑选录部分同学习作的精彩开头、结尾、片段甚至好的题目。她兴高采烈地回去后就开始执行她大主编的职责。为这新一期的出版我专门以"美文"的名义写了一篇"刊首词"《致〈美文〉的忠实读者们》：

《美文》的忠实读者们：

大家好！我是《美文》，你们的好朋友。这已是我和大家的第N次见面了。此时此刻，真的是有好多心里话和大家说。

请允许我先来一段抒情但不矫情的话语吧：也许你要说我不"美"，我没有华丽的装帧，没有精美的插图，没有声名显赫的大主编，甚至也没有一个"定价"；但我觉得我自己真的很"美"，我朴实，我真诚，我实用，我亲切！我"美"在你指间流淌的激情里，我"美"在你载满希望的U盘里；我"美"在你"会意"阅读时荡开的笑脸上，我"美"在你们"疑义"相析时迸溅的思维火花里。一句话，我的"美"在于你的"美"，我"美"在你们身边。你该不会认为我这是在自吹自擂吧？哈哈！

我真的要感谢所有为《美文》付出心血的同学们。就说眼前这期的"我"吧。ZE工作室为我设计的封面着实具有专业水准，还有那么多的同学加了那么精彩的点评，不少点评比那个李老师的都要好出许多呢！（可别惹他生气啊！我可没贬低他的意思，他可一直是《美文》的总后台和鼓吹者呢！）当然更令我高兴的是，这一期有那么多新鲜的面孔登上我这小小的舞台！算到现在，有近六十位同学都登台亮相了吧。谢谢你们，正是你们的生动讲述，让大家分享了那么多美丽的人生故事；正是你们的精彩表演，让大家紧张单调的初三生活多了点生趣和回味。

此后，《美文》在学生心中牢牢地占据了位置，师生一起呵护着这个共同的生命。我们把《美文》当作了另一本教材，在课堂上读"美文"，评"美文"，用"美文"，品味语文学习的快乐。张×同学的一篇《良师，益友》可能说出了不少同学的心声。

良师，益友

初三（4）班　张×

作文，曾几何时是我心头一大患也。特别是今年的中考作文变成60分后，望着我那可怜四十几分更是心急如焚。

一次次的自认为完美的"佳作"，却都没能逃脱40分的命运，一次次的沉重打击，使我开始恐惧作文。在与作文的不断战斗中，我失败了。渐渐地我由恐惧变成了厌恶，从此一蹶不振。

直到有一天你来到了我身边，这场战争便有了惊人的大逆转，使原本已心灰意冷的我又重新振奋了精神。

记得你第一次向我发出邀请，那情景，至今仍历历在目。

"张×，把你的作文修改后交上来。"

这时，我的心情异常激动：终于有人赏识我了，我的作文终于有出头的日子了。喜悦的心情如同掉进了蜜缸，每一寸肌肤乃至每一个细胞都被蜜汁所浸透，甜啊，一直甜到心窝里。

从此，我们成了要好的朋友，你的存在，鼓舞着我对作文的兴趣，激励着我，使我对作文恢复了信心。你的邀请化作了我写作的动力。我又开始喜欢作文了。

但是好景不长，我又一次进入了冰川期，灵感被冻结，思绪被冻结，分数更是牢牢地被冻结了，刚刚燃起的希望的火焰，在这次寒流中显得愈发憔悴。

为了能再次受到你的邀请，我四处求教，老师、同学、家长，能想到的办法我都想了，可是都以失败告终，我的作文没有明显突破。

又是你，在我最低迷的时候，悄悄地来到我的身边，丝丝点点的启发，丝丝点点的诱导，从你身上我领略了作文的真谛：一切源于生活，一切源于真情。

此时此刻，你不但是我的益友更是我的良师，你不仅激发了我写作文的兴趣，更指引我走上了学好语文的大道。

友情也许会褪色，誓言也许会被遗忘，但我要告诉你——《美文》，我们之间的感情将永远存在，永不褪色，永远不会遗忘。

我要高声呼喊：《美文》你是我永远的朋友，永远的良师！

最后的一期《美文》是《美文特刊》，是几个热心的同学在毕业的那个暑假编写的，他们编制成了幻灯片（PPT）格式发到了我们师生的公共邮箱。不少同学都用笔倾吐了对《美文》的难以割舍之情，其中陈××同学的一篇《献给美文》，我还引用到我发表在《语文教学通讯》（初中刊）2006年7、8期合刊的一篇文章上。学生对《美文》、对"读、评、写"的语文学习为什么会有这么大的热情呢？这让我想到了有些专家提到的"广义发表"理念，他们认为无论何种形式的"发表"，都可能激起学生写作及语文学习的内动力，我服膺此理。

四、博客同期声

2006年9月我接了另一届毕业班，吸取上一届的经验，我带动同年级的语文老师办了一个年级性的刊物——《评点》，她对推动我们全级的语文教学发挥了积极的作用。最让我感动的要属2007年春节的那次博客交流了。这个春节我和学生的"读、评、写"活动的主题是"与《论语》对话"。此专题我和以前的学生曾经搞过，这次我想在我其中的一个教学班里实验一种新形式——开设博客。为什么要选择在"博客"上讨论《论语》呢？我是想，虽然自己没有开设个人博客的经验，但我了解博客交流的优势——强大的互动性，学生平时住校，寒假拥有集中上网的条件，再加上当时中央电视台《百家讲坛》播放了于丹的"论语心得"后不久，学生及学生家长对《论语》可能并不陌生，这是一个可以利用的契机。于是在假前，我就进行了策划，作为一项选做作业，同学们可以根据自己的情况选择是否参加，并不做强行规定。我选用了同学们学过的《与朱元思书》中的第一句话"风烟俱净"作为博客的名称，每个同学都可根据密码登录博客，发表日志，互为交流评论，我自己作为博客的维护者，也和学生同读、同评、同写。开通博客的第一天，我先上传了第一篇日志——《以〈论语〉的名义，邀请你》：

你听说过"半部《论语》治天下"这句话吗？

你知道四书五经中的"四书"之首就是《论语》吗？

你知道有人把《论语》比为中国的《圣经》而疾呼国人珍视我们自己的经典吗？

你知道有一位中科院院士招收理工科博士生却要求必先通过《论语》《道德经》的考试吗？

虽然你未必想志怀天下，甚至也会机警地反驳我，博士生导师何止那一个院士，即便轮到我考，也会避而远之的呀！

但我依然以《论语》的名义，邀请你：打开《论语》吧！

你想揭开儒家文化何以历经千年而不衰的谜底吗？

你想为自己打下一个华夏精神文化的底子吗？

你想拓宽自己的知识视野丰富自己的语感素养吗？

甚至你想让自己的议论文纵横捭阖、收放自如吗？

这次，你可能更机警地回答我：想，我都想，但并不是都必选《论语》啊！那我只能反问一句：知道什么叫源头和支流吗？知道什么是原汁原味和勾兑稀释吗？

因此，请允许我再次以《论语》的名义，邀请你：打开《论语》吧！

　　读《论语》，你大可不必正襟危坐，只需用心去捕捉你每一次的阅读灵感。

　　读《论语》，你可能未必一开始就去训诂索隐，只要努力读出自己的心得和体验。

　　阅读经典，与《论语》对话，与老师对话，与家长对话，与同学对话，滋润并呵护我们彼此的心灵吧！让我们在这一个月的经典探寻之路上彼此厮守相伴吧！

李老师

2007年1月26日夜

　　附几点说明：

　　1.推荐书目：李泽厚《论语今读》，于丹《论语心得》。

　　2.每则"论语"的读写体例包括三部分：原文，翻译，感悟（不求面面俱到，字数不限）。

　　3.每次"日志"所解"论语"条目多少不限。题目格式为"×××（实名）论语解读"。

　　4.评论亦应标注实名，如是家长，请注明（×××的妈妈、爸爸等）。评论可尽管畅所欲言，甚至可以针锋相对展开辩论。"我虽然不同意你的观点，但我誓死捍卫你发表不同意见的权利。"但讨论的态度必须是真诚的，还记得李老师对博客名"风烟俱净"的诠释吗？

　　学生最初的反应是无比兴奋的，这从字里行间明显感受得到，但存在着一个明显的不足，那就是"感悟"和"评论"的形式有些单一，与我们"读经典，育思想，练文笔"的宗旨不十分合拍。我就据此发了另一篇日志——《回顾我们的博客史》，对第一阶段的讨论做了个小结：

回顾"风烟俱净"的历史，同学们可能会问：李老师，你该不会是在搞笑吧？她才诞生了十几天，谈得上什么历史？是的，我要郑重地说，我要为这个生命整理档案，为这个共同的生命体书写历史。

正如李老师在假前发动这项活动时所说，创建这个博客的动机，是为了给我们一年的语文因缘留下点痕迹，记载下一段历史。《论语》、孔子、你、我、热情的家长，还有便捷的网络平台，就这么走到了一起，培育并呵护起了这个可爱的生命——风烟俱净，一个纯净的、透明的、敞亮的、温暖的，接载历史也植入当今的鲜活生命。

凝视并感受着这个生命一天天成长壮大，我的心中涌动着一股股难以名状的感动，为一个个生动的人和事而感动。

潘×，第一个抢滩登陆的"勇士"，以她的执着和热情伴随着"风烟俱净"，走过蹒跚学步的最初几天，一切那么平静而又自然。

瑞×，也是第一个，呵呵，男生中登陆的第一个，以他惯有的洒脱和惯有的目光打量并钟爱着"风烟俱净"，以坚毅的精神和义无反顾的努力维护着可能还要继续维护着二班男同胞的宝贵的尊严！

两个"代表"——欣×、玉×，她们是离李老师最近的人，不只是因为平日里每天抱作业时与李老师的频繁接触，更是因为她们是最懂得李老师心思、最清楚何时"代表"怎样"代表"二班语文教学的人。鼓吹，呐喊，冲在队伍的最前列，是她们非常宝贵的品质！

楚×，你默不作声、异军突起，着实给了李老师一个惊喜！平静的思考，清晰的表述，发出了你的独特的声音，表现了你的姿态和立场。

雪×，虽然你才发了一则"留言"，但已经给李老师留下了深刻的印象。你说你担心自己的评论"跑题"了，那哪是跑题？激情的文字，冷静的分析，严谨的推理，让我看到了日常没有觉察的另一个你！

还有那最最敬爱的两个家长——欣×父亲、玉×父亲，你们的到来，为这个平台增添了异彩！交流立体了，关注丰富了，思考也深入了。重要的是你们以实际的行动提供了温暖人心的力量！

……

时间在流逝，《毕业歌》（我在博客上添加了一首《毕业歌》）的旋律在响起，对话在继续，历史在书写。为使我们的"生命共同体"更加丰盈和强健，我仅提几条建议：

1.搞点实验。建议大家浏览一下同学们各自的文字，这里面风格各异，可互取长处，互得启发。"感悟"与"评论"尽可能地实验各种方式，十段"感悟"，可有不同的书写方式——冷静的分析，辩证的思考，激情的演绎，严谨的推理，事例的旁征博引，联系实际细致入微的自我对照，等等；十则评论——会意式的再阐发，补充性的再完善，争辩式的讨论，质疑式的发动思考，有关知识背景的提供，等等。李老师非常看重"评论"，因为"评论"在培养着你的眼界、思维。评论不只是思想的交流，而且也是感情的交流。实验就是挑战，挑战就意味着提高和超越。要相信自己有这种能力，让自己享受因挑战而带来的无穷快乐和欢欣吧！

2.保持节奏。最好细水长流（虽然还剩下不到20天），做到合理规划，每天读一点写一点，不宜一次性地在网上滞留太长时间，一定要注意生活学习的规律，保重身体。

3.珍藏历史。我们这个博客，是半封闭性的，也可能是暂时性的（开学前），资料一般不必担心被恶意修改，但为了以防万一，最好还是把自己的文稿和感兴趣的其他同学以及老师、家长的文字随时保存起来，这将是一份非常珍贵的心灵记录。

嫌李老师啰唆了吗？好，就此打住。李老师——你们最为忠实的读者，期待着你们更精彩的表现，让我们彼此心心相通，共同关注、培育、见证生命的成长！

显然，我的意图是在充分保护学生参与热情的前提下，尽可能地辅之以指导和引导，以增加这项活动的深度和效度。接下来的交流，我加大了对学生的每条文字的针对性评论，随后的讨论质量有了较大的提高。在这段时间里，先后有家长和已经毕业的学生友情参与其中。待到一个月的讨论即将结束时，我又上传了一个总结性的告别词——《携"论语"同行》：

"逝者如斯夫，不舍昼夜"。一个月的时间过得真快啊，开通我们的"风烟俱净"似乎是昨天刚发生的事儿。明天就要开学了，我们的博客也要暂时关闭了，此时此刻，我从内心里还真的有些割舍不下，既然有个开头语，最后也说几句心里话，跟她道个别吧。

"三人行，必有我师焉"。短短三十天，我们的博客访问量达到了两千多人次，上传了一百余条"论语"，师生互评，家长参与，"如切如磋，如琢如磨"，其乐也融融。说实在话，策划此博客伊始，我心有惴惴焉，并没想到会有这样的访问量。在马不停蹄地点击、阅读、评论的过程中，我时感眼睛跟不上跳跃的文字，笨拙的指法操控不了键盘，但我的心灵在欢歌，我的思维在飞翔。无论在北京还是山东的家里，坐在电脑前，我就仿佛看到了那一张张活泼的面孔，听到了那一阵阵思想的呼吸。李老师感受到了学习的快乐，真所谓"风烟日志万千条，俱净博友尽舜尧"，人人互为老师，人人皆做学生。不禁感慨：论语古而不老，博客真是个好玩意儿，呵呵。

"博闻而笃志，切问而近思"。"问"之切，"思"之近，是同学们感悟"论语"表现出来的一大特点。孔夫子也曾说"人能弘道，非道弘人"，我们读《论语》是为了什么，很重要的一条，就是由《论语》之道，反观诸己，进而以己弘道，"过上我们心灵所需要的那种快乐的生活"。看吧，众多的感悟中，都推己及人，躬省自身，过程是痛苦的又是充满幸福的。

"文质彬彬，然后君子"。同学们还记得吗？我们的讨论中多次涉及"言"与"行"的关系。如果具体到语文学习，不妨就理解为"文"与"质"的关系。孔子注重思想的质地，但不简单排斥必要的"文饰"，"文质彬彬"实则也是我们为文所要追求的境界。同学们的感悟虽不是长篇巨构，但多做到了"文"与"质"的兼顾。旁征博引者有之，丝丝入扣者有之，纵横捭阖者有之，激情澎湃者有之，朴实无华者亦有之，异彩纷呈，相得益彰。

"当仁，不让于师"。我在同学对这句话的感悟后面跟进了我的感想，我想到了亚里士多德说的"吾爱吾师，吾更爱真理"，对此，我这个当老师的深有感触。在真理的讨论面前，人人平等。"我可以不同意你的意见，但我誓死捍卫你发表不同意见的权利"，这种争鸣的氛围在本次活动中虽然不很浓厚，但我们依然感受到了日渐勃发的气息。

"有朋自远方来，不亦乐乎？"我要再提提我那些已经毕业的可爱的学生了。你们的到来，为这个论坛增添了新鲜的元素。你们带来了真诚的情谊和温暖的祝福。孩子们，你们是李老师永远的学生、同道和朋友！还有那七八个家长，我敬佩你们的姿态，俯下身子的亲切交流，语重心长的肺腑言辞，让我和我的学生得到了最为切近和强大的力量支持！你们不仅是过来者，更是我们的同行者。家长、学生、教师，旧友、新友，远古与当下，跨越了一切的距离，驾着"风烟俱净"之舟，徜徉在《论语》的长河上，自丙戌年末至丁亥年初三十余天，奇山异水，目不暇接。

"吾非生而知之者"。你看，被后世尊为"至圣先师"的孔子多谦虚啊！知识面前，不分出身尊卑，不论资质高下，学习、再学习是"硬道理"。冷静下来审视我们的博客，还有不少的学习改进之处，所做讨论，有的失之于思考浅陋，有的失之于表述草率，有的失之于走马观花、应景交差，我们的互动争辩还比较缺乏，我们的知识储备还有待提高。但好在总体上我们的思考是郑重的，表达是真诚的，更何况孔老夫子也说过"发愤忘食，乐以忘忧，不知老之将至"。学习，可以改变一切。

"道不远人"。至真的道理决不会疏远庶众。《论语》不炫目，不灼烫，《论语》不是时髦的理论，也不是炫耀的谈资；《论语》值得亲近。孔子是大众的孔子，《论语》是超越时空的《论语》。亲爱的同学们，你们已经起航在《论语》的文化长河中，"与《论语》的对话"仅仅才是开始，让我们大家一起"携《论语》同行"，将"阅读"进行到底！

再见了，"风烟俱净"，"秋天还会再来"（注：不知哪位热心的学生在博客上添加了一首好听的歌《秋天不回来》），不是吗？

李老师

草于2007-2-26夜

一个月的对话，既紧张又充盈，我曾不止一次地感动过、兴奋过，我想学生肯定也是这样吧，因为，我从"风烟俱净"为我们师生记录下的"同期声"中，分明听到了和谐共振的乐音！

　　四年的风雨历程就这样走过，细数"读、评、写"的历史，如果说最初的一年迈开了她蹒跚而可贵的第一步，那么第二年就是丰满了她的具体形态，后两年的经营则为她的发展赢得了强劲的助推力。下一步该怎样"行动"，怎样"研究"？本文开头李××提出的那个问题又该如何作答？我还在思考着。

读书沙龙:《安恩和奶牛》的文本细读

【时间】2013 年 4 月 23 日

【地点】北京四中

【主题】文本研读与教师发展

【与会人员】北京市中青年特级教师教研创新平台建设项目语文团队,包括李卫东特级教师工作室、程翔特级教师工作室、刘德水特级教师工作室、邓虹特级教师工作室、刘葵特级教师工作室的成员;专家、领导有北京教育科学研究院院长方中雄等。

【开场白】

李卫东:我首先做个开场白,题目是"和而不同,美美与共——中青年特级教师教研创新平台建设工作思路"。其中的"和而不同"引自《论语》中孔子所说"君子和而不同,小人同而不和",也就是说,我们这个教研沙龙,特级教师之间、特级教师的团队之间,是讲求和谐融洽的,但不是大家坐在一起随声附和,不是苟同的,不是"小人"的"同而不和",而是君子之间不同观点争锋的和谐共生。另外我又把费孝通先生曾经说过的 16 字箴言中的 4 个字摘出来做题目。费孝通先生在 80 寿辰聚会上，曾经意味深长地讲了一句16字箴言："各美其美，美人之美，美美与共，天下大同"。"各美其美"就是各自欣赏自己的美，"美人之美"就是还要欣赏别人的美，自己的美与别人的美和谐共荣即"美美与共"，这个"天下"就"大同"和乐了。我这次把"美美与共"与"和而不同"混搭在一起，就是想阐明今天乃至今后我们这个教研沙龙的一个宗旨，就是"和而不同，美美与共"。

我们的研修方式主要是教研沙龙。"沙龙"是一个舶来品，突出的特点就是规模小、人员精、话题集中，风格是自由的、深入的、持续的。沙龙是定期举办的，规模不能太大，像今天在座的就四五十位，要是来一百多位，那就是大会了。每次教研沙龙大体设计三个单元的活动。第一个单元为"专业发展工作坊实操"。第一单元的主要特点就是"动手操作"，亲自动手操作，还不是一个人在做，是大家在工作坊里面合手来做。比如说今天沙龙的第一个单元，就由我先来解读一个文本——《安恩和奶牛》，我先解读20分钟左右，然后各位对我的解读提出意见，提出批评。第二个单元是特级教师工作室研究成果展示交流。比如今天，第二个单元就是北京四中刘葵特级教师工作室研究成果展示。下一次如果在北京一零一中学召开，就要展示程翔特级教师工作室的研修成果示。第三单元是专家讲座。我们请各个领域的专家开办讲座，不求讲座专家的名头有多大，而是看重讲座内容是否让人耳目一新、打开视野。今天我们请学者止庵讲如何读书。

【《安恩和奶牛》文本细读】

李卫东：老师们，我来先做靶子（众笑）。我做了课件，还起了一个名字：《一个文本的个案细读报告——我读〈安恩和奶牛〉的始末》。我的初读是缘于一次听课，去年11月份左右，北师大教育管理学院的赵教授组织的大兴五中教研活动，让我去评评课，和老师们座谈。讲课是范老师。大兴区用的是北京版初中语文教材，而范老师在完成京版教材教学任务的基础上，经常穿插教学人教版、苏教版的某些课文，我听的这一课，正是她把苏教版初中语文教材中的一篇《安恩和奶牛》印发给学生一起学习讨论。我头一次见这个文本，此前没读过。我拿着讲义，一边听课一边在上面圈圈画画，下面我就把我初读圈画的结果给大家汇报一下。

先看第一段：

在瓦尔普峡集市的牲口交易场上，站着一位老妇人和她的奶牛。她牵着那头孤独的奶牛悄悄地站在一边，也许是太腼腆羞怯，也许是故意要吸引更多的人的注意。她身上穿着样式老掉牙的旧衣服，可是很干净；一条手染的蓝裙，还带着乡下染缸中的那股土味儿。一块棕褐色的绒线方披肩交叉地盖在她那干瘪瘪的胸上。她戴的那条头巾颜色褪得泛白，七皱八褶，好像是摺在抽屉里有了年头。脚上的木屐连后跟都磨平了，皮面上却抹了油，擦得锃亮。她那瘦骨嶙峋的双手拿着毛线针飞快地翩然起舞。除了几根针之外，在她的灰白的头发上另外还横插着一根。她站在那里，竖起耳朵凝神倾听着杂货摊上飘过来的音乐声，也不时抬头看看身边熙来攘往的人群和买卖交易的牲口。周围一片嘈杂喧嚣，马市上马儿嘶鸣，海滩上渔船卸货的在吆喝，马戏班鼓声咚咚，小丑们招摇地高声喊叫。然而她却站在那里晒着太阳，打着她的毛袜。哦，真是旁若无人，安闲得很。

这一段，我读时在想，"她牵着那头孤独的奶牛悄悄地站在一边"，孤独，为什么孤独？为什么悄悄？站在集市的一边，"她身上穿着样式老掉牙的旧衣服"，样式老掉牙——为什么强调样式老掉牙呢？为什么"可是很干净"？"一条手染的蓝裙"，突出"手染"。"还带着乡下染缸中的那股土味儿……她戴的那条头巾颜色褪得泛白……好像是撂在抽屉里有了年头。脚上的木屐连后跟都磨平了"……写老妇人的外貌和穿着，好像和别人不太一样，特别突出"土味""老掉牙"之类。这一段接下来写杂货摊，写熙来攘往的人群，买卖交易的牲口，嘈杂喧闹的声音，"卸货的在吆喝，马戏班鼓声咚咚，小丑们招摇地高声喊叫"，是不是又写了一种嘈杂、忙乱、热闹？在这种贸易经济比较繁茂的情形下，"她却站在那里晒着太阳，打着她的毛袜"，"旁若无人，安闲得很"。这就无形当中形成了一种张力：她的老掉牙，她的土味儿，她土得掉渣的气息，她的"旁若无人"，和杂货摊、马戏班、渔船卸货的繁荣、热闹、蒸蒸日上，存在反差和紧张。第一段读来让人觉得奇怪，有些莫名其妙。

第二段：

那头奶牛依偎在她的身边，头蹭着她的肘部，神情厌烦，腿脚僵硬地站在那里，翕动着嘴唇不断地反刍。这头奶牛已经上了年纪了，可这是一头很好的牲口，毛色鲜亮，连半根杂毛也没有，可以看得出来，它是出身真正高贵的纯粹良种。当然，要是存心找茬的话，那就是它的臀部和脊梁上长着一溜肉瘤，不过能挑得出来的瑕疵也就这么点儿了。它的浑圆的乳房胀得鼓鼓的，软绵绵、毛茸茸地垂在肚皮底下。它那黑白相间的美丽的牛角上点缀着几条环状的花纹。这是一头健壮结实的奶牛，曾经有过所有奶牛都有过的生活经历，它生下了小犊，然而连看它们一眼舔它们一下都没有来得及便被人带走了。这以后便吃着粗粝的草料，心甘情愿地把牛奶奉献出来。

这一段我圈画了这些字词："依偎在她的身边"，为什么依偎？她和奶牛之间的关系是什么？这个奶牛"神情厌烦，腿脚僵硬"，它为什么厌烦？这个奶牛既然和老妇人依偎在一起，看来感情很好，但为什么厌烦？它产下了小犊，"然而连看它们一眼舔它们一下都没有来得及便被人带走了"，为什么被人带走？带哪儿去了？这些问题也许读完全文也不一定得出答案，但初读的时候要捕捉，否则，阅读的质感就流失了。

再看第三段：

它是一头好母牛，而且显而易见已经成熟到可供屠宰的地步，不久就有人来端详它，用手指摸摸它那刷洗得干干净净的皮毛。

我圈画了一个词，我发觉"屠宰"这个词在这儿显得硬生生的，挺暴力的一个词，一下子插在这——"屠宰"！

再往下我就不一一读了。实际上是三轮对话。第一个人来买，她怎么来回答的；然后第二个人最粗暴，是一个屠夫，敲打这个奶牛，说话很不客气；第三个人实在想买，和她进行了几番对话。我阅读时做了一些圈画。第一个人用手"摸摸它那刷洗得干干净净的皮毛"，问她这头母牛卖多少钱，这时候老婆婆怎么回答的？安恩自顾自继续打着毛线，"它是不卖的"，她回答说——注意这里："它是不卖的"。第二个人是一个脸刮得光溜溜的屠夫，用他的藤杖敲了敲牛角，又用肥硕的手匆匆摸了摸母牛身上光滑的皮毛："喂，这头母牛多少钱？"这个老太婆，不屑地斜视了一下那根藤杖，然后转过脸去往远处张望，仿佛发现了什么使她感兴趣的东西。"它不卖的！"——老师们看，这个回答是不是有区别："它不卖的！"等到第三个人再问她，老太婆安恩摇摇头说："这头奶牛是不卖的。"三次回答，语气有区别，程度上有区分，但态度是一样的——"不卖"。你到集市上来却不卖牛，你来干什么呢？这就开始形成冲突和悬念。尤其第三个人是真心想买，先离开过一次，又折回来了，给了大价钱，结果呢？她还是不卖，用非常坚定的口气说："不！"不过，她这个时候似乎有点窘迫不安。"那么它是已经卖了不成？""没有，这头牲口是不卖的。""是吗？那么干嘛老站在这里？难道光是让这头奶牛出出风头吗？"——你看，第三个买牛的开始质问这个老太太了。安恩想，要是同他多说上几句话能够消消他的气的话，那就不妨多同他闲聊一会儿——这句写安恩的心理，我初读时就画下来了，觉得这个心理挺重要，第三个人如此质问她，她就是想"你气别那么大，我好好给你解释一下，咱多闲聊一会儿"，安恩到底想干什么呢？第三个买牛人又问她："难道你站在这里是为了拿大伙儿开心吗？""天哪，"这个老太太觉得，"你怎么说我涮大家呢？"她气愤得说不出话，神色有些慌乱，并且用恳求的眼神看着那个人——为什么会气愤？你看两个人都气愤，两个人都觉得自己有理。那第三个买牛的人，他的质问有错吗？但是这个老太婆却气愤得说不出话，那又是为什么呢？两个人都觉得自己好像受了委屈。

最末一段：

> "这头奶牛太孤单了！"她终于吐露了真情，"我的小村庄上就只有这么一头奶牛，它又没法同别的牲口在一起，所以我就想到不如把它带到集市上来，至少可以让它跟同类聚聚，散散心。是这样的，真的，我们就到这里来了。但是我们不是来做生意的。既然已经弄成这样，我们只好回去了。不过，我刚才应该讲一句'对不起，我很抱歉'。好吧，再见了，谢谢你。"

这段到最后写"我们就到这里来了""我们不是来做生意的""我们只好回去了"，为什么处处用"我们"？

这就是整篇小说。小说不长，我刚才只是把初读时顺手圈画的一些批注展示了出来。

再回看全文，我当时初读后在讲义上写了这样一个句子："整篇文章主体部分呈现的是买与不卖的矛盾冲突，深意却埋在开头段和结尾段。"那节课，老师和学生重点研读中间部分，分析安恩和三个买牛人的冲突，有语气地朗读他们的对话，教学活动搞得不错，但对开头段和结尾段关注得不够。再来看开头，为什么写这些东西？想突出什么呢？是为了突显这个老太婆勤俭或是穷？从全文看显然不是这样。那是为什么呢？再来看结尾，为什么又写小村庄只有这么一头奶牛？通过一段一段的阅读圈画，再来审视全文，得出了一个初步的结论："她来错了地方。"安恩来错了地方，她与功利社会、市场经济格格不入，所以自始至终呈现出来的是紧张和对立。是什么和什么的对立呢？是工业与农业的对立，机器与手工的对立，实利与情感的对立。我觉得本文就是在刻意营造一种对立和紧张，你看那老太太的穿着、神态和周围很嘈杂的牲口交易市场，是不是对立？市场是进行交易的，你不交易，你来聊天，来进行情感沟通？这是难以调和的反差和紧张。

那堂课是怎么上的呢？范老师先引导学生讨论：安恩有错吗？安恩开心吗？买牛人开心吗？那怎么办呢？她就一连串地和学生们讨论。最后和学生讨论得出的是这样一条结论："个人的法则须融入社会的规则。"把牛牵到牲口市场这里散心来了，你来错了地方，你的个人法则应该融入社会的规则。她和学生把这篇文章当作一篇哲学教材来读，大家觉得有没有道理呢？

为了准备这次教学沙龙，我再读课文，并且到网上搜集了一些资料。我一般备课都要经历不同阶段，首先是自己直面文本"裸读"，然后查阅相关资料进行"参读"，最后形成我自己的解读意见，再从学生的角度转化为教学问题和教学方案。"参读"

时，我看到了两种针锋相对的意见。其中一篇解读是南京师大附中特级教师王栋生老师写的，另一篇则是专门向王老师质疑。王栋生老师分析第一段，认为安恩穿着虽然旧，但是干干净净，年纪老迈仍然不让自己闲着，从中可以看出这是个认真勤劳的人，过得有尊严。反对意见则认为，年纪老迈仍然不让自己闲着，与勤劳是相关的，但是衣服干干净净怎么和勤劳相关呢？怎么和认真相关呢？怎么和自尊、有尊严相关呢？结论和行为表现没有直接和必然的联系，两者在文本中没有必然搭界。再看下一层争辩。王老师认为，用对话和动作描写她不肯卖奶牛的坚决态度，真实地展现了人物细腻丰富的心灵世界。而质疑意见认为，其实这恰恰是安恩思想单一固执的表现，安恩的细腻应该说是她体会出了牛的孤独，而不是表现在她不肯出卖奶牛的坚决态度上。王栋生认为，安恩凭老人的经验以为，要是同买牛人多说上几句话，就能够消消他的气的话，那不妨同他闲聊一会儿，从这里可以看出安恩不但对她的奶牛好，也是一个善解人意的人。而质疑意见认为，"善解人意"这又是一个标签，很显然安恩的闲聊策略没有抚平买牛人的怨气，反而遭到那人的强烈指责，由此可以看出安恩是一个极不善解人意的人。下面又一层争辩，王栋生认为对出于无意而造成的误解，安恩表示抱歉，安恩在这里连说了三个"我们"，她早已把自己那头孤零零的奶牛视为与自己同等的生命，人物的淳朴性格以及对动物的慈爱之心，在这句话里集中地体现了出来。而另一方质疑他："谢谢你"，谢什么？显然是感谢这位买牛人对她的牛的心意以及给出的好价钱；"好吧，再见了"，老婆婆离开交易市场时有点狼狈，像匆匆忙忙逃离一样——在质疑方看来，安恩很狼狈，偷偷地跑了，是个失败者。

王栋生老师解读全文得出的结论是：人与动物也会有真挚的感情，人应当像尊重同类一样尊重动物，爱护它们，理解它们，重视它们的情感需要，因为即使是一头奶牛也有可能在与同类的相处中得到安慰与快乐。而质疑方认为：这是一篇富有社会内涵的哲理小小说，要引导学生认识到，第一点要有空间意识，第二点要有联系思维；要让学生记住，自己的规则，只有在公众的规则之中才是合理的。——到此我才知道，大兴五中的范老师，采用了质疑方的意见，她备课的时候，可能在网上搜到了相关资料。

读完两个人的意见之后，我对质疑者的某一点是赞同的，就是读这篇小说别贴标签，不要给人简单定性。但同时对质疑者把文章读成哲理小说，觉得又有点好像拔高了，尤其把安恩读成一个很狼狈的人，一个极不善解人意的人，又把这篇小说的情味给遮蔽掉、抹杀掉了。通观全篇，我们每一个读者——不能说保证所有的读者，但是应该有不少读者——会或多或少对老妇人安恩产生同情之心。为了当成一篇哲理小说来读，就把这篇小说的情感成分完全挤掉了，像挤去水分一样榨干了。

于是我得出如下结论：我们引导学生读小说，除了品析人物语言、外貌、动作、心理，分析人物形象性格特点之外，还能多一点手段吗？是不是能引导学生读出这篇小说的反差、对立、张力、冲突、矛盾、缝隙、错位……？这一点很重要。读了这篇小说，仅看出安恩是有仁爱之心的人，看出我们要爱护动物，这样解读小说是否浅了些？稍微再往前迈进一下，起码让学生关注到"错位"行不行？关注到"矛盾""反差"行不行？至于这种"错位""反差"背后意味着什么，是否更深入地研读下去，那可以注意适当的分寸。读这篇小说，要能看到这种紧张和对立，无论是在穿着打扮、行为做派还是在思维方式等方面。你看买方和卖方是不是错位和对立？买和不卖，都显得很委屈。错位背后究竟传递了什么？安恩来集市干什么？要抓住小说的关键词，"孤独"和"孤单"，她就是为了排遣自己的孤单和孤独。她达到目的了吗？没有。到集市后，奶牛和她就不孤独了吗？对，更孤独了，这是一种无法排遣的孤独，无法沟通、无法去除的孤独。有人会说，她来错地方了，不该到集市上来。那我就想问：她能到哪儿去？你让她到哪儿去排除孤独？你能给她指出一个好地方吗？她村里就一头奶牛，只有集市有这个牛的同类，这背后是有象征意味的：她无处可去，她无处排遣自身的孤独。咱们在座的各位都给她出出主意，到哪儿去排遣孤独？你说她犯神经了，那你给她找一个不犯神经的地方，去帮助她排遣一下孤独，有这么个好地方吗？就可以这样问学生这些最直接的问题，感性的问题，来探讨文章背后的东西。

还可以再问：她为什么不能达到目的？错位的背后究竟传递了什么信息？不能达到目的，是因为他们错位了，互相不理解。错位背后究竟传递着什么？这是她的错吗？某种程度上可以说是，但又不全是她的错。说是她的错，可能认为她不识时务，不应该到这个地方来。但如果做深层的追问，她到哪儿去呢？老妇人能到哪儿去呢？这么老，穿着又是这么旧，"小村庄上就只有这么一头奶牛"。实际上写奶牛也是写她，写老妇人自己，不是奶牛孤独，归根结底是她孤独，无法排遣的"孤独"。为什么会产生这样的错位和"孤独"？个人规则必须融入社会的规则，那是一种哲学的解读、文化学的解读——我初读也是文化学的解读，我初读不是读出了"工业文明与农业文明的对立"吗？你看她穿的蓝裙是手染的，她穿的其他东西都是旧式的，都散发着土味，这不就是一种农业文明的表现吗？然而集市却是嘈杂的，码头、卸船、卸货，还有屠夫，这些不正是工业文明的表现吗？我是读出了这样一种工业与农业文明的对立紧张，因为每个发达国家都经历过这个阶段，都在工业文明发展过程中对农业文明唱出过挽歌。我就想，这篇文章是不是在写工业与农业的对立？手工与机器的对立？但是现在看，这种文化学的解读对学生而言也许稍显艰深了些，所以说我最后重读定位就是抓住关键词"孤独"。至于探究孤独背后的意味，是可以给学生留下解读的线索和空间，文本解读是不可能一步到位的。

我认为小说反映了工业文明与农业文明的对立，为此还找了点资料。本文选自作者延森的文集《希默兰的故事》，该文集是延森以日德兰半岛北部故乡风光人物为背景，把幼时听到过的各种故事和逸闻进行文学加工而写成的短篇故事集。在这些短篇小说中，他热情讴歌希默兰的农民，赞美他们日出而作、日没而息的简朴但健康的生活，同时也描述了当地剽悍粗野的民俗乡风。延森后来获得诺贝尔奖，其中就是因为他有这样一些反映时代风貌的作品。从知人论世的角度看，《安恩与奶牛》反映了工业与农业（机器与手工）、实利与情感的对立紧张，也有其合理性。但这种合理性，一定要转化为课堂上的"合理性"。课堂上还要基于学情，选择合适的阅读策略。要适当拉低阅读姿态，不能动辄就是哲学、社会学、文化学解读；但也不能一味地把文本看低，把学生水平看低，动辄就归纳"尊重动物""仁爱之心"，这对学生毫无挑战性可言，是索然无味的。文本解读对于学生而言，所谓的深和浅的标准是什么？这个标准要依据所教学生的阅读水平和阅读心理而定。

刘德水：我跟卫东老师也经历了同样的过程，之前没读过，讨论这事时才看。初读之后是有这种困惑：读完之后没什么感觉，小说到底在写什么？我们首先要思考文章的主题，它到底要写什么呢？然后也是上网看了一下资料，其中大多提的是"人与动物和谐相处"。我也想到过"孤独"这个词，安恩是想解脱奶牛的"孤独"，但是解脱了吗？我倒没想到人的孤独，因为看不到文中有描写安恩孤独的内容，感觉不出来。而那个奶牛，安恩把它带到集市来帮它排解孤独，它还不耐烦，这些都显得很矛盾。后来我想还有一种可能就是翻译的问题，有些词可能翻译得不是特别准确，现在翻译作品有很多不能很准确地把作者的意思表达出来。怎么解读也解读不出来太多的东西，最合理的就是"人与动物和谐相处"，我想这点可能初中学生也能解读出来，总觉得这么一部作品，只解读出这点东西是不是太肤浅了！我们自己都觉得不满足，可又读不出更多东西来。随后又看到作者是得过诺贝尔文学奖的，是文学大师级的人物，文学大师写的所有东西都应该是很深刻的，所以像上面那样解读是绝对不行的。后来我想是不是要参考一下别的东西。

文本解读大概有两种方式，一种是"以意逆志"的解读，我们看李卫东老师和他找到的网上的那两篇解读，都属于"以意逆志"。"以意逆志"是以读者自己的"意"来推求作者作品中的"志"，那是以自己为核心去解读作品，这种方式呢，走到极端有可能出现什么问题？（李卫东插话：过度阐释。）过度阐释，就像是在烧饼上看出太极图来，刚才李老师所举的那个例子读出了"个人规则必须融入公众规则"，也不能说是不通，但你总觉得里头有个人一厢情愿地介入。这是"以意逆志"这种读法的问题。还有一种解读方法，就是"知人论世"。我搜集了一下资料，老师引的那些网上的资料都是百度百科里的，要想"知人论世"，可用的相关资料很少。但发现这篇文章选自《希默兰的故事》，这是一本小说集，看了前言之后我觉得明白了一些。

我们过去只盯着这一篇东西，分析来分析去，可能读出更多的是"我们自己"，就像李老师读出来的："我们现在处在市场经济转型阶段，工业文明冲击农业文明……"可是当我们把这部作品放到一个更广阔的环境里看时，你会发现它有好多东西是不适合被解读出来的。希默兰是作者的故乡，当时的丹麦正在经历着我们今天这样的"城市化"，农村的大量人口涌向城市，而这种城市化的改变，使得当年作者认为很重要的许多精神传统都消失了。延森回忆起自己童年经历的不少事情，觉得这是欧洲文化的一条根脉，丹麦属于北欧，那也就是说北欧文化的根脉，他认为这很重要。所以他要拿起自己的笔来创作，他说这是我文学创作的一个源头，也是一个原动力，要描写这样的生活，那才是一种"健康"的生活，和城市化之后的生活是完全两样的。（李卫东插话：这是不是也是他孤独的一个很重要的原因呢？）

作者是不是通过这个表现孤独，我看不出来，因为没看他其他的小说，我只看了前言，而这前言让我后来又想到了《边城》。《边城》就是在用自己的笔描写一种"健康"的人生方式，这是沈从文自己说的。所以这时候我们再来看这个作品里边人的愁苦，那些愁苦也是"健康"的生活方式。这样看来，我们过去的解读所得出的结论可能不太好了，我们说愁苦表现了社会的不公平，社会的黑暗，社会的怎么样，而通过作者的前言来看不是这样，文中的"愁苦"用现代时髦的话来说也是"值得欣赏"的，它是一种发自人物内心本性的生活方式，一种本真的生活状态，我觉得安恩也好，买牛的人也好，当时都是以这样的方式生活着。

我们跳出作品的这个环境，就没法做出这样的解读。我又看了他其他几篇小说，也是这样，能做出"珍惜过去传统"的解读，他就是在回忆过去的生活，过去什么生活都好，当然那种"好"并不是说里边没有"痛"，没有"愁苦"，而是那种就算是"愁苦"的生活也是发自本性的一种朴素的原始状态，没被现代化污染的一种状态，他歌颂的是这个，就像李老师前边介绍背景时所引述的"简单朴素的生活"。

读到这我就觉得，文本解读应该参考一下相关的背景知识，那一定比原来那样单独地只关注文本要开阔得多。我就说这么多吧。

李卫东：刘老师提出把"以意逆志"和"知人论世"结合起来，这给我们以启发。比如"知人论世"，做些背景资料的了解，会有助于我们解读文本。但我想说明的一点是，这只能说是"有助于"我们的解读，更多的解读依据还必须进入文本去寻找，如果不进入文本，光参考一些资料，那就成了读"资料"而不是读"文本"了。就"知人论世"这点来说，我觉得刚才德水老师补充的这一点挺好："怀念过去的健康简朴的生活方式"。这也坚定了我的一个信念，实际上还是写一种孤独，这种孤独的背后是什么？就是对过去那种健康朴素的生活方式的怀念。刚才德水老师提到《边城》，沈从文说他写《边城》是在用自己的笔描写一种健康朴素的人生方式，他对那些原始朴素的东西有一种坚守，当这种坚守不能被众人理解，原始朴素又被挤压而流失时，就会感到"孤独""落寞"。你看安恩的穿着以及言说举止，和别人都格格不入，甚至形成冲突，这不正是文本中表现出的人物的"孤独感"吗？

马老师：李老师，我觉得您前边的解读有一个小问题，就是最后安恩和买主争执，那是第四个买主。（李卫东插话：对，有四个买主，刚才说错了。）我同意您说的"孤独"。因为第一次读，我就感觉在第一自然段，文章特别细致地描写了安恩的外貌，但这个外貌描写中，似乎特意强化了一种对比在里面，"老掉牙"但是"很干净"，"头巾颜色褪得泛白，七褶八皱"，"脚上的木屐连后跟都磨平了"，但"皮面上却抹了油，擦得锃亮"——这里面是有问题的，为什么对比着来写？另外安恩与环境也是格格不入，集市嘈杂，人来人往，而她却"站在那里晒着太阳，打着她的毛袜"，"旁若无人，安闲得很"——还是对比。这是第一自然段的问题。然后看第二自然段，为什么有这么多关于奶牛的描写？还有一句话写道："它曾经有过所有奶牛都有过的生活经历，它产下了小犊，然而连看它们一眼舔它们一下都没有来得及便被人带走了。这以后便吃着粗粝的草料，心甘情愿地把牛奶奉献出来。"这个奶牛的描写是不是和安恩存在一个折射的关系？

表面写的是奶牛，其实是在写安恩。第三段开始写有人来买牛，而有一个买主都已经离开了，又折回来出了一个大价钱，再跟安恩说要买牛，因此争执起来，产生了矛盾冲突，等等，这些其实都不是最重要的东西，文章通过这些过程性的东西，是要写出来最后逼得安恩吐露真情的内容，她说："我的小村庄上就只有这么一头奶牛，它又没法同别的牲口在一起，所以我就想到不如把它带到集市上来，至少可以让它跟同类聚聚，散散心。是这样的，真的，我们就到这里来了。但是我们不是来做生意的。"回过头来看，第二段为什么写奶牛"神情厌烦"？是不是因为过来了之后，奶牛在牲口交易市场，看到的人都是要买它的人，都是屠夫的样貌，所以奶牛很难过，很艰难地站在那里头？

所以说通过这些小的细节去看，我感觉还应该是这样一个解读：作者在用这种方式，来描述安恩和奶牛，而重点其实是在写安恩的孤独。

李卫东：安恩和奶牛的确是合二为一的。你看文章的最后一段，安恩反复说"我们"："我们就到这里来了"，"但是我们不是来做生意的"，"既然已经弄成这样，我们只好回去了"。她重复了三次"我们"。

××："文本细读"的"文本"，这个"本"是指谁的"本"？比如说我们上课的时候，解读的东西，是谁的意思？是作者意？还是大众流传意？还是教师意？还是学生意？到底是哪一个？这决定了我们怎么去看一篇文章，要依据什么来看这篇文章。

李卫东：你由"文本"引发出了另一个问题：以谁为本。我以为应是多元视域的融合，而不是简单地以谁为本、为主。今天咱们一起研读这篇文本，就如同是在一起备课，备课的时候应注意两个维度：一个是"文本"告诉了我们什么，再一个要关注"学生"，学生能读到什么。比如说教师不应把太抽象、太深奥的问题和理解塞给学生，要转换成学生视角的冲突性问题、矛盾性问题，激发学生探究和讨论，从而达成那种学生、教师、文本视野融合的境界。教师也不能完全被动听从学生的，学生初读是这样的，咱们老师在课堂上就都不能再弄深一点了？学生的原始初读，只是我们教学的起点，教师在了解学生阅读起点的基础上，要想办法通过设计问题、活动、任务，驱动学生走进文本，促成学生阅读理解的进阶。既不过分拔高，也不低级迎合，这才是有效的教学。

于漪语文教育思想及其启示

　　于漪老师几十年前在《浅谈语文教学研究中的几个问题》中说："我们今天的语文教学不是建筑在零的基础上，不是从零开始。今天是昨天的发展，历史不能割断。"①多年过去了，语文课程改革也进行了多轮，情境发生了变化，但于漪老师所提的语文教学改革的继承发展问题依然有很强的现实针对性。随着《普通高中语文课程标准（2017年版）》的颁布，语文课程改革又进入了新的时期，在这个重要的发展节点上，我们应理性审思：今天的课程改革站在了怎样的历史起点上，继承了什么，发展了什么，又丢失了什么。新的改革依然不是从零开始，保持必要的"历史感"，保持清醒的定力，语文课程改革才能在历史的链条中健康发展。

　　北京师范大学教授、高中语文课程标准修订组组长王宁老师在《新语文课标是语文老师实践经验的总结》一文中指出："新课标不是远离教学实践的空泛条文，而是全国语文教师多年特别

---

　　①　于漪.于漪语文教育论集［M］.北京：人民教育出版社，1996：24.

是近10年教学改革实践经验的总结和提升，这是课标具有的实践性基础。"[①]新的课程标准凝练了学科核心素养，凸显了学科的育人价值，强调学科对中国学生发展核心素养的独特贡献，而这些恰是于漪老师多年秉持的教育理念。于漪语文教育思想的核心概念之一就是"育人"，于老师强调"胸中要有教文育人的蓝图"，"教师的视野不能只局限在文，教文须服从育人的大目标，为这个大目标服务；也只有心中有活泼泼的一代新人的生动形象，想得远些，想得深些，才能站在高处认识培养和提高学生语文能力的重要意义，才会在培养学生掌握与运用祖国语言文字的过程中渗透时代的精神，才不至于把语文教学的这样那样的活动只单纯做技术上的处理"。[②]只见"文"不见"人"，在于漪老师看来，是不完全的语文教育，只能在"鸡虫得失上兜圈子"。从培养完整的人的高度，于漪老师的语文教育具有了大气象、大格局，远离了技术主义、工具主义，更摈弃了鸡零狗碎的功利主义、七拆八卸的应试思想。于漪老师不断叩问自己"我一辈子的课，有多少是上在黑板上的，有多少是教到学生心中的"，她还在著述中经常用到一个字眼"粘"，要用语文"粘"住学生，"粘"的不只是注意力，而且是"心灵"……热爱母语的心，热爱民族的心，亲近优秀文化的心！1996年人民教育出版社出版的《于漪语文教育论集》收入于漪老师在上海市第二师范学校图书实验楼门厅的一帧照片，背后赫然八个大字"一身正气为人师表"，这让人很

① 王宁.新语文课标是语文老师实践经验的总结——兼谈顾德希老师的语文教学经验［J］.中学语文教学，2018，（7）.

② 于漪.于漪语文教育论集［M］.北京：人民教育出版社，1996：5.

容易联想到于漪语文教育思想的品格：大道、大气。于漪老师的语文教育虽不是轰轰烈烈的，但一定是踏踏实实的；不是剑走偏锋的，而是守正持重的；不是昙花一现的，而是历久弥新的。

　　于漪老师做的是大教育，教的是大语文。"大"却是从"小"做起，着眼于大，着手于细。于漪老师教学《晋祠》一课，课堂的第二个环节是：出示《中国名胜词典》，听写词典中"晋祠"的条目内容，听写后将条目中说明的每一句话用数字标出，和课文中相应的内容对照，辨别异同。为什么安排这个活动呢？于老师自己点明了六个意图：激发学生求知欲，训练学生的听写能力，训练思维的敏捷性，检验阅读理解的速度和准确度，训练比较思维的能力，进一步激发对古代优秀文化的热爱。[①]从课堂实录可以看出，这个环节的确收到了于漪老师所一向看重的"一石多鸟"的综合效果，学生既辨析了"西"和"西北"、"晋祠三绝"和"古建筑三绝"等语词的细微差别，也认识到了词条和课文在表达方法上的不同。从当下新一轮课程改革来看，这个环节就是一个有价值的"学习活动""学习任务"，学生要比较辨析，就要理出课文的内容肌理，把握说明的对象，在比较中探究，在辨析中发现，为解决问题去阅读，为完成任务而思考。如此状态下的学习，不是教师"告诉"中的被动学习，也不是教师控制下的浅学习，而是学生自主探究的主动学习、深度学习。这种"深度学习"何以能够发生呢？与于漪老师提供晋祠词条有很大关系。"晋祠词条"按当下课程改革中所热衷提的"支架式学习理

---

　　① 于漪.语文教学谈艺录［M］.上海：上海教育出版社，1997：28.

论"来看，即是促使深度学习得以发生的"学习支架"。支架式教学法是基于建构主义学习理论提出的一种以学习者为中心，以培养学生的问题解决能力和自主学习能力为目标的教学法。该教学法是指一步一步地为学生的学习提供适当的、小步调的线索或提示（支架），让学生通过这些支架一步一步地攀升，逐渐发现和解决学习中的问题，掌握所要学习的知识，提高问题解决能力，成长为一个独立的学习者。如教《变色龙》时，为了让学生理解文中主人公奥楚蔑洛夫多变的现象背后掩盖着谄上压下的不变的本质，于漪老师以一条波浪曲线和一条直线表述，为学生的理解搭起"脚手架"。有意思的是，这不但促进了学生的理解，而且换来了意想不到的争辩和创见。有学生当堂提出不同意见，认为波峰波谷不能等距离，前后振幅应有变化，当主人公确实知道那条小狗是将军哥哥家的狗时，巴结拍马的心情更急切了，频率应加速。于漪老师当即给予鼓励和表扬，并请那个学生修改黑板上的线条，说明修改的理由。一石激起千层浪，其他同学积极性高涨，七嘴八舌，不断提出修改的意见，读课文，谈看法，课堂上热气腾腾，语言、思维双训练。[①] 正是有了"线条"的支架，学生才没有停留于对奥楚蔑洛夫性格本质的一般性了解，而是在停止思考的地方继续挺进，解决新的问题，获得新的发现。20世纪80年代，国内并没有引进"支架式学习理论"，也没有"学习支架"的提法，于漪老师的做法却与学习支架理论高度吻合，为

① 刘国正. 中国著名特级教师教学思想录：中学语文卷 ［M］. 南京：江苏教育出版社，1996：19.

什么会出现如此现象？究其原因，无论是于漪老师的做法还是学习支架的理论，都深刻洞察了学习的本质，抓住了教育的规律。于漪老师曾指出，"长期以来，教师为教而教的现象比较严重。教师考虑得最多的是教什么，即教学内容。熟悉教材，进行钻研，写好教案，向学生传授知识，就觉得完成了任务。至于怎么教，学生才能学懂学会，相对而言，考虑得就比较少。至于学生学习过程中会碰到哪些困难，怎样才能克服困难，考虑得就更少了"，因此，于老师强调"须转换立足点，要把从教出发的立足点转换到从学生的学出发"。[①]晋祠词条的引入，曲线直线的提供，就是于漪老师从学生的学出发，为学生能学懂、学会而搭建的台阶。

20世纪七八十年代，当大多数教师唯"教材"是瞻，亦步亦趋教"教材"时，于漪老师已经根据教学的需要，调整课文的顺序，选判教学的轻重，由一篇带多篇，创造性地使用教材，立体化教学，全方位育人。如教学李健吾的《雨中登泰山》，联读姚鼐的《登泰山记》；教学老舍的《小麻雀》，比读屠格涅夫的《麻雀》，拓展阅读屠格涅夫的《门槛》；教学《诗八首》，把《诗八首》和《浣溪沙·和柳亚子先生》《天上的街市》两篇课文编在一起，组成诗歌单元进行教学……由一篇到多篇，由课内到课外，学习情境复杂了，学习的时空也扩大了，于是就有利于设计有价值的学习任务、学习项目，就能深加工学习材料，完成有意义的学习成果。当前语文教学改革中出现的拓展阅读、比较阅

---

① 于漪.语文教学谈艺录［M］.上海：上海教育出版社，1997：35，36.

读、群文阅读、任务群学习等，在30多年前的于漪老师那里已见端倪、已有探索且富有成效。于漪老师不仅是语文教育思想家，更是卓越的语文教育实践家。她深知：让学生成为学习真正的主人，不能凭空"喊"来，而是要从学习者视角设计教学，和学生一点一点做起来。新课改的今天，如何实施高中语文课程标准所要求的任务群学习，如何整体设计大的学习单位，拓展学习资源，搭建学习支架，整合学习内容、学习方式、学习资源、学习情境，如何让学生跳脱狭小的课文格局，在更大的学习环境中迁移运用语文知识解决问题，于漪语文教育思想依然是可资借鉴的宝贵资源。

与20世纪改革之初于漪老师所处的环境相比，现今的教育技术更加发达了，学习工具、学习方式更加多元了，继承于漪语文教育思想不能机械模仿于漪老师细枝末节的"一招一式"，而是要吸纳于漪语文教育思想的精髓，为新一轮的课程改革注入营养和活力，在继承中创新和发展。尤其这一轮核心素养导向下的语文课程改革，在"横的移植"——吸收西方教育理念的同时，更要"竖的继承"，植入老一辈语文教育名家的思想精华，而不要在奋然前行的同时，遗失掉我们已经拥有的宝贵财富。如当下的核心素养理念所倡导的"大概念""大情境""大任务"如何在具体教学中有效落地，就值得好好研究。

当下的语文教学，越来越多的语文教师更新了语文教材观、语文教学资源观，开展群文阅读、专题学习、整本书阅读等教学实践，这是值得充分肯定的发展趋向。但也有一些不好的苗头值得警惕，如一味追求量的扩张，为拓展而拓展，不能用学科思维、学科关键能力、学科"大概念"深度组织学习资源和设计学习任务，所谓的语文大单元学习，就很可能成为大杂烩，不能有效落实语文学科核心素养。于漪老师曾经形象地提出要为语文教学加"钙"，这里所提的"钙"不仅是指语文学科所培养的必备品格，也是指语文学科所应凸显的关键能力。于漪老师还给出了具体操作上的建议："课堂上讲和练既要重视眼前的课文，又要不为课文内容所限而不思其他。要认真地审慎地选几个知识点或训练点纵横延伸。选的点要恰当：在课文中能起点睛作用或关键作用的；语言经得起推敲，内涵丰富而又咀嚼有味的，能在思想上给学生以启迪，能拨动情感的琴弦的；读、写、听、说能力某一方面或某几方面能切实获得训练的；能拉出联想或想象线索，知识和能力训练扩散点显明的、丰富的。所选的知识点或训练点应是在培养学生语文能力、陶冶情操、提高文化素质方面闪光的，或辐射，或折射，使课堂教学充满明亮。"[①]这段阐述对确定学习单元的"大概念"，深度组织多样化的学习资源，让学习深度发生且有意义，切实培养语文学科核心素养，有很好的启发价值。

再者，"大情境"是不是就等同于泛化的人文主题？倡导"真实情境"是否就意味着让学生亲历体验？"大任务"是否动辄写研究性小论文、编演戏剧、开展辩论赛？如果不是，那究竟如何设置有启发性的学习情境，如何开发有价值的学习任务？另外，把整本书阅读纳入语文课程，如何处理整本书阅读与篇章阅

① 于漪.语文教学谈艺录［M］.上海：上海教育出版社，1997：25.

读的关系？把课文视作单元核心任务引领下的学习材料，是否
会削弱有些经典老课文的独特价值？这一系列问题已经在改革实
验之初显现出来，是必须要积极面对和解决的重要课题。于漪老
师的教育思想和教育实践也许会给我们解决这些重要课题提供思
路和启迪。于漪老师在她的多本著述中都强调语文教学的"综合
效应"，1996年江苏教育出版社编辑出版《中国著名特级教师教
学思想录·中学语文卷》，13位著名特级教师每人收入一篇阐述
其教育思想的文章和代表其教学风格的一篇教学实录，于漪老师
的文章就是《语文教学要讲求综合效应》。于漪老师指出："在教
学实践中，如何处理教文与教人的关系，教材与教法的关系，知
识与能力的关系，能力与智力的关系，听、说、读、写之间的关
系，讲与练的关系，课内与课外的关系，教与学的关系，语文学
科与其他学科的关系，等等，如果不坚持辩证法的观点，往往就
会挂一漏万，顾此失彼，往往就会单打一，就局部论局部，缺乏
整体观念。如果不坚持辩证法，在进行实践或开展研究时，就可
能钻牛角尖，搞得很片面，弄得不好，把第二位的东西弄成第一
位的，流连忘返，影响教学的健康发展。"[①]语文教育"第一位的
东西"是什么，"第二位的东西"是什么，改革从哪里来，又到
哪里去，在语文教学锐意进取的当下，尤其值得每一位语文教育
工作者深思。

---

① 于漪.于漪语文教育论集［M］.北京：人民教育出版社，1996：22，23.

吴心田语文教研思想及其启示

2010年4月，"庆祝中国教育学会中学语文教学专业委员会成立三十周年座谈会"在北京召开，为表彰30年来做出突出贡献的语文教育界前辈，会议向于漪等21人颁发了"中学语文教育终身成就奖"，21人当中以著名语文特级教师居多，语文教研员仅有两位，吴心田老师是其中之一。对于于漪、钱梦龙等著名特级教师的成就大家都耳熟能详，而对于资深教研专家吴心田老师，一些教师可能了解不多。吴心田老师的突出成就是什么，教研员这个群体的独特贡献是什么？本文特此对吴心田老师的教研经历、教研成就和教研思想做一些梳理和分析，也对教研的角色和使命，教研员的思维方式、话语系统做一点初步分析。

一、酷爱与愉悦：事业观

1961年，吴心田老师做了三年高中语文教师后，调入山东省淄博市教育局教研室任中学语文教研员，1984年又调入山东省教学研究室任中学语文教研员，在教研员这个岗位上工作了40多年，吴老师在他的著述中曾多次感慨：语文教研是使我终生愉悦的事业。《人民教育》2008年第9期"名师人生"栏目刊发了吴老师的文章，题目就是《使我终生愉悦的事业》。在这篇文章中，吴老师回顾了他与语文、语文教学、语文教研结下不解之缘的经历，还特别提到了几次关于岗位去留的选择。其中一次是1991年，山东省委组织部和山东省教委发了红头文件，公布吴老师为省教研室副处级领导，"对此我没有思想准备，当上级领导与我谈话时，我提出是否可以兼任教研员，但领导不同意，这意味着要我放弃酷爱的语文教研事业，我思想充满了矛盾，最终还是决定放弃职务升迁，一周之内给教委党组发了三封辞职信，并在教研室全体人员会议上当众宣读，表明自己义无反顾的决心"[①]。1998年，人民教育出版社编辑出版《全国著名语文特级教师教育思想精粹》一书，约请吴心田老师写一万字，要求在本人照片下写一句自己感悟最深的话，吴老师足足考虑了三天，最终确定了这句话：酷爱语文教研事业是我一生最大的乐趣。他说："就是这种'酷爱'，给我的血脉注入了永不衰竭的驱动剂，铸就了我的身躯和灵魂。正因为如此，我可以在全国研讨会上放弃旅游机会，一人在房间里阅读资料；可以在病床上艰难地为青年教师修改教案；可以在住院时说服医生和家属带着药瓶到外地边打吊针边主持全省的语文研讨会；可以带病用一个月的时间审订百万字的书稿；可以躺在床上就要入睡时想到一个语文问题便起身动笔一吐为快……"，"回顾我的'语文人生'，语文、语文教学、语文教研事业，这已实实在在地化为我生命中的一部分。甚至

---

① 吴心田.使我终生愉悦的事业 [J].人民教育，2008，(9).

可以夸张地说，我可以一天不吃饭和不睡觉，不可以一天不思考语文教学。这已经形成了一种难改的习惯，一种莫名的乐趣"。①

考察吴心田老师的教研思想，首要的是回溯他的事业观、人生观。语文教研对于吴老师来说，已然不只是一个职业，更是投身其中、劳顿其中、痴迷其中、乐在其中的事业。吴老师曾提出教师、教材、学生"三位一体"的思想，于他而言，语文、教研、人生何尝不是"三位一体"呢？发自内心地喜爱自己的学科，深度相知于从事的教研事业，自能获得教研员的职业尊严和快乐。

二、澄清与解读：辩证法

每一轮的教学改革都会有新与旧的碰撞，都会伴随着各种观点的争辩，而这个时候也往往是一线教师最为迷茫、困惑而无所适从的时候，教研员此时发出声音、做出专业引领就显得尤为重要。回看几十年的课程教学改革历程，吴老师在历次改革的节点都会发出专业的"声音"，对一些似是而非的说法、模棱两可的观点，做及时而必要的澄清工作。如1997年的"语文教育大讨论"期间，各种观点泥沙俱下，一时令语文教师不知所措。吴老师针对此先后发表了《我们的语文教学怎么了》《少一点极端，多一点辩证法》等文章，对一些热点问题、焦点讨论做出回应。"近期有些人士指出，语文课不能忽视人文性的教育，语文课中

---

① 吴心田.使我终生愉悦的事业［J］.人民教育，2008，（9）.

应该同时教学生如何做人，提高学生的人格修养。本人认为，这些意见是对的，是好的，应该引起重视。但是，有些人士由此拔高，把中学语文课定性为'人文性质课''文学教育课''文学教育初级阶段的课''学做人的课''人格修养课'等等，对此本人就不敢苟同了。"[①]他特别强调了人文教育、文学教育与打好语文基础掌握语文工具的辩证统一。他发出呼吁：我们的语文教育讨论，少走点极端，多搞点辩证法，多一点"实事求是"和科学的态度，如何？[②]关于教学研究中的辩证法，他说："我一向信奉辩证法，不赞成非此即彼的极端化。我的人生和事业，应该说是在坚持辩证法中发展进步，在继承与改革中探索前行"，"我是个崇尚求真务实而且重视继承优良传统的人，但并不因循守旧、故步自封；我信奉发展是硬道理，重视在改革与创新中发展，但又不盲从，不赞成脱离实际的形式主义虚浮之风。我赞成乔羽先生说的'不为积习所弊，不为时尚所惑'"。[③]吴老师不只"澄清"，而且也为符合教育规律的任何一项改革积极地"鼓"与"呼"。2001年7月，教育部颁布了《全日制义务教育语文课程标准（实验稿）》，随后他即撰写发表了《谈语文教育的六个新理念》一文，认为新课标"总结了五年语文教育大讨论的积极成果，吸纳了正确的观点和意见，澄清了一些违背语文教育特点和规律的模糊认识，提出了一些崭新的理念，从一定意义上说，为全国语文

---

① 吴心田.我们的语文教学怎么了［J］.中学语文教学参考，1999，（2）.
② 吴心田.少一点极端，多一点辩证法［J］.中学语文教学，2000，（6）.
③ 吴心田.我的语文人生二三事［J］.中学语文教学，2008，（10）.

教育的改革与发展指明了方向",①接下来,他就对"工具性与人文性的统一"等理念做了充分"解读",为语文教师理解新课标、践行新课标发挥了积极的助力作用。

"澄清"是厘清问题的来龙去脉,为教师们做出理性判断和选择给予帮助;"解读"是在教育理论、教育理念、教育政策和教学实践之间搭起"桥梁",为"理想课程"向"现实课程"转换提供支持。一个教研员有定力、不盲从、有见解,"澄清"和"鼓呼"各当其时,才能使一个区域的学科教学健康而有活力地发展。

三、研究与传播:工程思维

翻阅吴心田老师发表在各类期刊报纸上的100余篇教育教学文章,我们就会发现这些文章有两个突出特点:一是研究领域广泛,从课程到教学到评价,从阅读教学到写作教学到综合性学习,从教师专业发展到中学生语文学习等均有涉猎;二是没有高头讲章,不求高言阔论,而是针对具体问题展开剖析,给出解决问题的具体方案。吴老师的文章是写给语文教师看的,更是写给语文教师用的。吴老师的研究是贴近教研员角色的"研究",是务实的"应用性研究"。北京师范大学丛立新教授认为,"教研"和"科研"实际有着不同的追求和工作目标,教育科研工作追求的是学理,是以理论形态表征的揭示教学规律的研究成果,是针对未知领域的"为什么"的说明解释。而教研工作追求的是事

---

① 吴心田.谈语文教育的六个新理念 [J].当代教育科学,2003,(2).

理，希望得到的研究成果是实践领域的"怎么做"。教研成果的骄人业绩并不表现在成果的"学术性"上，而是要落实为理想的教学实践，可能也会形成文本，这个文本也一定是教案式的。[①] 思维科学也认为，人们从事研究时通常有两种思维活动，一是认知，一是筹划。认知是为了弄清对象本身究竟是什么样子，认知的最高成果就是形成理论，用抽象概念建构起具有普遍意义的观念体系；而筹划是为了弄清如何才能利用各种条件做成某件事情，其典型表现就是工程。以建构理论为目的的认知型思维的高级形式就是理论思维，筹划型思维的高级形式则为工程思维。[②] 以此对应丛立新老师的观点，侧重研究事理的"教研"主要运用的思维方式就是工程思维。吴心田老师的研究论文也主要是运用贴合教研功能的工程思维而获得的应用性成果和产品。吴老师的研究成果也回答"是什么""为什么"，但更多的是回答"怎么做"。而且，吴老师在表述成果、传播方案时，采用有利于教师接受的话语，注重与教师的"对话"。如他早在20世纪90年代初就形象地提出"语文味"的概念，后来发展为一种课堂评价模型："什么是'语文味'呢？我认为语文课应该突出语文因素，例如要重视对课文的语言品味，要研究文章的章法，要学习和体味文章的写作特点，要学习积累语文知识，要培养语文运用能力，要有琅琅的读书声，要加强对文章的诵读和背诵，要练习写

---

① 丛立新.沉默的权威：中国基础教育教研组织［M］.北京：北京师范大学出版社，2011：61-65.

② 徐长福.理论思维与工程思维：两种思维方式的僭越与划界［M］.上海：上海人民出版社，2002：4.

作，培养写作能力，等等。一堂课要使人一听就是语文课而不是其他课。"①再如他的两个"三位一体观"："教师—学生—教材"的三位一体，"积累语文知识—训练语文能力—感悟人文精神"的三位一体，这些符合语文教学规律的概括和表达都易于语文教师理解和接受，也易于传播和落实。

教研员当然可以既搞理论又搞工程，但作为理论与实践之中的中介角色，教研员还是偏重于教学工程的筹划，运用的思维方式主要是工程思维，如果不能把握这一点，就可能出现学者徐长福所说的两种思维方式的僭越，尤其是理论思维对工程思维的僭越，而导致教研的低效和无效。教研员要掌握多套话语系统，要与教育行政部门官员对话，要与学者对话，要与教师对话，要与学生对话，但主要还是与教师对话，要以有利于教师理解的话语表达自己的观点和建议。吴心田老师给我们做出了很好的示范。

四、调研与指导：实践智慧

听课调研是教研的常规工作，也已经成为吴老师自然的习惯。1990年至1991年间，他参加了山东省教委组织的教学视导工作，加上其他方面的调查研究，到过城市、农村、厂矿企业等的重点中学及偏僻的山村中学50多处，听过116节语文课，与100多位老中青语文教师进行过交谈，还召开了一些教师和学生的座

---

① 史建筑.语文课堂教学的变化、发展与问题——著名特级教师吴心田先生访谈录［J］.语文教学通讯，2004，（3）.

谈会。①除了常规的听课调研外，吴心田老师通过搞活动和做课题扩大教研工作的影响力。他认为："如果不搞教研活动，就不能推动与促进，就是死水一潭，就没有活力；不搞教研活动，就不能把广大教师团结起来；不搞教研活动，就不能及时宣传新的教育思想理念，就不能传播先进的教改经验，就难以调动广大教师积极开展教学改革的积极性"，"每项教研工作和教研活动，都经过充分酝酿，做好充分准备，准备过程少则几个月，多则一年多。只有做了充分准备，才能求得好的质量，才能受到教师的欢迎，才能使与会者得到较大收获，才能达到促进教学发展的目的。我们尽量避免草率行事，避免形式主义，尤其注意避免夸张和虚浮。"②吴老师还带领语文教师做课题实验，自1989年至1998年，先后组织了三项全省性的大型改革实验：四步骤多课型语文单元教学模式，大面积加强初中语文实用能力培养，教师指导下的以训练为主的教学模式。这些教改实验均取得良好效果，或被山东省教委公布为山东省中小学十大教改成果之一在全省推广，后被收入《新中国中学语文教育大典》，引起社会广泛关注。

无论是听课调研，还是组织教研活动、开展教改实验，要取得好的收效，固然需要理论支撑，但更离不开教研员丰富的实践智慧。所谓实践智慧，即一种人对于自身实践的直接意识。这种实践智慧，以亚里士多德之见，不同于单纯指向普遍性的理论智

---

① 吴心田.不"致用"无以治学——学习张志公先生"学以致用"的思想[J].课程·教材·教法，1992，（12）.

② 吴心田，程翔，赵雷，等.山东中学语文教学20年[J].中学语文教学，2005，（7）.

慧，它同时包含对个别事物的认识。[①]教研员的实践智慧有赖于实践性知识的累积，需要在灵活多变的情境中历练而获得。如教研员听课调研，听课对象和听课内容随时发生变化，如何基于对教师的教和学生的学的观察，对每一节课做出精准评议、提出切实的改进建议，没有一成不变的教条可依，需要教研员具备透视课堂的实践智慧。教研员适宜的思维方式是工程思维，与此相应，教研员有效解决问题的知识和智慧则是实践性知识和实践智慧。

五、学习与交流：发展之道

40年的教研生涯，吴心田老师始终不间断地学习和吸收。他在《使我终生愉悦的事业》一文中说："我广泛地涉猎全国语文教学信息，大量阅读语文教研资料，不放过每一次全国语文研讨活动的学习机会，广泛接触全国语文界的专家名人，向他们请教学习，与兄弟省市教研室的同行以及语文报刊社的编辑交朋友……"[②]正是得益于这样开阔的学习视野，吴老师才能敏锐地抓取教改中的关键问题，设计优质的实验课题，开展精当有效的教研活动。吴老师还多年兼任山东省中学语文教学研究会的副理事长兼秘书长，在他的主持下，省中语会每两年开一次，开展了许多有影响的大型研讨活动，学会还编写出版了《山东语文教学四十年》《山东省语文教改花絮集锦》等语文教学资料，与教研室的工作形成了良好互动，对教研室的职能起到了有益的补充。

---

① 王南湜.实践智慧与知行关系［N］.光明日报，2016-10-19（14）.
② 吴心田.使我终生愉悦的事业［J］.人民教育，2008，（9）.

与一般语文教师相比，教研员的知识面要更加广博，吸收转化知识的能力要更强，非此，无以形成教研员的课程领导力，无法发挥其专业影响力。教研员首先应是一个杂家，举凡课程知识、教学法知识、学习科学理论、教育技术学原理、教育评价理论、教师教育学、教师培训策略，以及教育政策、课程文件、课改信息等都要有所涉猎。与理论学者相比，教研员的能力要更加全面。理论学者可以坐在书斋里一个人做出好学问，教研员则不行，教研员要有良好的协调组织能力，要凝聚各方面的力量，形成学习实践的共同体，引领教师们共同发展和提高。

六、培养与打造：德性之维

在多年的教研工作中，吴心田老师有意识地把发现培养青年新秀作为一项重要工作来做，他认为这是一种既具现实意义又有历史意义的责任。他说："我有意通过研讨会议、比赛活动、调查研究、看有关资料等渠道'发现'人才，同时通过各种方式做一些跟踪式的全面了解。……发现好苗子后，我就抓住不放，进而多做指导和培养工作，从各个方面尽量给他们提供学习、锻炼和发展的机会，帮助他们克服困难。我不断地与他们交流，以平等的态度与他们切磋研究。同时，在生活上也以诚相待、无话不谈，与他们做知心朋友。这样，使他们脱颖而出，尽快发展起来。"[①]在吴老师的细心呵护和精心培养下，山东省涌现出以程翔

---

① 吴心田，程翔，赵雷，等.山东中学语文教学20年［J］.中学语文教学，2005，（7）.

为代表的70多位青年才俊，形成了山东省优秀语文教师群体，在全国引起了较大的反响。吴老师一方面呕心沥血培育青年典型，一方面竭尽全力打造省域的语文教改特色，旗帜鲜明地倡导"严谨扎实"的教风和学风，鄙视浮华，摈弃玄妙，打造山东省语文教学求真务实的特色。

　　吴心田老师为什么对培养新秀和打造区域教学特色如此不遗余力？吴老师七十岁生日时给包括笔者在内的后辈晚学一封信札，其中一段话是这样说的："我认为'责任心'是人生第一大德，又加我属相是牛，我赞赏牛的品格，因而，我把自己人生的座右铭定为'耕耘乃己任，甘为孺子牛'。我认为人一生下来，就意味着有了对人间对社会的责任，对生养自己的父母有了责任，工作后对工作有了责任，当教师对学生有了责任，结婚后对家庭有了责任……"吴老师几十年如一日，甘做摆渡人，实在因为他的德性意识和心念，他是一个具有大德之人。吴老师在成就他人的同时，也获得了无尽的愉悦，先生有诗曰："青出于蓝胜于蓝，喜看后浪涌向前，语文事业前景美，更上层楼笑开颜。"他是一个幸福的摆渡人。

　　吴心田老师的教研经历启示我们：灌注情感、德性、智慧的教研人生，是幸福、完整、有意义的人生。

美国课程改革钟摆现象及其启示

自20世纪初至今，美国教育在百余年的改革历程中，思潮迭起，流派争锋，每次大的改革都伴随着争论：课程改革是顺应社会需求还是促进人的发展？知识优先还是技能优先？美国教育在矛盾的两极之间拉锯和切换，教育学者拉维奇形象地把此称为美国教育的"钟摆现象"。直到今天，美国教育的"进步"和"传统"之争仍未消失，但已由完全对立趋向靠拢和融合，在螺旋往复中发展。当前的语文课程改革，正处于新旧课程标准、教材及考试评价的交替期，实践中遇到不少问题和矛盾，如何避免极端思维和极化现象，有序推进语文课程改革，考察美国教育改革的钟摆现象及其影响，会给我们以有益启示。

一、美国教育改革中的钟摆现象

20世纪初，杜威首先对传统教育提出系统的批评，把教育做了"进步"与"保守"的划分，把以赫尔巴特为代表的教育思想和模式称为"传统教育"，把以自己为代表的教育思想和模式称为"进步教育"。[①]纵观20世纪，美国的每一次教育改革，都能见到"进步教育"和"传统教育"胶着论争的影子。从20世纪20年代至50年代着重培养技能的进步主义教育运动、生活适应运动，到50年代后期开始强调"新三艺"学科知识、60年代兴起学科结构运动，再到70年代再次兴起强调技能的生计教育运动，70年代末又转向返回基础教育运动，到90年代发起标准化运动，到21世纪，美国教育改革的钟摆再次转向技能。[②]与美国崇尚的实用主义精神和文化相关，强调核心技能和探究学习的"进步主义"教育略显优势，但强调基础知识和训练的"保守主义"始终与"进步主义"相抗衡。2002年美国兴起21世纪技能运动，主张在传统学科课程中融入以4C（即创造力和创新、批判性思维、问题解决、交流与合作）技能为核心的21世纪技能，来取代3R（即读、写、算），这次带有明显"进步主义"色彩的运动，也遭到了以赫希等为首的"新保守主义者"的质疑和挑战。赫希认为，高阶思维需要广博的事实性知识为基础，"广度—深度"问题将永远伴随着我们，而且总是需要妥协和常识才能得以化解。他认为，随着儿童升入更高年级以及他们的解码能力和句法技巧的成熟与熟练运用，词汇量越来越成为儿童是否达到某年级阅读水平的决定因素，与丰富的词汇和知识所能赋予的理解能力相比，解码技能所能发挥的实际作用是微不足道的。他对克伯屈于20世纪命名的"设计教学法"及现代翻版的"发现式教学法"持有异

---

① 黄济.教育哲学通论［M］.太原：山西教育出版社，2004：235.

② 邓莉，彭正梅.知识优先抑或技能优先？——美国关于21世纪技能教育改革的争论［J］.教育发展研究，2019（12）.

议，他认为"建构主义"这个术语已成为一种用来捍卫发现式学习的魔法咒语，发现式学习并不比任何其他形式的建构式学习更受心理学理论的认可。但并非为反对而反对，他说："当进步主义的教学方法得以合理、适度、灵活地运用，并且足以适用所有的学生时，我对此并无异议。我不同意的是那种否定操作技能需要反复训练的错误观点……我不同意对所谓的'单纯的信息'的贬低，这种浪漫的进步主义传统，具有明显的反智性特征。"① 新西兰学者哈蒂与赫希遥相呼应，他认为建构主义是一种学习论，而不是教学论，他倡导直接教学、刻意练习和合作学习的整合，表层学习、深层学习和建构学习的统一。② 到底是学核心知识还是21世纪技能？探究学习和直接教学谁更有效？这场争论还未停息，但如何在教育理想和教育现实之间保持必要的平衡和张力，已愈来愈引起人们重视。

二、美国教育钟摆现象对中国的影响

1917年，美国哥伦比亚大学教授克伯屈应邀来华讲学，搬来了他创立的"设计教学法"，于是，在20世纪20年代初期、中期，我国教育界推行设计教学法成了一时之盛。朱光潜先生概括了设计教学法的四大特征，其中以"利用自然境遇或设置境遇，让学生去解决问题以自能发现原理"为核心。设计教学法

---

① 赫希.我们需要怎样的学校？[M].张荣伟，译.福州：福建教育出版社，2019：186，188，178，161，2.
② 赫希.可见的学习：对800多项关于学业成就的元分析的综合报告[M].彭正梅，邓莉，高原，等，译.北京：教育科学出版社，2015：7.

在语体文教授中曾有过一些成功的实例。当时的教学期刊发表过江苏第三女子师范附小国文教员刘为川的一份报告《旅行设计里的国语教学》，描述了该校以"重阳登高"为题的大单元教学设计。这一单元教学虽说以国语科为主，却也旁及"登高的历史""模仿登高的体操""登高的想象画""登高歌"等其他学科内容。本来作为部分内容领域的尝试和教科书教学的配合，是有益的探索，但当时的设计教学法总体上却忽视了学科范畴和教科书的作用，在教学中时时处处都强调要设定"生活境遇"和"儿童中心"，必然会出现困难和偏差。连朱光潜、叶圣陶当时的主张中也有类似偏颇。比如，朱光潜说："严格说起来，用设计法时，我们不当说学那一科功课，只要说解决什么问题，实行什么计划。"叶圣陶也说："教科书止得供参考，止得备采用，教材还当在教科书以外去选择或搜集。"语文教育史家李杏保和顾黄初先生对此评论说，抛开教科书，忽视学科知识本身的独立性和内在联系，一切从儿童的生活需要和有限见闻出发而组织教学，这就违背了教育科学规律，很难行得通了。到了20世纪20年代末，设计教学法的热度就已渐趋下降，而后更是难以为继。[①]这是20世纪20年代至50年代美国进步主义教育运动对中国基础教育的一次波及影响，带来了冲击性的教改经验，也留下了一些教训。

21世纪初，美国兴起的21世纪技能运动，作为美国版的

---

① 李杏保，顾黄初.中国现代语文教育史［M］.成都：四川教育出版社，1997：116-120.

"核心素养"改革，掀起了世界范围内"核心素养"取向的基础教育课程改革运动，这其中也包括我国普通高中课程标准修订为标志性事件的新课程、新教材、新高考的综合性教育改革。中外联动的指向核心素养的课程改革，强调设置复杂情境和任务，培养学生迁移运用知识解决问题的能力和高阶思维，这是连赫希和哈蒂也予以认可的，但实践中也出现了赫希、哈蒂所强烈反对的一些极端现象。如教学统编初中教材"演讲"等"活动·探究"类单元和高中统编教材"当代文化参与"等活动探究类单元，以真实情境中的大任务为引领，开展项目化学习，成效显著；但不顾单元类型和教学条件，动辄就是以表现性的大任务为驱动，让学生编文案、做产品，以至于目标和活动相分离，学习任务和教学内容相脱节，又重现20世纪初"设计教学法"实践的偏差。正是由于发生了这些实践中的偏差和问题，否定单元整体教学等的声音重起，似乎要重回一篇课文教学五六课时甚至十几课时，追求"知识全覆盖"的老路，这又是一种值得注意的极端倾向。如何摆脱大幅度摇摆、忽左忽右的破坏性，是新时期语文课程改革亟须破解的难题。

三、冲破语文课程改革困境的启示

分析美国教育钟摆现象及其对我国基础教育的影响，是为了透视课程改革中声音纷乱的真相，为破解当前语文课程改革中出现的难题提供借鉴和启示。

一是超越二元对立思维。其实，赫希对于别人认为他捍卫"传统教育"而反对"进步教育"，他本人是不买账的，他认为那是一个过于简单化的看法，他说自己的立场既不是"传统的"也不是"进步的"，而是实用的。^①美国教育的"钟摆"在回荡过程中，并不是机械回到老路，而是在"进步"和"保守"的对立冲突中互相吸收和融合，才有了一次次改革的质的跃升。帕尔默指出："我们用非此即彼的观点看待一件事情，不是加就是减、不是开就是关、不是黑就是白；而且我们把现实分离，陷入了一个无止境的非此即彼的争论中。简而言之，我们分离地认识世界。""发现真理不是靠非此即彼地割裂世界，而是靠既此既彼地拥抱世界；在一定的情况下，真理是表面对立事物的似非而是的联系。如果我们想认识那一真理，我们必须学会把对立事物作为整体来接受。"他认为，在教学中尊重这种对立的统一可能促使我们更完整。^②比利时教育学者罗日叶所创立的整合教学法就表现出了这种对各类教学实践的包容观。他指出，就在基础教育中通过复杂情境进行教学而言，可以有两种做法：其一是"排斥观"，其目的在于在课堂实践中建议一种统一的教学模式。比如有些以社会建构主义为基础的教学法，强调在所有学习中引入复杂情境，而不认同使用若干方法互为补充。其二是"包容观"，即认同学习方法的多样性，整合使用哪些方法取决于教师、教学背景和可用的教科书等因素。他的整合教学模式认为，学习是一些展开局部学习、使用整合情境和评估情境所构成的一个连续体，这

---

① 赫希.我们需要怎样的学校？［M］.张荣伟，译.福州：福建教育出版社，2019：9.

② 帕尔默.教学勇气：漫步教师心灵［M］.吴国珍，余巍，等，译.上海：华东师范大学出版社，2005：64-66.

个连续体有其"基本式",也有各种灵活组合的"变式"。①罗日叶的整合教学法对我们辩证处理单篇教学和单元整体的关系不无启迪。《普通高中语文课程标准(2017年版)》已经注意到了这种辩证思维和整合观,其前言中的两句话"以学科大概念为核心,使课程内容结构化,以主题为引领,使课程内容情境化",在句式上是并列对举的,在理念上是对立统一的。与数理学科相比而言,语文学科因其实践性强的特性,实施"大概念"有其困难性,但不能因过于强调语文学科的"例外性",而忽视重要的语言知识、文体知识、读写知识对于语文学习的核心功用,导致生活情境的虚泛和知识结构的"空心化"。教学实践证明,需要在知识的客观性和情境性之间保持必要的张力,超越二元对立的极端思维。

二是保持必要的历史感和开放的改革意识。理性的课程改革者,必定会保持必要的"历史感",敬畏历史,吸取历史的经验和教训,在继承中求发展;但同时也不会被既有实践和思维所束缚,而是持一种开放的改革意识和心态。放长时间尺度来看,任何教育改革都不是彻底"成功"的改革,尤其在改革之初,出现一些认识和实践上的偏差,是在所难免的。需要避免的是发生一些毁灭性的震荡,而不是畏首畏尾,失去革新的勇气。"摸着石头过河"也适用于语文课程改革。帕尔默在《教学勇气》一书中举过一个例子,某中职教师的校长要求他去参加一次进修,他坚

---

① 罗日叶.为了整合学业获得:情景的设计和开发:第二版[M].汪凌,译.上海:华东师范大学出版社,2010:5,57.

决予以拒绝，因此与校长陷入令人沮丧的、彼此激怒对方的循环。后来这位教师在和校长的沟通中坦承害怕不能理解新东西，校长也坦承他的畏惧并最终和那位老师一起参加了培训，大家最终都从中获益。帕尔默指出，这位教师的突破不是要直接介入采用新的教学技术，它根本不是要直接介入做任何事。他的突破是进入了一种新的生存方式，是进入到一种意识状态：他可以有畏惧而不必置身于恐惧中——他的言行可以以真诚对待存在的恐惧为出发点，而不是以恐惧本身为出发点。①持有开放的改革意识，并非对"新的事物"简单地照单全收，而是"运用脑髓，放出眼光"，"占有，挑选"和创新，兼容并蓄，为我所用。

三是采取分层、分类、分阶段的推进策略。无论是超越二元对立思维，还是整合观、开放心态，落实到具体的教学实践，要转化为务实的推进策略。当前的语文课程改革，是新一轮教育综合改革的组成部分，机遇和挑战并存。综上所述，按照不同教材内容、教学条件等实际情形，分层、分类、分阶段推进新课程、新教材、新高考的实施，实事求是、创新实践，方能促进语文课程改革稳妥、健康地发展。

---

① 帕尔默.教学勇气：漫步教师心灵［M］.吴国珍，余巍，等，译.上海：华东师范大学出版社，2005：60-61.

专业发展根植于精神进化

　　语文教师的专业发展向来备受重视，各种教师工作坊的研修都在"专业"上发力，"新手教师""熟手教师""专家教师"等成长阶段的划分，也多是基于专业的成熟度。与之相比，语文教师的心理健康、心灵成长，关注和研究就少多了，或羞于关注此，或认为此过于"虚""软"，不屑于关注。对于教师成长来说，"专业"的发展是外在的事功，心理、心灵成长是内里的修为，是"专业"的基础。本文并非系统阐释教师心理问题，而是以统编初、高中语文教材的几篇课文作为素材和由头，揭示几个关于语文教师心灵成长的要素，并做简要的阐释和分析。

一、手电筒的"光"：当下的力量

　　《走一步，再走一步》是选入统编初中语文教材七年级上册的一篇课文，作者是美国心理学家莫顿·亨。这篇文章讲了一个男孩克服心理障碍的故事。故事主人公"我"是一个病弱、胆小的男孩，一次跟着同伴爬一道悬崖，爬到中途因胆怯而被同伴嘲笑并甩掉，孤独一人困在悬崖上。夜幕降临后，"我"在"爸爸"

手电光的导引下，"走一步，再走一步"，最终脱离困境。"我"之所以脱离困境，源于那道手电筒的"光"。当"我"抱怨"太远了，太困难了！我做不到！"而不肯下山时，"爸爸"再三开导："不要想多远，有多困难，你需要想的是迈一小步，这个你能做到。看着手电光指的地方"，"不要担心接下来的事情，也不要往下看，先走好第一步"。"我"盯着手电光照的脚下，不去想不去思考，照着"爸爸"的指引，走下了悬崖。文章最后写道："我生命中有很多时刻，面对一个遥不可及的目标，或者一个令人畏惧的情境，当我感到惊慌失措时，我都能够轻松应对——因为我回想起了很久以前悬崖上的那一课。我提醒自己不要看下面遥远的岩石，而是注意相对轻松、容易的第一小步，迈出一小步，再一小步，就这样体会每一步带来的成就感，直到达成了自己的目标。"这篇故事可做多角度解读，如从心理成长的角度看，"爸爸"再三强调的"不要想多远"，"不要停下来思考下面的路还很长"，重要的是走好当下的每一步，是心灵成长的一个重要的信条。这让人联想起托利在《当下的力量》一书中举的一个例子：在一个浓雾弥漫的夜晚，你一个人独自走在路上，但是你有一个光亮很强的手电筒，在浓雾中开辟了一个狭窄而明亮的空间，浓雾就是你的生活情境，它包含着过去和未来，手电就是你的意识临在，明亮的空间就是你的当下时刻。[①]这个例子和《走一步，再走一步》的故事何其相似！"浓雾"和"悬崖之下"就是过去和未来，无可把控，能够把控的就是手电光照下的

---

① 托利.当下的力量［M］.曹植，译.北京：中信出版社，2013：235.

"当下"。

　　心理学家津巴多界定出六种时间观：关注过去的消极时间观，关注过去的积极时间观，关注当下的宿命主义时间观，关注当下的享乐主义时间观，关注未来的时间观，超未来的时间观。他认为，每一种时间观都有各自的问题，只有综合了积极怀旧、当下享乐主义和以未来为导向的时间观，才能让人们从过去吸取教训、享有当下并计划未来。除了这六种时间观，津巴多还特别指出关注当下的整体主义时间观，与关注当下的享乐主义时间观、宿命主义时间观不同，整体主义时间观是绝对的当下导向，通过全身心地关注当下，放下对未来种种可能的渴求与欲望，也放下对过去的悔恨与责任。这里的"当下"既包括对已逝时间的重构，也包括对尚未来临时间的建构。过去和未来都是抽象的、心理上的建构，因此会受到扭曲、妄想，或者诸如抑郁、焦虑和担忧等心理状况的影响。关注当下的整体主义时间观是一种健康的时间观。[①]《当下的力量》一书所倡导的就是此种时间观。对于青年语文教师而言，完全持关注当下的整体主义时间观，比较困难，秉持津巴多所提出的综合积极怀旧、当下享乐主义和以未来为导向的平衡时间观，比较可行。青年教师可以把著书立说、成为专家型的教师作为发展的长远目标，但不能被未来的目标所束缚。"走一步，再走一步"，不焦虑，不匆忙，备好每一次课，善待每一堂课，远大目标可

---

　　① 津巴多，博伊德.时间的悖论：关于时间观的科学［M］.张迪衡，译.北京：中信出版社，2018：258，122，123.

能在不期然间实现；急功近利，患得患失，反而会在"内卷"和焦虑中，错过当下，失去未来。

二、父亲的"目光"：社会比较的困境

《台阶》是选入统编初中语文教材七年级下册的一篇小说。小说中的"父亲""总觉得我们家的台阶低"，因为"台阶高，屋主人的地位就相应高"，而"父亲老实厚道低眉顺眼累了一辈子，没人说过他有地位，父亲也从没觉得自己有地位。但他日夜盼着，准备着要造一栋有高台阶的新屋"，准备了大半辈子，新屋建好了，台阶也由原来的三阶变为九个台阶，"父亲"想"尽力把胸挺得高些，无奈，他的背是驼惯了的，胸无法挺得高"，"明明该高兴，却露出些尴尬的笑"，"一副若有所失的模样"，于是"父亲"又像是问自己又像是问我："这人怎么了？""父亲"用汗水和辛劳终于砌成了向往已久的台阶，却又处处感到不自在，感到从未有过的空虚和寂寞。为什么会导致如此悖论和困境？对此也有多元理解，"社会比较"是其中一种可能的解释。文章中有一处细节不容忽略："台阶旁栽着一棵桃树，桃树为台阶遮出一片绿荫。父亲坐在绿荫里，能看见别人家高高的台阶，那里栽着几棵柳树，柳树枝老是摇来摇去，却摇不散父亲那专注的目光。"这是一种怎样的目光啊？是瞄向别人家高台阶的目光，是羡慕的目光，是比较的目光，是渴求别人认可的目光！而地位的追求，外在的比较，总会以失落、失败而结束，这就是文中"父亲"走不出悖论的症结所在。

心理学家米哈里·契克森米哈赖认为，资讯对人们意识中

的目标和结构的威胁，将导致内心失去秩序，就是精神熵，而精神熵的反面就是最优体验，他称之为"心流"。米哈里强调，最优体验的"心流"状态，最大特色在于"自称目标"，即做一件事不追求未来的报酬，做这件事本身就是最大的回馈。最好的方法是不以社会的奖赏为念，试着以自己所能控制的奖赏取而代之。但这并不表示我们必须完全放弃社会认可的每一项目标；相反，我们要在别人用以引诱我们的目标之外，另行建立一套自己的目标。当奖赏不再受外在力量管制时，就再也不必为追赶到的目标而孜孜以求，或是在每个无聊的一天告终时，盼望明天会更好；再也不必为遥不可及的奖励受尽折磨，而可以真正开始充实人生。除了"自成目标"外，"心流"体验的另一个重要因素，就是技能与挑战的适中与匹配，如图1所示。

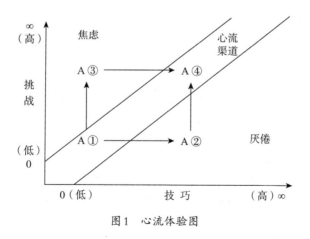

图1　心流体验图

A②和A③要么是厌倦要么是焦虑，都属于消极体验，A①和A④属于心流状态，是挑战和技巧匹配的状态，尤其以A④为最佳体验，其复杂程度和乐趣的程度都比 A①要高。①"父亲"的心理总是处在或焦虑或厌倦或落寞的状态，而不能获得持续的心流状态，一是因为总是以"台阶"的外在追求为目标，以外在的奖赏为念；二是能力与挑战有落差，逞一时之强而"闪"腰受伤即是一个例证。青年语文教师身处当今社会，处处皆受"台阶"式的诱惑，不做任何社会比较，完全去除功利追求，十分困难，但尽可能不被功利性目标所裹挟、所俘获，"自设目标"以求内在精神的进化，是可以做到的。作为一名语文教师，热爱语文本身，喜欢教学这件事，在语文课堂对话中忘我投入，在文学审美鉴赏中欲罢不能，自能获得持续的心流体验，收获职业的尊严和价值。

三、朱自清的"荷塘"：心灵的世界

《荷塘月色》作为经典散文，已经多次入编语文教材，成了一篇名副其实的老课文。多年来，围绕这篇课文主旨的讨论，观点多元，见解纷呈，有政治学解读、社会学解读、伦理学解读、文艺心理学解读等，各有其合理阐释的一面。这些解读，多以文章开头句"这几天心里颇不宁静"作为切入口，展开阐释。"颇不宁静"是月下行走的动因，作者在借以排遣的行走中，由家里到荷塘，由"不宁静"到"宁静"，也开启了他的心灵之旅，打开了另一个世界——心灵世界。此心灵世界是艺术的世界，审美

---

① 契克森米哈赖.心流：最优体验心理学［M］.张定绮，译.北京：中信出版社，2017：84，161.

的世界，也是静修的世界，如表1所示。

表1　朱自清的两个世界

| 现实世界 | 热闹 | 群居 | 一定要做的事，一定要说的话 | 属于家庭的、社会的 | 责任 |
| 心灵世界 | 冷静 | 独处 | 什么都可以想，什么都可以不想 | 这一片天地好像是自己的 | 自由 |

　　在某种意义上，"荷塘"就是朱自清心灵世界的象征，他是以心灵之眼、审美之维感知月下荷塘、荷塘月色，与其说他在观赏荷塘周围景物，不如说他是在觉察自我、抚慰心灵。沉潜在精神的"荷塘"里，获得心灵的解脱和自由，这正是那时朱自清所信奉"刹那主义"的具体体现。朱自清先生认为"刹那"就是"此时此地此我"，"刹那主义"就是"使生活的各个过程都有它独立之意义和价值——每一刹那都有每一刹那的意义和价值！我们只需'鸟瞰'地认明每一刹那自己的地位，极力求这一刹那里充分的发展，便是有趣味的事，便是安定的生活。平常的说，我只是在行为上主张一种日常生活中的中和主义"。①朱自清的"刹那主义"不沉迷于过往，不执着于未来，也是一种指向当下的时间观，既不是关注当下的宿命主义时间观，也不是关注当下的享乐主义时间观，而是关注当下的整体主义时间观，这从他的用词"鸟瞰""趣味""意义和价值"中可以明显感受到。人生在世，需要群居也需要独处，需要热闹也需要冷静，需要家庭也需要"荷塘"，需要事功也需要审美，需要现实世界也需要心灵世

① 朱自清.朱自清全集：第一卷［M］.南京：江苏教育出版社，1986：26.

界，"每一刹那都有每一刹那的意义和价值"，这也正是朱自清先生"中和主义"的要义所在。

但我们也从文中感觉到朱自清先生两个世界的碰撞和交错。"但热闹是它们的，我什么也没有"，"可惜我们现在早已无福消受了"，"这令我到底惦着江南了"，身处当下，又惦记着过往；受用无边荷塘的自由，又羡慕热闹和风流，朱自清先生的"刹那主义"在实践中还并非彻底。"月光是隔了树照过来的，高处丛生的灌木，落下参差的斑驳的黑影，峭楞楞如鬼一般"，现实世界中的矛盾和苦恼从潜意识中投射出来。即便如此，朱自清先生也从"不宁静"的现实中得以抽身，在"审美"的"刹那"中获得"趣味"和"自由"，在表达性写作中，心灵得以净化和舒展，我们读者也才得以欣赏他的文学精品，获得精神的熏陶。作为语文教师，不只鉴赏此文，而且也关注"另一个自己"，打造属于自己的精神"荷塘"，在教书及琐碎事务之余，或读书或冥想或静修或旅游或陶醉在业余爱好中，获得另一种形态的"心流"体验。

四、苏轼的"主客对答"：自身的完整

与《荷塘月色》同选入统编高中语文教材必修上册第七单元的《赤壁赋》，则给我们带来另外的启示。正如许多论者所指出的，《赤壁赋》的主客，实为一人，是自问自答，都是作者心情的流露。"客"代表着消极的一面，人随外物的得失和消长而或乐或悲，或怨或慕，或泣或诉，"客"为什么由最初的"乐"转为"悲"呢？要归因于"哀吾生之须臾，羡长江之无穷"，这

是一种占有、支配式思维，本来"物各有主"，"客"却要强去"挟""抱"，于是不可"骤得"，只能堕入悲叹。"主"代表着达观的一面，"自其不变者观之，则物与我皆无尽也"，"苟非吾之所有，虽一毫而莫取"，个体与造化相契，与万物共适。"主"的思维是超越悲乐得失的大思维。文末的"客喜而笑"，既是"客"喜，也是"主"喜，是主客由分离到合一，包容消释悲乐之后的内心宁静与喜悦。由乐到悲到喜的转化，靠的是思维的转变，由"自其变者而观之"的患得患失，以物喜以己悲，到"自其不变者而观之"的超然物外的自由和解脱。

生活中处处充满悖论和冲突，如何在悖论和冲突中做到"主客"不相分离，保持生命的完整和自由，是一个重要的课题。美国学者帕克·帕尔默的《教学勇气：漫步教师心灵》，就是这样一本专门探索教师内心生活的书，这本书的开头部分即引用了奥地利诗人里尔克的诗《啊！别分离》：啊！别分离/亲密无间/与繁星相聚在天际/何为心/若非与繁星聚一起/与众鸟齐飞/乘风，驾云/齐归。[①]帕尔默引用这首诗，当然不是简单指我们不与繁星、众鸟等相分离，而是隐喻意义上的不相分离。他所说的自身认同在于构成生活的多种不同力量的汇聚，自身完整与这些力量的联合方式有关，使我的自身完整协调，生机勃勃，而不是七零八落，死气沉沉。他认为，好的教师具有联合能力，他们能够将自己、所教学科和他们的学生编织成复杂的联系网，以便学生能

---

① 帕尔默.教学勇气：漫步教师心灵［M］.吴国珍，余巍，等，译.上海：华东师范大学出版社，2005：1.

够学会去编织一个他们自己的世界。①作为一名语文教师，如何不让自己与语文学科貌合神离，不与学生冲突乖离，不与同事若即若离，如何把物质的自己和精神的自己联结起来，如何接纳消极的情绪和积极的情绪，如何化解这一切悖论，可以向苏轼那里寻找资源，要去寻找更高层次的力量，要跳出琐屑、卑微、苟且和计较，让我们上升到更高的平台，在心灵"升维"的空间，对立的事物才能在我们的生活环境中得以调和。成长无止境，我们要给自己一生的时间来进行精神修习。

---

① 帕尔默.教学勇气：漫步教师心灵［M］.吴国珍，余巍，等，译.上海：华东师范大学出版社，2005：14，11.